ÁRBOLES Y ARBUSTOS DE JARDÍN

Manual de cultivo y conservación

BLUME

Título original:
The Tree and Shrub Expert

Traducción:
Concepción Rigau
Dra. en Biología

Primera edición en lengua española 1985
Reimpresión 1994, 1996, 1997, 2004

© 1994 Naturart, S.A. Editado por BLUME
Av. Mare de Déu de Lorda, 20
08034 Barcelona
Tel. 205 40 00   Fax 205 14 41
E-mail: info@blume.net
© 1985 Editorial Blume, S. A., Barcelona
© 1983 D. G. Hessayon

I.S.B.N.: 84-87535-28-3
Depósito legal: B-6.177-2004
Impreso por Grafos, S. A., Arte sobre papel, Barcelona

CONSULTE EL CATÁLOGO BLUME DE PUBLICACIONES *ON-LINE*
INTERNET: HTTP:/WWW.GLOBALCOM.ES/BLUME

BLUME

Sumario

CAPÍTULO 1
ÁRBOLES Y ARBUSTOS DE JARDÍN

En el arte de la jardinería los estilos cambian pero los árboles y arbustos ornamentales permanecen. La única cosa animada que tuvieron en común el estilo naturalista británico de Capability Brown y el estilo clásico francés de Le Nôtre fue la utilización de árboles y grandes arbustos. Pero este libro no trata de los grandes jardines del pasado sino de los jardines de nuestros días, cuyas dimensiones van desde las pequeñas macetas de los balcones de los pisos hasta las vastas extensiones que rodean las grandes mansiones. En ambos casos existe un lugar para los arbustos, las coníferas y las enredaderas, plantas que han adquirido gran popularidad durante los últimos años.

Este interés creciente por las plantas leñosas obedece a varias razones, siendo una de las más poderosas la proliferación de los llamados «garden center» (jardinerías). Antes era necesario encargar los arbustos a un vivero; ahora podemos ver las coníferas, los árboles, las enredaderas y otras muchas plantas expuestas en todo su esplendor de hojas e incluso de flores, listas para que nos las llevemos a casa y las plantemos. Ya no hace falta apresurarse a efectuar las plantaciones durante los meses fríos; los arbustos cultivados en maceta se pueden trasplantar en cualquier época del año.

Es posible que, por encima de todo, lo que ocurre es que hemos llegado a conocer mejor cuál es el papel que los árboles y los arbustos desempeñan en el jardín. El césped, los senderos y las flores de bajo porte constituyen la base del diseño sobre la que se alzan las plantas leñosas, los árboles, los arbustos, las coníferas y las plantas trepadoras que configuran las líneas verticales del jardín. En verano, son los que aportan el color, la fragancia y la altura que determinan la configuración del jardín. En invierno su papel es tanto o más importante ya que, una vez marchitas las flores, las ramas desnudas de los arbustos caducifolios y el espléndido follaje de los perennifolios son los que testifican que nos hallamos ante un jardín y no ante un campo yermo.

Los árboles y los arbustos poseen otra virtud: presentan muchos menos problemas que las plantas anuales, las hortalizas, el césped y el arriate herbáceo. Una vez afianzados no precisan casi ningún cuidado; no es necesario abonarlos ni fumigarlos frecuentemente, ni proveerlos de soportes, ni eliminar sus flores marchitas, ni proceder cada año a la replantación de ritual, ni precipitarse regadera en ristre cada vez que el tiempo se vuelve seco.

El escaso mantenimiento requerido por los árboles y arbustos es de todos conocido y ningún libro de jardinería deja de hacer hincapié en esta ventaja, aunque no por ello son plantas carentes de problemas cuyo cultivo sea un juego de niños. Antes de empuñar la laya es necesario adquirir cierta destreza. Es de vital importancia proceder a una meticulosa selección ya que las necesidades ambientales de las plantas leñosas y la talla que pueden llegar a alcanzar son muy diversas. Si el suelo es calcáreo, algunas crecerán sin problemas, otras enfermarán rápidamente y puede que incluso mueran. Un hebe puede crecer sólo 30 cm o sobrepasar los 3 metros; un pino adulto puede tener menos de 50 cm de altura o elevarse a más de 20 metros; todo depende de la variedad elegida. Nunca debemos comprar un árbol o un arbusto dejándonos llevar por el impulso o por el simple hecho de que, al verlo en la jardinería, nos parezca muy bonito y tenga justamente el tamaño deseado. Gran parte de este libro está integrada por una serie de fichas ordenadas alfabéticamente; estudiadlas detenidamente antes de efectuar vuestra elección. Las plantas cultivadas en contenedores no resultan caras y, una vez plantadas, pueden durar mucho tiempo y la mayoría no necesitan ser trasplantadas. Por tanto, es importante que las plantéis adecuadamente; no os limitéis a cavar un hoyo y meterlas en él. En el capítulo 6 encontraréis una descripción sencilla de la técnica apropiada: sobre todo, no plantéis los ejemplares caros y selectos demasiado cerca los unos de los otros. La elección y la plantación son tareas que requieren cierto cuidado, pero las plantas, una vez afianzadas, necesitan pocas atenciones.

Los arbustos y los árboles confieren al jardín un cierto aire de estabilidad. Aportan al mismo hermosas flores, intensa fragancia, bello follaje, vistosas formas y coloreadas cortezas. Hay además un aspecto práctico: los arbustos pueden amortiguar los efectos del viento, aumentar la intimidad, atajar el problema de las malas hierbas y ocultar objetos desagradables. Realmente son una buena inversión, resarciendo con creces el dinero y las atenciones que les han sido dedicados.

Elección del tipo adecuado

Hoy en día resulta muy fácil comprar un árbol o un arbusto. Os paseáis por la jardinería, escogéis el que os parece que lucirá mejor en el lugar que tenéis pensado y luego lo plantáis... ¿Hay algo más fácil?

Ciertamente es muy fácil, pero este modo de proceder tan frecuente da lugar a muchas frustraciones y fallos. Esta pequeña conífera tan encantadora, que apenas levanta dos palmos del suelo, al cabo de unos pocos años de haberla plantado en vuestro rincón rocoso, puede convertirse en un árbol enorme. Este hermoso hibisco en flor puede dejar de florecer en cuanto os lo llevéis y lo plantéis en vuestro jardín.

Si queréis comprar algunos arbustos para el jardín haceros primero las siete preguntas siguientes y las respuestas os proporcionarán una corta lista de las plantas adecuadas a vuestras necesidades. Luego consultad la guía alfabética y escoged las que más os gusten, ya que éste es el requisito más importante.

PREGUNTA 1 ¿QUIERO UNA PLANTA DE HOJA PERENNE?

Si queréis una planta que no pierda las hojas al llegar el otoño escoged una perennifolia. Muchos árboles y arbustos, algunas plantas trepadoras y casi todas las coníferas son perennifolios y, a primera vista, puede parecer que es la mejor elección ya que proporcionan una nota de color cuando las demás plantas se vuelven parduscas y desvaídas.

No obstante, las plantas que pierden sus hojas, las caducifolias, desempeñan también un papel importante. Algunos de los árboles y arbustos florecientes más hermosos pertenecen a este tipo y ofrecen un espectáculo siempre cambiante con sus ramas desnudas que, en primavera, se cubren de hojas para, acto seguido, vestirse de flores y luego lucir los hermosos tonos otoñales de su follaje. Es aconsejable que en el jardín haya aproximadamente el mismo número de arbustos perennifolios que de caducifolios.

PREGUNTA 2 ¿QUIERO UN ÁRBOL O UN ARBUSTO?

ARBUSTO

Un arbusto es una planta perenne formada por varios troncos leñosos que emergen del suelo. Según la variedad, va desde 0,50 hasta 6 m de altura.
Véase páginas 7-56

Algunos arbustos, como el pyracantha, el jazmín y los rosales de enredadera, no son verdaderas trepadoras pero suelen cultivarse adosados a un muro o a una espaldera.

La frontera entre árboles y arbustos no está demasiado clara. Algunos arbustos, como el acebo, el cornejo floreciente y el avellano, pueden alcanzar la talla de los árboles pequeños.

TREPADORA

Una trepadora es una planta perenne que puede agarrarse o arrollarse sobre una estructura vertical. Es posible que esta capacidad de trepar no se manifieste hasta que la planta esté consolidada.
Véase páginas 73-79

ÁRBOL

Un árbol es una planta perenne con un solo tronco leñoso que emerge del suelo. Según la variedad de que se trate puede alcanzar una altura de más de 30 metros o de sólo medio metro.
Véase páginas 57-72

CONÍFERA

Una conífera es una planta perenne que forma conos. Estos conos casi siempre están formados por escamas leñosas, pero hay excepciones (por ejemplo, el tejo). Las hojas suelen ser perennes pero también hay excepciones (por ejemplo, el alerce).
Véase páginas 80-96

Lo más frecuente es elegir un arbusto ya que este amplio grupo incluye plantas de todas las tallas y colores, desde diminutos especímenes para el jardín rocoso hasta formas gigantescas para la parte posterior del arriate y, si plantáis unas cuantas variedades seleccionadas, tendréis flores durante todo el año. Suelen elegirse sobre todo por su follaje y/o por sus flores, y por lo general su porte es un aspecto secundario.

Las coníferas también son populares y, más que por su color, suelen elegirse por su estructura arquitectónica. Los árboles, de hoja ancha se compran en menor número que los arbustos y las coníferas ya que en un jardín de dimensiones medias caben muy pocos. No obstante, desempeñan un papel muy importante y no deben ser subestimados. Es un grupo de plantas que aúna el colorido de los arbustos y el valor arquitectónico de las coníferas.

PREGUNTA 3 ¿QUÉ PORTE Y QUÉ TALLA QUIERO?

A la hora de elegir árboles y coníferas, su porte es un aspecto muy importante a tener en cuenta. Cuando se dispone de poco espacio o se desea una planta singular para una pequeña extensión de césped, el más adecuado es el porte columnar. Cuando el espacio lo permite, tanto los árboles abiertos como los redondeados resultan pintorescos.

La talla es aún más importante que el porte. Uno de los errores más frecuentes en jardinería es comprar una planta demasiado vigorosa para el espacio de que se dispone —podarla anualmente implica la posibilidad de mermar tanto su belleza intrínseca como sus flores. En la guía alfabética de arbustos figura la talla de cada planta: es la talla que cabe esperar que alcance al cabo de 15 años, en condiciones normales. En la guía alfabética de coníferas encontraréis la talla prevista para las plantas de 10 años y su talla máxima probable. No olvidéis que el porte y la talla de una planta en el vivero tienen poco que ver con los que adquirirán cuando estén en vuestro jardín.

PREGUNTA 4 ¿CUÁLES SERÁN SUS CONDICIONES DE VIDA?

Algunos arbustos pueden crecer casi en cualquier sitio, pero la mayoría tienen sus aversiones y sus preferencias particulares. Antes de comprar, consultad siempre las guías alfabéticas; las condiciones de vuestro jardín pueden ser las más adecuadas (o inadecuadas) para la planta en cuestión.

SUELO

Un suelo de jardín normal suele resultar satisfactorio para la mayor parte de las variedades, aunque algunas detestan tanto los suelos densos como los calcáreos. Unas crecen mejor en un suelo pobre y seco mientras otras sólo sobreviven en un suelo fértil o rico en humus; en cada caso las guías alfabéticas os permitirán saber si vuestro suelo es el adecuado.

El suelo calcáreo puede ser un problema —existe un grupo importante de plantas que lo detestan; es el formado por los géneros Rhododendron, Azalea, Camellia, Pieris, Pernettya, Kalmia y Calluna. Otro problema es la falta de drenaje: algunas variedades de árboles y arbustos no soportan el más mínimo período de encharcamiento del suelo. Las guías alfabéticas os dirán cuándo es esencial que el suelo sea permeable.

CLIMA Y ASPECTO

La mayor parte de árboles y arbustos y casi todas las coníferas resisten perfectamente el clima británico pero hay algunos que pueden sufrir grandes daños o incluso morir a causa de heladas intensas o prolongadas. Si vivís en una zona septentrional, fría, debéis evitar todas las plantas que figuran como no del todo resistentes en las guías alfabéticas.

Muchas plantas pueden estropearse si durante el invierno y comienzos de primavera están expuestas a los vientos del norte y del este. No escojáis una planta que requiera protección a menos que vayáis a plantarla junto a un muro o a otros arbustos que le sirvan de pantalla. Las guías alfabéticas os dirán si esta protección es necesaria. En las zonas costeras, los vientos procedentes del mar son un problema especial; consultad las listas de las páginas 20 y 61 de las plantas que viven en el litoral.

PREGUNTA 5 ¿LA PLANTARÉ DE INMEDIATO?

El material a plantar se presenta bajo cuatro formas distintas. Cada una de ellas tiene sus ventajas y sus inconvenientes, pero si os proponéis plantar un árbol o un arbusto fuera de la época normal de plantación (véase pág. 100) debéis comprar un ejemplar cultivado en contenedor.

Raíces desnudas

Es la forma tradicional de adquirir los árboles y arbustos caducifolios. Apta para plantarlos de octubre a marzo. *Detalles en página 100.*

Raíces protegidas

Es la forma tradicional de adquirir los perennifolios, coníferas incluidas. Aptos para plantar en septiembre, octubre o abril. *Detalles en página 100.*

Empaquetado

Es la forma tradicional de adquirir los arbustos perennifolios en tiendas y grandes almacenes. Aptos para plantar de octubre a marzo. *Detalles en página 100.*

Cultivado en contenedor

Es el mejor modo de adquirir tanto los árboles y arbustos caducifolios como los perennifolios. Aptos para plantar durante todo el año. *Detalles en página 99.*

PREGUNTA 6: ¿QUIERO UNA PLANTA NORMAL O UNA RAREZA?

Existe cerca de una treintena de arbustos comunes que veréis en todos los jardines.

Brezos	Hypericum	Ligustro	Rododendro
Buddleia	Japonica	Lila	Spiraea
Escallonia	Jazmín	Mahonia	Symphoricarpos
Forsythia	Kerria	Philadelphus	Viburno
Hebe	Laurel	Potentilla	Weigela
Hortensia	Grosellero ornamental	Pyracantha	Zumaque

No dejéis de lado estos arbustos por el mero hecho de ser tan comunes; también son baratos, de hermoso color y de probada resistencia a todo tipo de condiciones. Por el contrario, las rarezas pueden ser caras, difíciles de conseguir e inadecuadas a las condiciones de vuestro jardín. Lo mejor es establecer una base de arbustos comunes, escogidos entre una lista más larga que la anterior. Luego, escoged unas cuantas rarezas (previa consulta de las guías alfabéticas para cercioraros de que son las adecuadas) para dar mayor interés al cuadro creado por los árboles y los arbustos corrientes.

PREGUNTA 7 ¿QUÉ PAPEL VA A DESEMPEÑAR?

Ésta es una cuestión vital; no saberlo suele conducir al fracaso. Una planta pantalla para ocultar un objeto desagradable debe ser perennifolia y de crecimiento rápido. Una planta seto para un sendero estrecho debe ser compacta, mientras que un arbusto para plantarlo a lo largo de la cerca de un jardín grande debe ser alto y abierto. Un árbol o un arbusto que vaya a ser plantado en solitario, lejos de otras plantas leñosas, deberá ser vistoso durante la mayor parte del año. Además deberá estar en consonancia con su entorno; una conífera columnar de 25 cm puede resultar perfecta en el rincón rocoso, pero si se trata de *Chamaecyparis lawsoniana* «Columnaris», al cabo de unos 10 años tendrá 2 m de altura y quedará totalmente fuera de lugar. Antes de comprar, leed atentamente el capítulo 9.

CAPÍTULO 2

ARBUSTOS

El que gran parte de este libro esté dedicada a los arbustos no significa que las demás plantas carezcan de importancia. Lo que ocurre es que la mayoría de árboles son demasiado grandes para un jardín de dimensiones medias, las plantas trepadoras son escasas y su uso limitado y ninguna conífera destaca por sus flores. Los arbustos no tienen ninguna de estas desventajas: hay variedades para todo tipo de jardines, las hay de todas las formas y pueden desempeñar cualquiera de los papeles propios de las plantas leñosas.

Los arbustos pueden servir de cobertera, llenar un parterre o un arriate, alzarse en solitario a modo de foco de atención, o embellecer la pared de una casa, pero lo que no puede esperarse de ellos es que se recorten contra el cielo ya que su talla máxima es de 5 a 6 m. Si queréis una planta alta como una casa deberéis recurrir a un árbol.

Los arbustos más populares son los que tienen hojas verdes y se cubren de flores hermosas durante algunas semanas o incluso algunos meses, generalmente en primavera aunque, en algunos casos, lo hacen en verano o en otoño. Sería absurdo restar importancia a estas plantas corrientes ya que casi siempre constituyen la estructura del jardín. Los rododendros, Forsythia, groselleros, Mahonia, las lilas, Kerria, Hydrangea, Potentilla y todas las demás son plantas indispensables, pero es una pena que muchos jardineros no tengan más amplitud de miras.

El color del fóllaje puede ser tan importante como el de las flores —las flores duran unas cuantas semanas y luego desaparecen, pero las hojas doradas, purpúreas, cobrizas o variegadas de un arbusto perennifolio aportan coloridos durante todo el año. Además, hay arbustos cuyo follaje otoñal puede eclipsar casi a cualquier espectáculo floral: en octubre, Fothergilla o Enkianthus resultan espléndidos. En otros arbustos el follaje más vistoso es el primaveral; Pieris, Photinia y Sambucus racemosa «Plumosa Aurea» son buenos ejemplos.

El color de las hojas puede, por tanto, iluminar un arriate y hay arbustos que aportan una nota suplementaria de color ya sea produciendo gran cantidad de bayas (Pernettya, Symphoricarpos, Skimmia, Pyracantha, Cotoneaster, etc.), o mediante sus vástagos coloreados como *Salix alba* y *Cornus alba*. Todo esto significa que, al planificar una plantación de arbustos, deberéis tener en cuenta no sólo sus flores sino también sus hojas, sus frutos y su corteza, con lo que conseguiréis un jardín más interesante.

Otro modo de acrecentar su interés es mediante el cultivo de algunas plantas exóticas. No intentéis convertir vuestra parcela en un jardín botánico dedicado a plantas de nombres rimbombantes con el fin de impresionar a vuestros amigos, ya que resultaría una versión corregida y aumentada de un mercadillo de saldos. En las páginas siguientes figuran varios arbustos poco comunes; aventuraos a comprar uno o dos en la jardinería más próxima. Para los más exóticos tendréis que dirigiros a un vivero especializado o encargarlos por correo.

El cultivo de los arbustos es uno de los aspectos más gratificantes e interesantes de la jardinería. Debéis elegirlos cuidadosamente, plantarlos adecuadamente y podarlos correctamente. Hay dos errores muy frecuentes que deben evitarse a toda costa: plantar los arbustos demasiado cerca unos de otros y podarlos al buen tuntún. Una plantación apretada implica tener que estar constantemente cortando ramas —para evitar esto leed el apartado Distancia (pág. 103). La poda es otra tarea importante: cortar demasiado, demasiado poco, demasiado pronto o demasiado tarde puede significar una disminución del número de flores. Antes de echar mano de la podadora consultad cuáles son la época y el método adecuados a cada planta (págs. 8-56).

En las páginas siguientes encontraréis fotografías y descripciones de la mayoría de los arbustos de jardín. En ellas hallaréis toda la gama de formas, tamaños, fragancias y colores existentes en este imprescindible grupo de plantas.

Clave de las guías alfabéticas

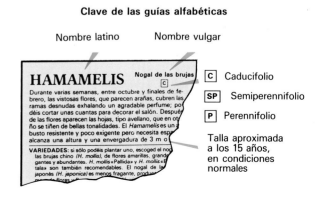

Abelia grandiflora

ABELIA
Abelia
C o SP

Es una planta poco frecuente de período de floración excepcionalmente largo —*A. schumannii* comienza a florecer en junio y lo sigue haciendo hasta octubre. Desgraciadamente su resistencia no es tan excepcional—; en climas fríos necesita la protección de otros arbustos o de un muro orientado al sur. Los sépalos, rojizos, perduran después de la caída de los pétalos.

VARIEDADES: las flores rosadas de *A. grandiflora* (2 m) se abren de julio a septiembre; las hojas son semiperennes. *A. schumannii* alcanza una talla similar y sus flores, tubulares, rosadovioláceas, cubren sus ramas durante muchos meses. Por desgracia las heladas intensas pueden acabar con ella. Las fragantes flores de *A. chinensis* son blancas con pintas rosadas.

SUELO Y EMPLAZAMIENTO: en cualquier suelo permeable. Mejor a pleno sol.

PODA: en abril, eliminad todas las ramas muertas o dañadas.

REPRODUCCIÓN: En verano plantad esquejes en una cajonera.

A. grandiflora

Acer palmatum "Dissectum Atropurpureum"

ACER
Arce japonés
C

La mayoría de arces son árboles —la descripción de los arces y los sicómoros la encontraréis en la página 58. Sin embargo, los arces japoneses son bonitos arbustos de crecimiento lento que tienen cabida tanto en los jardines grandes como en los pequeños. Se cultivan por la forma y el color de sus hojas, pero éstas deben estar protegidas del sol y de los vientos fríos.

VARIEDADES: *A. palmatum* a veces crece hasta 4 m. Las hojas cambian de color en otoño. Para tintes otoñales más llamativos escoged «Osakazuki» y para coloraciones purpúreas duraderas «Atropurpureum». Las variedades más populares son las compactas (50 cm - 1 m de altura) con hojas finamente divididas; *A. palmatum* «Dissectum Atropurpureum» es completamente purpúreo. Para hojas amarillas plantad *A. japonicum* «Aureum» (1 m).

SUELO Y EMPLAZAMIENTO: requiere un suelo ácido o neutro. Crece mejor a media sombra.

PODA: no es necesaria; en primavera, eliminad las ramas muertas.

REPRODUCCIÓN: compradlo en una jardinería o en un vivero.

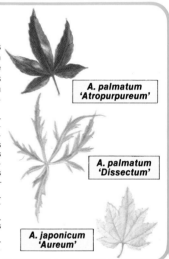

A. palmatum 'Atropurpureum'

A. palmatum 'Dissectum'

A. japonicum 'Aureum'

Amelanchier canadensis

AMELANCHIER
Amelanchier
C

Es un arbusto para grandes jardines ya que, con el tiempo, puede sobrepasar los 5 m. Es posible que no lo hayáis visto nunca, ya que no es demasiado frecuente, pero vale la pena tenerlo en cuenta. Su encanto estriba en su color cambiante: follaje juvenil cobrizo, flores blancas, bayas rojas que se vuelven negras, y hojas verdes que se vuelven amarillas en otoño.

VARIEDADES: no hay acuerdo en cuanto a su nombre latino; en la jardinería podéis encontrarlo etiquetado como *A. lamarckii*, *A. canadensis*, *A. laevis* o *A. grandiflora*, pero no importa: ponga lo que ponga en su etiqueta, en abril producirá grandes masas de pequeñas flores blancas y en junio bayas comestibles. *A. grandiflora* «Rubescens» tiene flores rosadas.

SUELO Y EMPLAZAMIENTO: en casi todos los suelos excepto en los calcáreos. A pleno sol y a media sombra.

PODA: no es necesaria; en invierno se poda para frenar su crecimiento.

REPRODUCCION: en otoño desgajad los chupones enraizados emitidos por la planta madre.

A. canadensis

Aralia elata 'Variegata'

ARALIA
Angélica japonesa
C

No es un arbusto adecuado a un jardín pequeño. Debe ser plantado en solitario, con espacio suficiente para que pueda lucir su follaje. Cada hoja mide más de 1 m de largo y está compuesta por numerosos folíolos. Las ramas, espinosas, pueden tener más de 4 m de longitud y forman un gran arbusto que emite numerosos chupones. En zonas templadas puede alcanzar proporciones arbóreas.

VARIEDADES: *A. elata* es la única especie frecuente. A comienzos de otoño produce grandes inflorescencias de pequeñas flores blancas. Existen dos variedades variegadas: en primavera, las hojas de «Aureovariegata» están festoneadas y moteadas de amarillo y las de «Variegata» de blanco cremoso. Posteriormente, en ambos tipos, la variegación se vuelve blanco plateada.

SUELO Y EMPLAZAMIENTO: preferiblemente en suelos ligeros, permeables; al sol o a media sombra.

PODA: no es necesaria; en primavera, hay que podarlo para frenar su crecimiento.

REPRODUCCIÓN: desgajad los chupones enraizados emitidos por la planta madre.

A. elata
'Aureovariegata'

Arbutus unedo

ARBUTUS
Madroño
P

Es un perennifolio interesante que merece ser cultivado si queréis algo que se salga de lo corriente. La especie más frecuente es *A. unedo* que, a finales de otoño, produce, simultáneamente, inflorescencias péndulas y frutos anaranjados, que parecen fresas. Las hojas son oscuras y brillantes. Es un arbusto de crecimiento lento.

VARIEDADES: *A. unedo* puede llegar a tener más de 2 m, pero durante mucho tiempo es sólo un montículo de hojas perennes. Flores blancas y frutos insípidos. Las flores de *A. unedo* «Rubra» son rosadas. *A. andrachnoides* florece en invierno pero, más que por sus flores o frutos, es cultivado por su corteza rojiza.

SUELO Y EMPLAZAMIENTO: en cualquier suelo de jardín, incluido el calcáreo. Mejor a pleno sol.

PODA: no es necesaria; en primavera, eliminad las ramas débiles y las erráticas.

REPRODUCCIÓN: difícil; en verano, sembrad sus semillas bajo cristal o plantar esquejes en un reproductor.

A. unedo
'Rubra'

Arundinaria variegata

ARUNDINARIA
Bambú
P

El bambú es una especie fácil de identificar por sus cañas huecas, arqueadas, de las que emergen las hojas, tipo gramínea, que dan un toque exótico al jardín. Las dificultades surgen en la jardinería, donde cada una de las variedades comunes puede figurar bajo nombres distintos, cada uno de los cuales es un trabalenguas. Todas son fáciles de cultivar en una amplia gama de suelos.

VARIEDADES: las variedades enanas tienen hojas coloreadas — *A. viridistriata* (*Pleioblastus viridistriatus*) con hojas rayadas de amarillo y *A. variegata* (*A. fortunei*) con hojas rayadas de crema. Ambas crecen sólo 1-1,3 m mientras que *A. fastuosa* es un gigante de 6 m. *A. nitida* (tallos purpúreos) y *A. murieliae* (tallos amarillos) son de talla intermedia, 3-4 m.

SUELO Y EMPLAZAMIENTO: en cualquier suelo de jardín. Mejor a media sombra.

PODA: no es necesaria más que en el momento de la plantación; entonces cortad las cañas a la mitad de su altura.

REPRODUCCIÓN: en otoño o en primavera dividid las matas o desgajad los chupones enraizados.

A. nitida

AUCUBA

Aucuba
P

Es un arbusto parecido al laurel que suele plantarse allí donde no crece nada más: en las zonas industriales contaminadas y bajo la sombra de los árboles de hoja ancha. Las variedades más frecuentes son las variegadas, que necesitan un poco de sol para que se acentúe el moteado amarillo de sus hojas. Las flores masculinas y las femeninas se forman sobre plantas distintas; el arbusto femenino formará bayas rojas si en sus proximidades hay algún arbusto masculino.

VARIEDADES: la principal especie es *A. japonica*, un arbusto redondeado de unos 2 m de envergadura y follaje verde. Todas las variedades son de hojas ovaladas y brillantes; la forma de hoja estrecha es la «Salicifolia» femenina. La mejor variedad moteada de amarillo es «Crotonifolia», aunque la más frecuente es la «Variegata» femenina.

SUELO Y EMPLAZAMIENTO: en cualquier suelo de jardín y en cualquier lugar, a pleno sol o bajo una sombra densa.

PODA: no es necesaria, pero, si hace falta, resiste una poda drástica, en mayo.

REPRODUCCIÓN: en verano, plantad esquejes en una cajonera.

Aucuba japonica

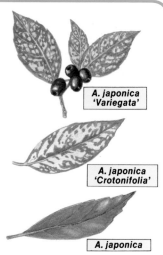

A. japonica 'Variegata'

A. japonica 'Crotonifolia'

A. japonica

BERBERIS

Agracejo
C o P

Incluso en las jardinerías más modestas existe una amplia y desconcertante gama de variedades de *Berberis* y siempre, antes de efectuar vuestra compra, debéis cercioraros de cuál será su talla definitiva. Los hay enanos y gigantes y encontraréis formas para jardín rocoso, para arriate arbustivo, para seto, para cobertera o para pantalla, y para plantar en solitario. Todos son espinosos y la gama de colores de sus flores es limitada: del amarillo claro al anaranjado. Son fáciles de cultivar y casi no necesitan ser podados. Comprad siempre ejemplares cultivados en contenedores.

VARIEDADES: las variedades perennifolias son cultivadas por su decorativo follaje verde oscuro y muchas tienen flores vistosas. Las más populares son *B. darwinii* (2,5 m, follaje brillante parecido al del acebo, flores amarillas, en abril, y bayas rojas, en otoño) y *B. stenophylla* (2,8 m, ramas arqueadas cubiertas de flores amarillas en abril y mayo). Otras perennifolias son *B. verruculosa* (1 m, hojas muy brillantes, bayas negras), *B. candidula* para cobertera (0,5 m, densos montículos que en mayo se cubren de flores amarillas) y *B. julianae* para pantalla (3 m, follaje otoñal rojo). Las variedades caducifolias se cultivan por el colorido de su follaje y por sus bonitas bayas. El follaje de *B. thunbergii atropurpurea* (2 m) y de su forma enana «Nana» (0,5 m) es bronceado oscuro y se vuelve rojo en otoño. El de *B. thunbergii* «Aurea» (1,5 m) es amarillo. *B. ottawensis* «Purpurea» (2 m) es aún más vistoso, con hojas de intenso color púrpura.

SUELO Y EMPLAZAMIENTO: en cualquier suelo de jardín, al sol o a media sombra.

PODA: no es necesaria; en las variedades caducifolias, en febrero, eliminad las ramas indeseadas y las estropeadas y en las perennifolias hacedlo después de la floración.

REPRODUCCIÓN: en verano, acodad las ramas o plantad esquejes en una cajonera.

Berberis darwinii

B. julianae

B. stenophylla

B. thunbergii atropurpurea

B. ottawensis 'Purpurea'

B. darwinii

Berberis thunbergii atropurpurea

BUDDLEIA

Budleia

C o SP

Las variedades predilectas son resistentes y fáciles de cultivar, pero en muchos jardines la negligencia empaña su esplendor natural. Podado incorrectamente, *B. davidii* forma un arbusto deslucido de flores encaramadas en lo alto de unas ramas largas y desnudas. Los *Buddleia* crecen rápidamente y tienen hojas fusiformes de envés pubescente. Todos forman bonitas inflorescencias pero *B. alternifolia* es vistoso incluso cuando no está en flor.

VARIEDADES: la especie más popular es *B. davidii*. Si no se poda, da lugar a un arbusto ancho, de más de 2,5 m, que, de julio a septiembre, forma espigas cónicas cargadas de diminutas flores de dulce fragancia, que atraen a las abejas. Las hay blancas, color malva y purpúreas. Podéis escoger «Black Knight» (purpúreo oscuro), «Empire Blue» (azul violeta), «White Cloud» (blancas) o «Royal Red» (rojopurpúreas). Existe una forma variegada, «Harlequin» (purpúrea). *B. alternifolia* es bastante distinto: un arbusto grande (3 m de diámetro), de ramas arqueadas, que en junio se cubren de inflorescencias color lila. *B. globosa* es un arbusto alto y abierto que, en mayo, produce inflorescencias globulares de pequeñas flores anaranjadas. Suele ser perennifolio.

SUELO Y EMPLAZAMIENTO: en cualquier tipo de suelo siempre que sea permeable. *B. davidii* sobrevive en suelo calcáreo. Todos los *Buddleia* prefieren un lugar soleado.

PODA: *B. davidii* necesita una poda intensa. Al comienzo de la primavera se cortan los tallos del último año a 5 cm de la madera vieja. *B. globosa*, debe podarse inmediatamente después de la floración. En la *B. alternifolia* se cortan las ramas con flores ajadas después de la floración.

REPRODUCCIÓN: fácil. Se siembran semillas en primavera o se plantan esquejes en otoño.

Buddleia davidii 'Harlequin'

B. globosa

B. davidii 'White Cloud'

B. davidii 'Royal Red'

B. davidii 'Empire Blue'

B. alternifolia

Buddleia alternifolia

Arbustos olorosos

Muchos arbustos tienen flores fragantes —la madreselva, la jeringuilla, los Daphne, el viburno, el nogal de las brujas, son famosos por su aroma. La fragancia no es patrimonio de las flores; algunos arbustos tienen hojas aromáticas.

✿ Flores fragantes

🍃 Hojas aromática

Abelia chinensis ✿
Berberis stenophylla ✿
Buddleia davidii ✿
Buddleia globosa ✿
Carpenteria californica ✿
Caryopteris clandonensis 🍃
Chimonanthus praecox ✿
Choisya ternata ✿ 🍃
Clerodendrum trichotomum ✿
Clethra alnifolia ✿

Corylopsis, especies de ✿
Cytisus battandieri ✿
Daphne, especies de ✿
Elaeagnus commutata ✿
Elaeagnus ebbingei ✿
Escallonia macrantha 🍃
Hamamelis, especies de ✿
Laurus nobilis 🍃
Lavandula, especies de ✿ 🍃
Lonicera fragantissima ✿
Magnolia grandiflora ✿
Magnolia stellata ✿
Mahonia, especies de ✿
Myrtus communis ✿ 🍃
Osmanthus, especies de

Perovskia atriplicifolia 🍃
Philadelphus, especies de ✿
Phlomis fruticosa 🍃
Pittosporum tobira ✿
Rhododendron — Azaleas caducas ✿
Ribes odoratum ✿
Romneya hybrida
Rosa, especies de ✿
Rosmarinus officinalis 🍃
Rubus tridel «Benenden» ✿
Santolina, especies de 🍃
Skimmia japonica 🍃
Syringa, especies de ✿
Viburnum bodnantense ✿
Viburnum fragrans ✿

BUXUS Boj
P

Buxus sempervirens

Si deseáis erigir una pantalla perennifolia que pueda ser recortada periódicamente haréis bien en plantar boj. Es un arbusto de abundantes hojas, pequeñas y brillantes, que admite una poda drástica y es el preferido para setos, pantallas y esculturas vegetales. También es excelente como planta de maceta que puede ser recortada en forma de cono o de pirámide.

VARIEDADES: el más popular es el boj común *(B. sempervirens)* que, si no se poda, puede sobrepasar los 3 m. Hay variedades más compactas o de mejor colorido, como *B. sempervirens* «Marginata» (hojas de borde amarillo) y *B. sempervirens* «Aureovariegata» (hojas con manchas amarillas). Para delimitar un sendero a poca altura emplead *B. sempervirens* «Suffruticosa».

SUELO Y EMPLAZAMIENTO: en cualquier suelo de jardín, al sol o a media sombra. El viento no es problema.

PODA: no es esencial. En verano, eliminad las ramas indeseadas o recortadlo para darle la forma adecuada.

REPRODUCCIÓN: en verano, plantad esquejes de unos 10 cm en una cajonera.

B. sempervirens

B. sempervirens 'Marginata'

B. sempervirens 'Aureovariegata'

CALLICARPA Callicarpa
C

Callicarpa bodinieri giraldii

La belleza de este arbusto se hace patente en otoño, cuando las hojas se vuelven rojas o violáceas para, luego, al caer, dejar al descubierto, sobre los troncos desnudos, sus bonitos racimos de bayas purpúreas que perduran hasta Navidad. Para asegurar la producción de frutos, es mejor plantarlo en grupos que en solitario. Las flores son insignificantes.

VARIEDADES: la más popular es *C. bodinieri giraldii* que puede llegar a alcanzar 2 m de altura, con flores color lila, en julio, y bayas purpúreas claras, en septiembre u octubre; en algunos viveros encontraréis *C. bodinieri* «Profusion». *C. japonica* es un arbusto más delicado y más pequeño (1 m) de flores rosadas y bayas moradas.

SUELO Y EMPLAZAMIENTO: necesita un suelo bastante fértil y permeable y un lugar resguardado y soleado.

PODA: no es esencial. A comienzos de primavera eliminad las ramas indeseadas o dañadas.

REPRODUCCIÓN: acodad las ramas en otoño o plantad esquejes en una cajonera en verano.

C. bodinieri giraldii

CALLUNA Brecina
P

Calluna vulgaris 'Peter Sparkes'

La brecina común ha originado cientos de variedades famosas cuyas tallas varían entre 25 cm y 6 m, y florecen a finales de verano. Muchas tienen follaje coloreado: dorado, plateado, bronceado o rojizo, con flores blancas, rosadas o rojizas. A diferencia de los brezos *(Erica)* ninguna de ellas tolera los suelos calcáreos; todas prefieren suelos pobres y mucho sol.

VARIEDADES: sólo hay una especie *(C. vulgaris)* pero muchas variedades. Una de las mejores es «H.E. Beale», con largas espigas de flores dobles, rosadas. «Alba Plena» tiene flores dobles, blancas. Por su follaje, elegid «Gold Haze» (amarillo fuerte), «Silver Queen» (gris plateado).

SUELO Y EMPLAZAMIENTO: es necesario un suelo ácido, permeable; mejor a pleno sol. Al plantarlo, incorporad turba al suelo.

PODA: en marzo, recortad ligeramente la parte superior de las matas para eliminar las flores marchitas. Cortad de raíz los vástagos erráticos.

REPRODUCCIÓN: acodad las ramas en primavera o plantad esquejes de 3 cm en una cajonera, en verano.

C. vulgaris 'Gold Haze'

· C. vulgaris 'H. E. Beale'

Camellia japonica 'Elegans'

CAMELLIA Camelia
P

Las camelias deberían ser más populares, pero tienen la inmerecida reputación de ser plantas difíciles y delicadas. En realidad no presentan más dificultades que los rododendros y hay muchas variedades resistentes. Desgraciadamente, los vientos fríos y las heladas pueden dañar los capullos por lo que hay que cultivarlas al abrigo de otros arbustos o al pie de un muro. La camelia es una planta ideal para cultivar en macetas y algunos expertos afirman que es el mejor arbusto de jardín: follaje brillante durante todo el año, flores grandes y vistosas desde comienzos de marzo hasta mayo, ningún problema de poda y un bonito porte arbustivo, con una altura de 1,5 a 2,5 m.

VARIEDADES: la mayor parte de las camelias son variedades de *C. japonica*. Hay muchas entre las que escoger, siendo las predilectas «Adolphe Audusson» (roja, semidoble), «Elegans» (flores tipo anémona, color rosa melocotón), «Apollo» (roja manchada de blanco, semidoble). «Alba Simplex» (simple) es una exquisita variedad blanca y «Lady Clare» (semidoble) es una excelente variedad rosada. Las hay de flores rayadas: las mejores son «Lady Vansittart» (blanca rayada de rosa) o «Contessa Lavinia Maggi» (roja rayada de rosa). Los híbridos de *C. williamsii* son mejores, formando arbustos más resistentes, de mayor número de flores que, al marchitarse, caen por sí solas. El más popular es «Donation» (rosado, semidoble) y también son recomendables «J.C. Williams» (rosado pálido, sencillas) y «Anticipation» (rojo, tipo peonia). *C.* «Leonard Messel» (rosado fuerte, semidoble) merece ser tenido en cuenta.

SUELO Y EMPLAZAMIENTO: nunca en suelo calcáreo. Al plantarlas, incorporad turba al suelo. Cada primavera acolchad con turba la tierra que las rodea. Lo mejor es un ligero sombreado.

PODA: no es esencial. En mayo eliminad las ramas débiles, dañadas o indeseadas.

REPRODUCCIÓN: acodad las ramas en otoño o plantad esquejes de 8 cm en una cajonera en verano.

C. japonica 'Adolphe Audusson'

C. japonica 'Alba Simplex'

C. japonica 'Lady Clare'

C. williamsii 'Donation'

C. williamsii 'J. C. Williams'

C. 'Leonard Messel'

Camellia williamsii

Carpenteria californica

CARPENTERIA Carpenteria
P

Es un vistoso arbusto que vuestros vecinos no tendrán. En junio y julio, por entre las hojas perennes, estrechas y brillantes, surgen las flores, blancas y fragantes. Requiere pocos cuidados y no es necesario que el suelo sea fértil, pero es algo delicado y es mejor plantarlo al pie de un muro orientado al sur.

VARIEDADES: sólo hay una especie, *C. californica*, que alcanza una talla de unos 3 m y produce preciosas flores con un montículo central de estambres dorados. Por desgracia, en los viveros, las existencias de este arbusto son variables: a ser posible, comprad un ejemplar de maceta que esté en flor y cercioraros de que se trata de *C. californica* «Ladham's Variety».

SUELO Y EMPLAZAMIENTO: en cualquier suelo de jardín siempre que sea permeable. Es imprescindible que esté a pleno sol y algo resguardado.

PODA: poca. Basta con eliminar las ramas viejas y cortar las que sean demasiado largas, en primavera.

REPRODUCCIÓN: en verano, acodad las ramas o plantad esquejes en una cajonera.

C. californica

Caryopteris clandonensis

CARYOPTERIS

Caryopteris
[C]

Es un excelente arbusto redondeado para la parte frontal del arriate. Plantad unos cuantos, agrupados, y en agosto y septiembre podréis disfrutar de sus inflorescencias de pequeñas flores azules. Vive en suelos calcáreos y en cualquier zona, pero los inviernos rigurosos suelen dañar sus tallos, aunque esto no es problema porque en primavera aparecerán otros nuevos.

VARIEDADES: la especie más frecuente es *C. clandonensis*, un arbusto de 1 m de envergadura, con flores de color azul fuerte y hojas grises, aromáticas. Hay algunas variedades famosas: la preferida es *C. clandonensis* «Arthur Simmonds», pero si queréis un color más oscuro escoged *C. clandonensis* «Heavenly Blue». Evitad *C. mongolica*, no es de fiar.

SUELO Y EMPLAZAMIENTO: en cualquier suelo de jardín siempre que sea permeable. A pleno sol.

PODA: en marzo, cortad los tallos a unos 5 cm del suelo.

REPRODUCCIÓN: fácil. En verano, plantad esquejes de 8 cm en una cajonera.

C. clandonensis

Ceanothus thyrsiflorus repens

CEANOTHUS

Lila de California
[C] o [P]

Es uno de los mejores arbustos de flores azules, aunque en jardines expuestos al viento y al frío no da más que disgustos. Existen muchas variedades donde escoger pero ninguna sale indemne de un invierno riguroso. Hay dos grupos: el de los *Ceanothus* perennifolios, de hojas pequeñas e inflorescencias compactas de flores diminutas, que siempre deben plantarse junto a un muro orientado al mediodía o poniente, y el de los *Ceanothus* caducifolios, bastante más resistentes, de hojas más grandes e inflorescencias más laxas. Todos los *Ceanothus* han de plantarse en verano.

VARIEDADES: escoged una variedad perennifolia de probada resistencia, como *C.* «Autumnal Blue» (2 m, flores azul fuerte, a finales de verano y en otoño), *C.* «Burkwoodii» (2 m, azul oscuro) y *C. impressus* (1,5 m, flores azul oscuro, en primavera). Si queréis un arbusto bajo y abierto escoged *C. thyrsiflorus repens* (1 m, flores azuladas en primavera). Las variedades caducifolias florecen a finales de verano y en otoño. Las preferidas son *C.* «Gloire de Versailles» (2 m, azul claro) y *C.* «Topaz» (1,8 m, azul medio). Hay una o dos variedades de flores rosadas, como *C.* «Marie Simon».

SUELO Y EMPLAZAMIENTO: escoged un suelo permeable, en un sitio cálido, a pleno sol. No lo plantéis nunca en un lugar expuesto al viento.

PODA: ninguna o muy poca para las variedades perennifolias. Para las caducifolias es necesario, en marzo, cortar las ramas que hayan florecido hasta unos 10 cm del leño del año anterior.

REPRODUCCIÓN: en verano plantad esquejes en una cajonera.

C. 'Gloire de Versailles'

C. 'Burkwoodii'

Arbustos para el jardín rocoso

Acer japonicum «Aureum»
Acer palmatum «Dissectum»
Acer palmatum «Dissectum Atropurpureum»
Berberis thunbergii atropurpurea «Nana»
Cistus lusitanicus «Decumbens»
Daphne cneorum
Erica, especies de
Fabiana imbricata «Prostrata»
Hebe armstrongii
Hebe «Carl Teschner»
Hebe pinguifolia «Pagei»

Hebe ochracea
Helianthemum, especies de
Hypericum polyphyllum
Philadelphus microphyllus
Rhododendron «Blue Tit»
Rhododendron «Bow Bells»
Rhododendron «Elizabeth»
Rosmarinus prostratus
Salix lanata
Spiraea japonica «Alpina»
Spiraea japonica «Bullata»

Ceratostigma willmottianum

CERATOSTIGMA   Ceratostigma
C

Es un bello arbusto de porte bajo idóneo tanto para el arriate herbáceo como para el arbustivo. Si el invierno es muy riguroso, las heladas pueden dañar los tallos, pero podadlos drásticamente en abril y pronto nacerán tallos nuevos sobre los que, en verano y a comienzos de otoño, aparecerán inflorescencias de color azul fuerte. En otoño el follaje se vuelve rojo.

VARIEDADES: sólo existe una especie, *C. willmottianum*, incluso en las grandes jardinerías. Tiene unos 50 cm de altura pero, si lo plantáis adosado a una pared, puede crecer hasta 1 m. Sus flores se abren de julio a octubre y es un arbusto apropiado para un lugar a pleno sol, con suelo calcáreo y seco.

SUELO Y EMPLAZAMIENTO: en cualquier suelo permeable, a pleno sol y al abrigo del viento.

PODA: en cuanto el arbusto se haya afianzado, cada año, en abril, cortad las ramas casi a ras de suelo.

REPRODUCCIÓN: desenterrad y dividid la planta en primavera o plantad esquejes en una cajonera en verano.

C. willmottianum

CHAENOMELES   Membrillo japonés
C

Es un arbusto muy popular por razones obvias: vive en cualquier suelo, al sol o a la sombra, y sus flores primaverales se convierten, en otoño, en frutos dorados. Podéis cultivarlo en el arriate, adosado a la pared, o formando un seto.

VARIEDADES: el membrillo común es *C. speciosa*, que abre sus flores rojas de marzo a mayo. Hay algunas variedades famosas, de 1 a 2 m de altura, entre las que descuellan *C. speciosa* «Nivalis» (blanca) y *C. speciosa* «Simonii» (semidoble, roja). También hay variedades muy bonitas de *C. superba*; la mejor es «Knap Hill Scarlet».

SUELO Y EMPLAZAMIENTO: en cualquier tipo de suelo de jardín. Mejor a pleno sol, pero sobrevive también a la sombra.

PODA: no es necesaria en los arbustos aislados; en los adosados a la pared, en verano, aclarad algunas ramas.

REPRODUCCIÓN: en verano acodad las ramas o plantad esquejes en una cajonera. También podéis desgajar los chupones enraizados y plantarlos.

C. speciosa

C. speciosa 'Nivalis'

Chaenomeles superba 'Knap Hill Scarlet'

CHIMONANTHUS   Chimonanthus
C

Las pequeñas flores pálidas que nacen en invierno sobre las ramas desnudas de este arbusto, parecido a un sauce, no son demasiado vistosas. Sin embargo, su fragancia es especial: cortad algunas ramas para decorar el comedor y disfrutad de su aroma. Guiad el arbusto sobre una pared soleada y tened paciencia: puede tardar varios años en dar flores.

VARIEDADES: la especie más conocida es *C. praecox (C. fragans)*, un arbusto de hasta 3 m, cuyas flores de color amarillo claro con el centro purpúreo se abren de diciembre a marzo. La variedad *C. praecox* «Grandiflorus» tiene flores de color amarillo más fuerte con el centro rojo. *C. praecox* «Luteus» se distingue fácilmente por sus grandes flores, completamente amarillas.

SUELO Y EMPLAZAMIENTO: en cualquier suelo siempre que sea permeable. A pleno sol.

PODA: no es esencial. Después de la floración, eliminad las ramas indeseadas o dañadas.

REPRODUCCIÓN: sembrad sus semillas bajo cristal en primavera o acodad las ramas en verano. Los esquejes son difíciles.

C. praecox

C. praecox 'Luteus'

Chimonanthus praecox 'Luteus'

Choisya ternata

CHOISYA
Naranjo mejicano
P

El *Choisya* es uno de los candidatos al título de arbusto de jardín ideal. La pulcra mata redondeada está tapizada de brillantes hojas perennes y, en mayo, se cubre de flores blancas y estrelladas, y a veces sigue floreciendo durante todo el verano. Tolera cierta sombra y no necesita poda.

VARIEDADES: sólo hay una especie: *C. ternata*. Es un arbusto que alcanza los 2 m, pero puede ser mantenido a raya podándolo en primavera: enseguida vuelve a brotar. Tanto las flores como las hojas son fragantes. El inconveniente del naranjo mejicano es que es bastante sensible a las heladas: en áreas septentrionales, debe plantarse al pie de un muro.

SUELO Y EMPLAZAMIENTO: en cualquier suelo de jardín, a pleno sol o a media sombra.

PODA: no es necesaria. En primavera eliminad las ramas indeseadas y las dañadas por las heladas.

REPRODUCCIÓN: fácil; en verano, plantad esquejes de 10 cm en una cajonera.

C. ternata

CISTUS
Jara
P

Cistus 'Silver Pink'

Las flores de las jaras duran poco, sus pétalos, como de papel, se abren por la mañana y caen antes del anochecer. Pero, durante la época de la floración, van apareciendo ininterrumpidamente nuevos capullos por lo que los arbustos están floridos durante los meses de junio y julio. No es una planta para suelos densos ni para sombra, aunque vive en otros lugares problemáticos como suelos calcáreos, arenales y jardines junto al mar. Plantad siempre ejemplares cultivados en maceta. Su gran enemigo son las heladas: no hay ninguna variedad completamente resistente. Para reemplazar los arbustos dañados, podéis plantar esquejes en verano. Algunas jaras exudan una goma aromática y todas tienen bonitas flores.

VARIEDADES: la más popular es *C.* «Silver Pink» (0,5-1 m, flores rosadas claras), aunque no es la más resistente ni la más bonita. El trío mejor reputado en cuanto a resistencia es el formado por *C. laurifolius* (2 m, flores blancas), *C. cyprius* (2 m, flores blancas con manchas pardas en el centro) y *C. corbariensis* (1 m, flores blancas, capullos color carmesí), mucho más compacta que las anteriores. La más pequeña es *C. lusitanicus* «Decumbens» (0,5 m, flores blancas con manchas centrales marrones), de porte abierto. La más espectacular es *C. purpureus*, con flores grandes (1,5 m, flores color rosa carmesí, con manchas centrales marrones). Desgraciadamente, varias de las jaras más bonitas son delicadas, como *C. ladanifer*, de flores grandes.

SUELO Y EMPLAZAMIENTO: es imprescindible que el suelo sea permeable y que esté a pleno sol. Evitad las bolsas de frío. Protegedlas de los vientos del N y del E.

PODA: no es necesaria. En primavera debéis eliminar tanto las ramas indeseadas como las dañadas por las heladas, pero sin llegar a cortar el leño viejo.

REPRODUCCIÓN: sembrad las semillas, en primavera, o plantad esquejes en una cajonera, en verano.

C. laurifolius

C. purpureus

C. cyprius

C. ladanifer

C. 'Silver Pink'

C. lusitanicus 'Decumbens'

Cistus ladanifer

Clerodendrum trichotomum

CLERODENDRUM

Clerodendrum
[C]

«Clerodendrum» o «Clerodendron», según qué catálogo leáis. Ningún otro arbusto tiene aromas tan contrastantes: las flores, que se abren en agosto y septiembre, exhalan una fragancia deliciosa, pero las hojas, al frotarlas, desprenden un olor horrible. Se cultivan dos especies: *C. trichotomum* y *C. bungei*, mucho menos popular.

VARIEDADES: *C. trichotomum* puede alcanzar 3,5 m o más. Las flores, blancas y estrelladas, se transforman en bayas color azul turquesa sostenidas por un cáliz carmesí. *C. bungei*, más delicada, con inflorescencias tipo bola de nieve, rojizas, muere a causa de las heladas, pero vuelve a brotar en primavera.

SUELO Y EMPLAZAMIENTO: necesita un lugar soleado y resguardado, de suelo permeable. Cuando lo plantéis, añadid turba.

PODA: no es necesaria. En primavera cortad las ramas indeseadas y las dañadas por el frío.

REPRODUCCIÓN: en primavera sembrad las semillas o desgajad los chupones enraizados de la planta madre.

C. trichotomum

Clethra alnifolia 'Paniculata'

CLETHRA

Clethra
[C]

En agosto, las pequeñas flores blancas se abren a lo largo de una delgada espiga de hasta 12 cm de longitud. Estas inflorescencias en «escobillón» exhalan una fragancia intensa que se percibe desde lejos. A pesar de ser raro, no es un arbusto difícil de cultivar, aunque requiere un suelo no calcáreo enriquecido con turba.

VARIEDADES: *C. alnifolia* forma un gran número de inflorescencias blancocremosas durante 4-6 semanas, de agosto a septiembre. *C. alnifolia* «Paniculata» es una variedad mejor, de hasta 2 m. Ambas crecen sin problemas en suelos anegados y en una atmósfera cargada de salitre. Existe una variedad de flores rosadas, *C. alnifolia* «Rosea».

SUELO Y EMPLAZAMIENTO: el suelo debe ser ácido; lo ideal es un lugar húmedo, ligeramente sombreado.

PODA: no es necesaria. En febrero o marzo eliminad las ramas indeseadas o dañadas.

REPRODUCCIÓN: sembrad las semillas en primavera o plantad esquejes en una cajonera en verano.

C. alnifolia

Arbustos para sombra intensa

Aucuba japonica
Buxus sempervirens
Camellia, especies de
Elaeagnus ebbingei
Elaeagnus pungens
Euonymus radicans
Fatsia japonica
Hypericum calycinum
Ligustrum, especies de
Lonicera nitida
Mahonia aquifolium
Osmanthus heterophyllus
Pachysandra terminalis
Prunus laurocerasus
Prunus lusitanica
Rubus, especies de
Skimmia japonica
Symphoricarpos, especies de
Viburnum davidii
Vinca, especies de

Arbutos para suelos arcillosos

Aucuba japonica
Berberis, especies de
Chaenomeles, especies de
Choisya ternata
Cornus, especies de
Corylus, especies de
Cotoneaster, especies de
Forsythia, especies de
Hypericum, especies de
Mahonia, especies de
Philadelphus, especies de
Potentilla, especies de
Pyracantha, especies de
Ribes sanguineum
Skimmia japonica
Spiraea, especies de
Symphoricarpos, especies de
Viburnum, especies de
Vinca, especies de
Weigela, especies de

Colutea arborescens

COLUTEA
Espantalobos
C

El espantalobos es un arbusto famoso por su rápido crecimiento y por su capacidad de vivir en suelos pobres.
Sus flores, amariposadas, son pequeñas y poco numerosas, pero se abren desde junio hasta octubre. Lo más
característico son sus vainas hinchadas… todos los niños disfrutan haciéndolas explotar.

VARIEDADES: la única *Colutea* que encontraréis en los catálogos es el espantalobos común *(C. arborescens)*. Crece muy
rápidamente hasta 2,5 m o más y es muy útil como arbusto
pantalla. Las flores son amarillas y las vainas miden 5-8 cm de
largo. Otras especies son *C. media* (flores cobrizas) y *C. orientalis* (hojas grises, flores cobrizas).

SUELO Y EMPLAZAMIENTO: a pleno sol, en suelo arenoso y pobre, aunque también sobrevive en un suelo franco
o denso.

PODA: tiende a formar vástagos muy largos; cada marzo, cortad las ramas a la mitad de su longitud.

REPRODUCCIÓN: fácil. Por semillas en primavera o plantando
esquejes en una cajonera en verano.

C. arborescens

Cornus alba 'Sibirica'

CORNUS
Cornejo
C

No hay normas generales para el cultivo de los cornejos, ya que existen dos grupos distintos, con características y necesidades bastante diferentes. El primer grupo lo constituyen
los cornejos de corteza coloreada, con ramas vistosas, muy valioso para dar colorido en
invierno. Algunos tienen hojas variegadas y todos son fáciles de cultivar; lo único que hay
que tener presente es que deben podarse a fondo cada primavera. El otro grupo está formado por las variedades que se cultivan por sus flores y por su follaje otoñal. Son arbustos
altos, pero, a excepción de *C. mas*, son poco frecuentes.

VARIEDADES: si queréis una planta de corteza roja, escoged *C. alba*. Los vástagos nuevos, que nacen
cada primavera, formarán un matorral de 1,5 m de altura que, cada año, se irá ensanchando. *C. alba*
«Sibirica» es el de vástagos más coloreados, *C. alba* «Elegantissima» tiene las hojas festoneadas de
blanco y *C. alba* «Spaethii» es el de follaje más vistoso. No todos los cornejos de corteza coloreada
tienen vástagos rojos: *C. stolonifera* «Flaviramea» los tiene amarillos y en invierno, si crece junto a
un *C. alba*, resulta extraordinariamente efectista. Dentro del grupo de los cornejos de flores vistosas
figura el famoso, aunque no especialmente llamativo, cornejo macho *(C. mas)*, que alcanza los 3 m
de altura y, en marzo, se cubre de pequeñas flores amarillas, seguidas de bayas rojas y un bonito
follaje otoñal. Si queréis flores más grandes y colores otoñales más vivos, elegid entre *C. kousa chinensis* (2,5 m, flores blancas) y *C. florida rubra* (2,5 m, flores rojo rosado).

SUELO Y EMPLAZAMIENTO: en casi todos los suelos de jardín; algunas variedades de flores vistosas
requieren un suelo no calcáreo. Al sol o a media sombra.

PODA: las variedades de corteza coloreada deben ser podadas a pocos centímetros del suelo. Las de
flores vistosas no precisan poda; en primavera, eliminad las ramas indeseadas.

REPRODUCCIÓN: fácil para las variedades de corteza coloreada; en otoño, plantad esquejes al aire
libre, en un lugar resguardado.

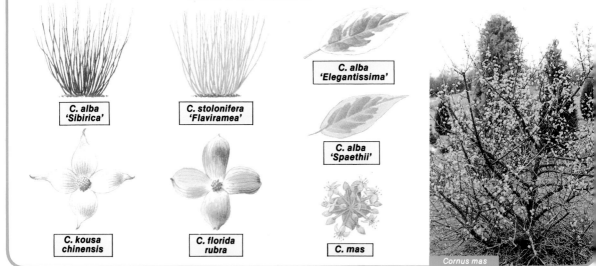

C. alba
'Sibirica'

C. stolonifera
'Flaviramea'

C. alba
'Elegantissima'

C. alba
'Spaethii'

C. kousa
chinensis

C. florida
rubra

C. mas

Cornus mas

Corylopsis pauciflora

CORYLOPSIS
Avellano de invierno
C

Al igual que su pariente próximo, el nogal de las brujas, este arbusto produce flores amarillas antes de la aparición de las hojas. Tiene un encanto especial: las flores, fragantes, que se abren en marzo o abril, forman amentos colgantes y las hojas, tipo castaño, suelen tener bellas coloraciones otoñales. El frío puede estropear las flores. Plantadlo en un lugar resguardado.

VARIEDADES: la talla normal es de unos 2 m y existen varias especies entre las que figuran *F. spicata*, *C. pauciflora* y *C. platypetala*. La mejor es *C. willmottiae*, que alcanza los 3 m o más, con ramas erectas y penachos florales de 8 cm de longitud. El follaje juvenil es purpúreo y las flores exhalan un intenso aroma.

SUELO Y EMPLAZAMIENTO: en cualquier suelo normal de jardín, al sol o a media sombra. Evitad las bolsas frías.

PODA: no es necesaria; después de la floración, eliminad las ramas indeseadas o dañadas.

REPRODUCCIÓN: el mejor método es el acodo. También podéis plantar esquejes en una cajonera en verano.

C. spicata

Corylus avellana 'Contorta'

CORYLUS
Avellano
C

El avellano común de los márgenes tiene algunos parientes menos comunes recomendables para el jardín. Hay variedades de hojas amarillas y de hojas purpúreas que, a comienzos de primavera, forman vistosos amentos. Sin embargo, la variedad de jardín más popular no se caracteriza por su follaje sino por la forma de sus ramas.

VARIEDADES: *C. avellana* «Contorta» (el avellano sacacorchos) tiene las ramas extrañamente retorcidas y de ellas, en febrero, cuelgan amentos hasta amarillos. Crece lentamente hasta alcanzar los 3 m; más que una planta bonita es una planta curiosa. *C. avellana* «Aurea» es un hermoso arbusto de follaje amarillo que luce mejor si crece junto a un *C. maxima* «Purpurea» de amentos, frutos y follaje purpúreos.

SUELO Y EMPLAZAMIENTO: en cualquier suelo permeable, al sol o a media sombra. Muy apropiado para lugares batidos por el viento.

PODA: en marzo, eliminad las ramas viejas.

REPRODUCCIÓN: acodad las ramas o desgajad los chupones enraizados producidos por la planta madre.

C. avellana 'Contorta'

C. maxima 'Purpurea'

Cotinus coggygria

COTINUS
Cotinus
C

Cotinus coggygria es el nombre actual de un arbusto famoso desde la antigüedad que se conocía como *Rhus cotinus*. Lo mejor es plantarlo en solitario, dejando que se convierta en un arbusto grande y vistoso, aunque muchas veces forma parte de los arriates mixtos. Sus hojas, redondeadas, se vuelven doradas en otoño, después de la aparición de sus delicadas inflorescencias cuya belleza estriba en sus pedúnculos florales plumosos.

VARIEDADES: *C. coggygria* crece unos 3 m y sus inflorescencias se abren en junio, volviéndose grisáceas con el tiempo. *C. coggygria* «Royal Purple» tiene hojas color vino que, en otoño, se vuelven rojas. *C. coggygria* «Notcutt's Variety» crece unos 60 cm y sus inflorescencias rosadas y purpúreas emergen de entre el follaje rojo.

SUELO Y EMPLAZAMIENTO: en cualquier tipo de suelo aunque es mejor que sea ligeramente franco. Preferible a pleno sol.

PODA: en primavera, eliminad las ramas indeseadas.

REPRODUCCIÓN: desgajad y plantad los chupones emitidos por la planta madre. Los esquejes son difíciles.

C. coggygria

Arbustos para zonas costeras

Arbutus unedo
Arundinaria
Choisya ternata
Colutea
Cordyline
Cotoneaster
Cytisus
Elaeagnus
Escallonia
Euonymus
Fuchsia

Garrya elliptica
Genista
Hebe
Helianthemum
Hippophae rhamnoides
Hydrangea macrophylla
Ilex aquifolium
Lavandula
Olearia
Phlomis
Pittosporum

Pyracantha
Rosmarinus
Salix
Santolina
Senecio
Spartium
Spiraea
Tamarix
Ulex
Viburnum
Yucca

Cotoneaster horizontalis

COTONEASTER

Cotoneaster

C

Hay *Cotoneaster* de todos los portes y tallas, desde arbustos postrados de cobertera hasta árboles de 6 m. Las hojas, que pueden ser pequeñas como una uña o tener varios centímetros de longitud, pueden caer en otoño o permanecer sobre la planta durante todo el año. Pese a estas variaciones, hay una característica general que hace que sean valiosos en cualquier jardín: sus bayas, vistosas y muy abundantes, y las ricas tonalidades otoñales de su follaje. En mayo o junio, los capullos rosados se abren para convertirse en pequeñas flores blancas tan numerosas que resultan muy decorativas. Todos los *Cotoneaster* son resistentes y toleran los suelos pobres; crecen casi en todas partes y el único cuidado que debéis prodigarles es podarlos en cuanto comiencen a extralimitarse.

VARIEDADES: la especie favorita es *C. horizontalis*, el cotoneaster en espina de pescado, muy frecuente en los jardines ya sea adosado a la pared de la casa o desparramado formando un arbusto bajo, 0,5-1 m de altura, entre los arbustos más altos. Sus ramas se disponen en espina de pescado y tanto las bayas como el follaje otoñal son rojos. *C. adpressus* es otro arbusto caducifolio de cobertera, aún más postrado, y uno de los mejores arbustos caducifolios de talla grande (2 m × 2 m) es *C. divaricatus*. *C. bullatus* tiene una talla similar y se identifica por sus grandes hojas corrugadas de color verde oscuro.
Entre los perennifolios hay especies espléndidas: *C. dammeri* es una de las mejores plantas de cobertera del reino vegetal. En el otro extremo de la escala figura *C. salicifolius* (4,5 m, hojas largas y estrechas) y *C. «Hybridus Pendulus»*, que pueden ser cultivados como árboles llorones. Para los setos, escoged el semiperenne *C. simonsii* y como arbusto de porte bajo el encantador *C. conspicuus* «Decorus». Las bayas de los *Cotoneaster* casi siempre son rojas y bastante pequeñas. Si queréis bayas grandes escoged el robusto *C. «Cornubia»*. Como alternativa a las bayas rojas, tenéis *C. «Rothschildianus»* (amarillas) o *C. franchetii* (anaranjadas).

SUELO Y EMPLAZAMIENTO: en cualquier suelo de jardín. Mejor a pleno sol, pero también crece a media sombra.

PODA: no es necesaria. En primavera eliminad las ramas indeseadas o dañadas.

REPRODUCCIÓN: en verano sembrad las semillas o plantad esquejes en una cajonera.

C. franchetii

C. 'Cornubia'

C. 'Rothschildianus'

C. horizontalis

C. simonsii

C. salicifolius

C. 'Cornubia'

Cotoneaster simonsii

CYTISUS

Retama
C

Muchos arbustos se cultivan por su follaje pero los *Cytisus* se cultivan por sus flores, tan abundantes que cubren por completo los tallos, tipo látigo, y las diminutas hojas. Normalmente florecen en mayo y casi todos son caducifolios. Comprad siempre plantas cultivadas en maceta o en contenedor y acordaos de podarlas cada año. El leño viejo no rebrota por lo que cuando un arbusto se vuelve desmañado debéis arrancarlo y reemplazarlo. Las flores, amariposadas, suelen ser amarillas, aunque hay una amplia gama de colores y algunas especies son bicolores. Los *Cytisus* crecen bien en suelos pobres, pero es posible que, al cabo de algunos años, sin razón aparente, se mueran.

VARIEDADES: *C. scoparius* es una retama de unos 2 m que abre sus flores en mayo y junio. Tiene varios híbridos excelentes, como *C.* «Burkwoodii» (rojo carmesí, con bordes amarillos), *C. scoparius* «Andreanus» (amarillo y carmesí) y *C.* «Killiney Red» (rojo fuerte). *C. praecox* es un arbusto de talla similar pero con los tallos arqueados. Es el primero en florecer y existe una variedad muy popular de flores amarillas (*C. praecox* «Allgold»). También hay retamas de flores blancas, como *C. albus*. Existen formas de menor talla, como *C. kewensis*, un arbusto abierto de flores amarillopálidas y sólo 50 cm de altura, y, aún más bajos, *C. purpureus*, casi rastrero (30 cm, flores color lila) y *C. decumbens* (10 cm, flores amarillas). En el otro extremo de la escala figura la retama marroquí, *C. battandieri* (4,5 m), que en julio luce sus espigas de flores amarillas con aroma a ananás.

SUELO Y EMPLAZAMIENTO: a pleno sol. Mejor en un suelo pobre y arenoso.

PODA: después de la floración, cortad hasta la mitad los tallos que hayan dado flores. No cortéis nunca el leño viejo.

REPRODUCCIÓN: sembrad las semillas. Para los híbridos, en verano, plantad esquejes en una cajonera.

Cytisus 'Burkwoodii'

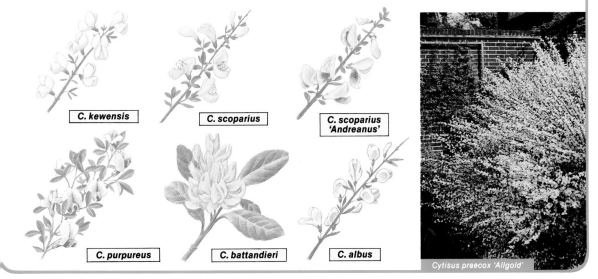
C. kewensis · C. scoparius · C. scoparius 'Andreanus' · C. purpureus · C. battandieri · C. albus

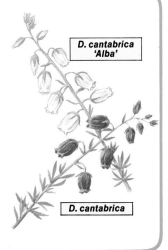
Cytisus praecox 'Allgold'

DABOECIA

Brezo irlandés
P

Es un pequeño grupo de brezos que presenta la mayor parte de las características típicas de la familia: porte arbustivo, de unos 0,6 m de altura, hojas pequeñas y espigas terminales de flores péndulas, pero estas últimas no están dispuestas alrededor del pedúnculo de la espiga como en el brezo común y son más grandes que las de éste.

VARIEDADES: algunos viveros especializados ofrecen una especie más delicada, *D. azorica*, pero normalmente sólo encontraréis la especie resistente *D. cantabrica*. Las hojas son de color verde oscuro (plateadas por el envés) y las flores color púrpura claro. Existen también otras formas como *D. cantabrica* «Alba» (blanca) y *D. cantabrica* «Atropurpurea».

SUELO Y EMPLAZAMIENTO: requiere un suelo ácido, permeable. Preferentemente a pleno sol. Al plantarlo, incorporad turba al suelo.

PODA: tan pronto se marchiten las flores, recortad ligeramente la planta. Eliminad los tallos erráticos.

REPRODUCCIÓN: en verano, plantad esquejes de 3-5 cm en una cajonera. En primavera podéis sembrar las semillas.

Daboecia cantabrica

D. cantabrica 'Alba'

D. cantabrica

Danae racemosa

DANAE
Laurel alejandrino
P

Es un arbusto pequeño que se cultiva por dos motivos: vive en plena sombra, bajo los árboles, y en suelos anegados donde casi ninguna otra planta logra subsistir, y su follaje resulta excelente para la confección de arreglos florales para interiores, en invierno. Lo que llamamos hojas son, en realidad, tallos aplanados. En otoño forma bayas de color anaranjado fuerte.

VARIEDADES: sólo hay una especie, *D. racemosa*, de hasta 1 m, con tallos arqueados portadores de hojas estrechas y brillantes. Este pariente próximo del brusco (a veces figura en los catálogos como *Ruscus racemosus*) se extiende por el arriate arbustivo a medida que los chupones rastreros van creciendo. A pesar de ser una planta rara figura en los catálogos de los viveros de árboles y de arbustos de gran talla.

SUELO Y EMPLAZAMIENTO: es esencial que esté a la sombra, parcial o total, y también que el suelo sea húmedo. Aborrece los suelos arenosos y los lugares despejados.

PODA: en primavera, eliminad las ramas indeseadas.

REPRODUCCIÓN: fácil; en primavera o en otoño, dividid la planta o desgajad una pequeña porción que tenga raíces.

D. racemosa

Daphne mezereum

DAPHNE
Daphne
C o SP o P

En febrero o marzo, es frecuente ver los rígidos y erectos tallos de *D. mezereum* cubiertos de flores rojopurpúreas. Existen otras especies entre las que escoger, todas de flores fragantes como la anterior, pero casi siempre más exigentes. Es difícil de trasplantar: comprad plantas cultivadas en macetas.

VARIEDADES: podéis adquirir *D. mezereum*, la especie caducifolia, en todas partes y existe también una variedad blanca (*D. mezereum* «Alba»). La perennifolia *D. odora* «Variegata» (flores purpúreas, hojas moteadas de amarillo) florece incluso antes. *D. burkwoodii* (1 m, rosada) y la enana *D. cneorum* (30 cm, rosa) florecen en mayo.

SUELO Y EMPLAZAMIENTO: al sol o a media sombra. En cuanto al suelo, su principal requerimiento es el humus; al plantarlo, añadid turba.

PODA: no es necesaria; evitad podarla demasiado. Después de la floración, eliminad las ramas dañadas.

REPRODUCCIÓN: para *D. mezereum*, en verano, sembrad las semillas; para las demás, también en verano, plantad esquejes en una cajonera.

D. burkwoodii

D. mezereum

Decaisnea fargesii

DECAISNEA
Habichuela azul
C

Ahí tenéis un arbusto para sorprender a vuestros vecinos. Los tallos, largos y delgados, sostienen grandes hojas divididas, de unos 60 cm de longitud y, en verano, producen inflorescencias péndulas de flores grisáceas, campaniformes. En otoño, aparecen las vainas azules, en forma de salchicha. Pese a su aspecto exótico, es un arbusto resistente y fácil de cultivar.

VARIEDADES: la única especie cultivada es *D. fargesii*, de tallos erectos y rígidos, bastante densamente agrupados, de hasta 3 m de altura. En octubre y noviembre, las vainas hinchadas, de 8-10 cm de longitud, cuelgan del arbusto. Las bajas temperaturas invernales no causan la muerte del *Decaisnea*, pero las heladas primaverales pueden dañar sus tallos. Cuando podáis eliminad estos tallos.

SUELO Y EMPLAZAMIENTO: en un suelo húmedo, permeable. Al sol o a media sombra.

PODA: en primavera, una vez haya pasado el riesgo de las heladas, eliminad los tallos viejos y dañados.

REPRODUCCIÓN: en primavera, sembrad las semillas en un invernadero.

D. fargesii

DESFONTAINEA

Desfontainea
P

La mayoría de los arbustos citados en este libro crecen en cualquier parte y no suponen ningún reto para el jardinero ávido de aventuras. El *Desfontainea* es distinto; es difícil de contentar, necesita un emplazamiento resguardado en un lugar en que el aire sea templado y húmedo. Si vivís en el litoral oriental vale la pena que lo intentéis; como recompensa obtendréis un despliegue espléndido de flores y de hojas tipo acebo.

VARIEDADES: sólo existe una especie, *D. spinosa*, de 2-3 m de altura, que se parece al acebo típico hasta que, en junio, hacen su aparición las flores, tubulares, de vivos colores, con pétalos rojos y amarillos. El espectáculo floral continúa hasta octubre. En primavera acolchad el suelo.

SUELO Y EMPLAZAMIENTO: plantadlo junto a un muro resguardado, a media sombra. Lo mejor es un suelo húmedo y permeable.

PODA: no es necesaria. En primavera, eliminad las ramas muertas y las indeseadas.

REPRODUCCIÓN: plantad esquejes en verano o sembrad las semillas en un invernadero caldeado en primavera.

D. spinosa

Desfontainea spinosa

DEUTZIA

Deutzia
C

Es un arbusto que, si dispone de espacio suficiente, en junio se cubre de pequeñas flores. Es una planta muy adecuada para jardines muy pequeños ya que la mayor parte de variedades sólo crecen 1-3 metros. Las flores pueden ser sencillas o dobles, con colores que van del blanco al purpúreo claro. Es fácil de cultivar, aunque debe ser podado cada año. Algunas variedades son sensibles a las heladas.

VARIEDADES: *D. scabra* «Plena» (flores dobles, blancas, purpúreas rosadas por fuera) es una variedad alta muy popular igual que *D. rosea*, un arbusto más pequeño y gracioso, de flores color rosa pálido. *D. magnifica* tiene flores dobles y las inflorescencias mayores corresponden a los híbridos, como *D.* «Mont Rose» (flores rosadas), *D.* «Contraste» (flores color púrpura lila) y *D.* «Perle Rose» (flores rosadas).

SUELO Y EMPLAZAMIENTO: no es exigente; crece en cualquier suelo permeable. A pleno sol o a media sombra.

PODA: después de la floración, cortad los vástagos que hayan florecido. Eliminad las ramas viejas, improductivas.

REPRODUCCIÓN: en otoño, plantad esquejes al aire libre.

D. rosea

D. scabra 'Plena'

Deutzia rosea

DIPELTA

Dipelta
C

Es un arbusto raro emparentado con la *Weigela*, de mayor talla y, para algunos, más bonito que ésta. Es resistente y fácil de cultivar, pudiendo alcanzar 3,5 m o más. Las hojas son largas y puntiagudas y, a finales de primavera, aparecen las flores, fragantes y llenas de color.

VARIEDADES: en los jardines sólo suele encontrarse una especie, *D. floribunda*, un arbusto de gran talla, cuyas ramas flexibles, durante los meses de mayo y junio, se cubren de gran cantidad de flores aisladas o en racimos pequeños. Estas flores, de garganta amarilla, tienen una fragancia deliciosa. Otra cualidad adicional es su bonita corteza descamante. Las jardinerías normales no disponen de esta planta; dirigiros a los viveros especializados.

SUELO Y EMPLAZAMIENTO: plantadlo en un suelo franco y húmedo. Crece bien en zonas calcáreas. Al sol o a media sombra.

PODA: en junio cortad los tallos que hayan florecido y, al mismo tiempo, eliminad las ramas indeseadas.

REPRODUCCIÓN: en otoño, plantad esquejes al aire libre pero en un lugar resguardado.

D. floribunda

Dipelta floribunda

Elaeagnus pungens 'Maculata'

ELAEAGNUS

Cinamomo
| C | o | P |

Sus flores, blancas, son fragantes, pero suelen ser poco vistosas. El cinamomo es cultivado por su follaje, ya que los brotes y las hojas jóvenes tienen un brillo metálico. Es un arbusto fácil de cultivar, muy apropiado para erigir setos en lugares no resguardados. Las ramas son muy apreciadas para la confección de arreglos florales y, en invierno, las formas variegadas dan vida al jardín.

VARIEDADES: la más popular es *E. pungens* «Maculata», de hojas perennes manchadas de amarillo. *E. ebbingei* tiene aproximadamente la misma talla (2,5-3 m) y sus hojas, perennes, son pubescentes. La especie caducifolia *E. commutata* se cultiva por sus hojas y sus bayas plateadas.

SUELO Y EMPLAZAMIENTO: no es exigente; crece en cualquier suelo de jardín. A pleno sol o a media sombra.

PODA: no es necesaria. En primavera cortad las ramas indeseadas. A comienzos y finales de verano recortad los setos.

REPRODUCCIÓN: en verano, desgajad los chupones enraizados producidos por la planta madre y plantadlos o bien plantad esquejes en una cajonera.

E. ebbingei

E. pungens 'Maculata'

Arbustos para zonas industriales

Aralia elata
Berberis, especies de
Buddleia davidii
Buxus sempervirens
Camellia, especies de
Chaenomeles, especies de
Cistus, especies de
Cornus alba
Cotinus, especies de
Cotoneaster, especies de
Cytisus, especies de
Deutzia, especies de
Elaeagnus, especies de
Escallonia, especies de
Euonymus, especies de
Fatsia japonica

Forsythia, especies de
Garrya elliptica
Genista, especies de
Hibiscus syriacus
Hydrangea, especies de
Hypericum, especies de
Ilex, especies de
Kerria japonica
Ligustrum, especies de
Lonicera pileata
Magnolia, especies de
Mahonia, especies de
Pernettya mucronata
Philadelphus, especies de
Potentilla, especies de
Prunus laurocerasus

Pyracantha, especies de
Rhododendron, especies de
Rhus typhina
Ribes sanguineum
Rubus tridel «Benenden»
Salix, especies de
Skimmia japonica
Spartium, especies de
Spiraea, especies de
Symphoricarpos, especies de
Syringa, especies de
Tamarix tetrandra
Ulex, especies de
Viburnum, especies de
Vinca, especies de
Weigela, especies de

Enkianthus campanulatus

ENKIANTHUS

Enkianthus
| C |

Algunos expertos opinan que ningún otro arbusto supera los amarillos vivos y los rojos llameantes del follaje otoñal del *Enkianthus*. Si los rododendros y las azaleas crecen sin dificultad en vuestro jardín no tendréis ningún problema con *Enkianthus*. En mayo, sobre sus tallos erectos, aparecerán las flores, de larga duración.

VARIEDADES: posiblemente sólo encontraréis *E. campanulatus*, de 2-3 m de altura, con flores campaniformes, péndulas, de color crema, con nervios y bordes rojos. Las ramas, rojas, se agrupan en verticilos característicos. En los viveros especializados hallaréis *E. cernuus rubens* (flores rojas) o *E. perulatus* (flores blancas).

SUELO Y EMPLAZAMIENTO: es imprescindible un suelo no calcáreo y húmedo; al plantarlo, incorporad turba al suelo. Preferible a media sombra.

PODA: no es necesaria; basta con eliminar las ramas muertas o indeseadas después de la floración.

REPRODUCCIÓN: en verano, acodad las ramas o plantad esquejes de 8 cm en una cajonera.

E. campanulatus

ERICA Brezo
P

Erica carnea

La palabra brezo evoca la imagen de una planta compacta, de hojas aciculares y flores campaniformes, que aborrece la cal y crece unos 3 m. No obstante, el grupo más amplio, el de los *Erica*, comprende arbustos cuya talla oscila desde unos cuantos centímetros hasta 3 m o más, y puede plantarse en el jardín rocoso, como cobertera o como arbusto singular. Algunos viven en un suelo calcáreo y, eligiéndolos cuidadosamente, lograréis un lecho de brezos que esté en flor durante todo el año. Lo importante es escoger los tipos apropiados, conseguir que se afiancen y cada año, a finales de primavera, acolchar con turba el suelo que los rodea.

VARIEDADES: al hacer el pedido, guiaros por la talla final prevista para cada planta y no por el aspecto que tenga en la maceta. Si queréis un arbusto singular, elegid un brezo arbóreo: *E. arborea* (2,5-3,5 m, florece en marzo y abril), o dos arbustos de menor talla que toleran la cal, *E. terminalis* (1,8-2,5 m, florece de julio a septiembre) y *E. mediterranea* (1-1,5 m, florece de marzo a mayo). Si queréis un arbusto de 50-60 cm, elegid el brezo de Cornualles, *E. vagans* (florece de julio a octubre) o *E. darleyensis* (florece de noviembre a abril). Los brezos más populares son los bajos, los de cobertera. Muchas de las variedades famosas, que van del blanco puro al rojo oscuro, pertenecen a la especie *E. carnea*, el brezo de invierno (florece de enero a abril). *E. cinerea* (florece de junio a septiembre) también tiene numerosas variedades que van del blanco al gris oscuro. El brezo de hojas en cruz, *E. tetralix* (florece de junio a octubre), tiene las hojas grises.

SUELO Y EMPLAZAMIENTO: es necesario que el suelo sea permeable. Preferible a pleno sol. Al plantarlo, añadid turba.

PODA: recortad ligeramente las plantas tan pronto se hayan marchitado las flores. Cortad los tallos sobresalientes pero sin llegar al leño viejo. Los brezos arbóreos demasiado altos deben podarse a fondo en abril.

REPRODUCCIÓN: en verano, acodad las ramas o plantad esquejes de 3-5 cm en una cajonera.

E. carnea

E. vagans

E. darleyensis

E. tetralix

E. cinerea

E. arborea

Erica arborea

ESCALLONIA Escallonia
P

Escallonia 'Apple Blossom'

Tanto las hojas, brillantes, como las flores, tubulares, son pequeñas pero tan abundantes que hacen que sea uno de los arbustos favoritos. En muchas zonas litorales se planta formando setos o bien en el arriate arbustivo, donde luce sus inflorescencias blancas, rosadas y rojas, desde junio hasta comienzos de otoño. Su talla media es de unos 2 m.

VARIEDADES: *E. macrantha* es el arbusto grande y vigoroso que se emplea para erigir setos cerca del mar, mientras que *E.* «Langleyensis» es alto y arqueado, con flores rosadas. La mayor parte de los jardineros plantan los arbustos híbridos de los que hay una amplia gama en donde elegir: *E.* «Apple Blossom» (flores rosadas y blancas), *E.* «C.F. Ball» (flores rojas), *E.* «Crimson Spire» (flores carmesí) y *E.* «Glory of Donard» (flores rosadas).

SUELO Y EMPLAZAMIENTO: en cualquier suelo de jardín, al sol o a media sombra. En el norte, plantadlo junto a un muro.

PODA: en otoño, cortad los tallos que hayan florido y recortad los setos.

REPRODUCCIÓN: en verano, plantad esquejes en una cajonera.

E. 'Langleyensis'

E. 'Apple Blossom'

Eucryphia nymansensis

EUCRYPHIA
Eucryphia
C o P

Es un arbusto raro que, entre julio y septiembre, obsequia a su propietario con una exhibición de preciosas flores blancas, pero no es fácil de cultivar. Comenzad con un ejemplar cultivado en maceta y cercioraros de que dispondrá de un lugar resguardado del viento, en un suelo permeable y fértil. Alrededor del arbusto recién plantado, cultivad plantas de cobertera.

VARIEDADES: son arbustos altos y elegantes que pueden convertirse en árboles. Hay dos elecciones posibles: *E. glutinosa* (4,5 m, con la bonificación suplementaria de tener bellas coloraciones otoñales del follaje) y el perennifolio *E. nymansensis* (más alto, tolerando mejor los suelos calcáreos y de floración más tardía).

SUELO Y EMPLAZAMIENTO: no es adecuado para jardines septentrionales demasiado expuestos. Lo mejor es un suelo franco, no calcáreo, profundo, y a pleno sol.

PODA: no es necesaria; basta con que, en abril, eliminéis los tallos muertos y dañados.

REPRODUCCIÓN: no es fácil; los esquejes son difíciles de enraizar y el procedimiento más fiable es el acodo.

E. glutinosa

EUONYMUS
Euonymus
C o P

Hay dos grupos, los que pierden las hojas en invierno y los que las conservan. El primero comprende grandes arbustos o árboles que son cultivados por sus hermosos frutos o por su follaje otoñal. Son plantas muy útiles, especialmente para suelos calcáreos, pero el grupo más popular es el de los perennifolios, que incluye las variedades variegadas de cobertera de *E. radicans* y las formas arbustivas erectas de *E. japonicus*. Son indispensables en todo arriate arbustivo, aunque son un criadero de jején y los frutos son venenosos.

VARIEDADES: entre los *Euonymus* caducifolios se encuentra *E. europaeus*, de 6 m o más, con hojas ovaladas, que se vuelven rosadas o rojas en otoño, y frutos lobulados que se abren dejando al descubierto las semillas, anaranjadas. Más vistosa aún es la variedad *E. europaeus* «Red Cascade» y el miembro más reciente del grupo es *E. alatus*, con tallos suberosos y alados.
Las variedades perennifolias son cultivadas por su follaje y entre las más útiles figuran las de cobertera, de porte bajo, que pueden trepar por las paredes como la hiedra. En los catálogos figuran como *E. radicans* y *E. fortunei* radicans. La variedad predilecta es *E. radicans* «Silver Queen». Si queréis un arbusto más alto, especialmente para erigir setos en las zonas litorales, escoged *E. japonicus*. Sus formas variegadas «Ovatus Aureus» y «Aureopictus» son particularmente coloreadas.
Suelo y emplazamiento: en cualquier suelo de jardín. Al sol o a media sombra, aunque los caducifolios y las formas variegadas prefieren el sol.

PODA: casi no necesitan ser podados pero, si hace falta, podéis cortarlos hasta muy abajo, en mayo. Los setos de *E. japonicus* deben recortarse en mayo y nuevamente a comienzos de otoño.

REPRODUCCIÓN: fácil; en verano, acodad las ramas o plantad esquejes en una cajonera.

Euonymus europaeus

VARIEDADES DE HOJA CADUCA

VARIEDADES PERENNIFOLIAS

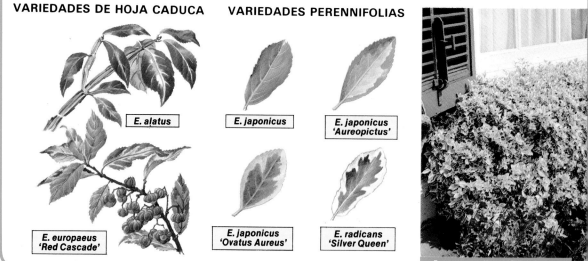

E. alatus

E. japonicus

E. japonicus 'Aureopictus'

E. europaeus 'Red Cascade'

E. japonicus 'Ovatus Aureus'

E. radicans 'Silver Queen'

Euonymus radicans 'Silver Queen' o

EXOCHORDA
Exochorda
C

En mayo, cuando está florido, resulta un bonito arbusto, con las ramas festoneadas de cortas espigas de flores blancas, de 3-5 cm, parecidas a las del peral, pero duran muy poco, una semana aproximadamente. Necesita mucho espacio y mucho sol, y sólo debéis plantar ejemplares cultivados en macetas. Podadlos anualmente.

VARIEDADES: la especie más popular, *E. racemosa*, es la más adecuada siempre que el suelo no sea calcáreo. Es un arbusto abierto, de unos 3 m de altura, con flores completamente blancas. *E. giraldii* es más alto y más erecto. *E. macrantha* «The Bride» forma un montículo compacto de ramas péndulas.

SUELO Y EMPLAZAMIENTO: requiere un lugar abierto y soleado, con un suelo fértil y permeable.

PODA: inmediatamente después de la floración cortad las ramas que tengan flores marchitas. Eliminad las ramas débiles.

REPRODUCCIÓN: en verano, plantad esquejes en una cajonera o desgajad y plantad los chupones enraizados.

Exochorda macrantha 'The Bride'

E. racemosa

FABIANA
Fabiana
P

Es un arbusto raro capaz de confundir al jardinero más experimentado. Parece un brezo arbóreo, con hojas diminutas e hileras de pequeñas flores que se abren en junio. Actualmente forma parte de la familia de la patatera, y sus flores, en vez de ser campaniformes como las del brezo, son tubulares.

VARIEDADES: la fabiana más frecuente es *F. imbricata*, un arbusto erecto, de 2 m o más, con flores blancas, en verano. Existe una variedad parecida, pero más abierta, con flores color lavanda *(F. imbricata violacea)*. Para el jardín rocoso escoged la variedad enana de flores color malva, *F. imbricata* «Prostrata».

SUELO Y EMPLAZAMIENTO: requiere mucho sol y estar al abrigo de los vientos fríos y de las heladas intensas. Preferible en suelo arenoso.

PODA: no es necesaria. En julio, después de la floración, eliminad los tallos indeseados.

REPRODUCCIÓN: en verano, plantad esquejes de unos 8 cm en una cajonera.

Fabiana imbricata violacea

F. imbricata violacea

F. imbricata

FATSIA
Fatsia
P

Es un género que figura en todos los libros de plantas de interior pero no en todos los de arbustos. Dicho esto, y a la vista de sus exóticas hojas de grandes dimensiones, no es de extrañar que podáis haberlo considerado una planta delicada cuando, en realidad, en muchos lugares es bastante resistente. Alcanza una talla de hasta 3 m y, en octubre, abre sus inflorescencias.

VARIEDADES: sólo hay una especie, *F. japonica*, que algunas veces recibe el nombre de aralia o planta del aceite de castor. Sus hojas brillantes, de lóbulos profundos y peciolo largo, tienen más de 30 cm de envergadura. Es un arbusto muy apropiado para la orilla del mar o como planta singular en los jardines urbanos.

SUELO Y EMPLAZAMIENTO: preferible en un lugar resguardado y ligeramente sombreado. En cualquier suelo de jardín.

PODA: no es necesaria. En primavera, y sólo en caso de que crezca demasiado, podéis podarlo.

REPRODUCCIÓN: plantad esquejes en una cajonera en verano o sembrad sus semillas en primavera.

Fatsia japonica

F. japonica

FORSYTHIA
Forsythia
[C]

En marzo y abril, los jardines se iluminan con las grandes masas de flores amarillas que cubren sus ramas desnudas. Existen muchas variedades que van desde el amarillo más pálido al anaranjado fuerte. Hay forsythias para tapar muros y para cubrir el suelo desnudo, para erigir setos y para plantar como arbusto singular. Son fáciles de cultivar, pero tienen dos enemigos: los pájaros que destruyen sus capullos y los jardineros que, cada verano, para «mantener a raya los arbustos», podan sus ramas despiadadamente. El resultado es mucho desarrollo pero pocas flores.

VARIEDADES: *F. intermedia* «Spectabilis» es un arbusto que se encuentra en todas partes, crece unos 2,5 m, y produce gran cantidad de flores de color amarillo fuerte. Los pétalos son estrechos y ligeramente retorcidos. *F.* «Lynwood» tiene los pétalos algo más anchos y las flores de *F.* «Beatrix Farrand» tienen casi 5 cm de diámetro.
No todas las variedades forman arbustos tan altos y rectos; las de la especie *F. suspensa* forman arbustos desparramados. *F. suspensa fortunei* tiene vástagos robustos y arqueados mientras que los de *F. suspensa sieboldii* son laxos y, si no son guiados sobre una pared, arrastran por el suelo.
Las variedades compactas son menos conocidas. *F. ovata* sólo crece 1-1,5 m; *F.* «Arnold Dwarf» es aún más baja y llega a cubrir una amplia zona pero, quedáis avisados, produce muy pocas flores.

SUELO Y EMPLAZAMIENTO: en cualquier suelo de jardín. Mejor a pleno sol, pero también crece a media sombra.

PODA: evitad podarlo demasiado. Inmediatamente después de la floración, cortad sólo las ramas que tengan flores marchitas. Cada dos o tres años cortad algunas de las ramas más viejas.

REPRODUCCIÓN: fácil. En otoño, acodad las ramas o plantad esquejes al aire libre.

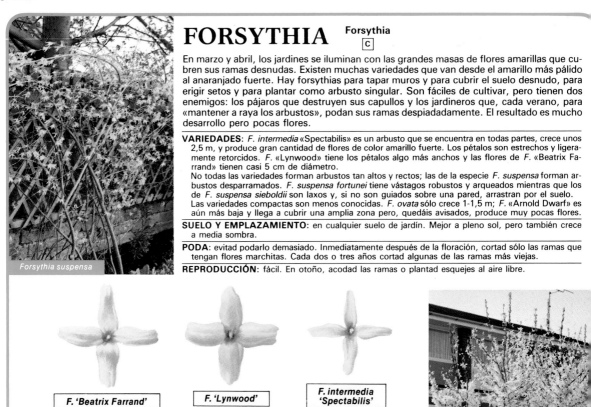

F. 'Beatrix Farrand' — F. 'Lynwood' — F. intermedia 'Spectabilis'

F. ovata — F. suspensa

Forsythia suspensa

Forsythia intermedia 'Spectabilis'

FOTHERGILLA
Fothergilla
[C]

Este arbusto no lograría ningún premio en un concurso de popularidad y no os será fácil conseguirlo. Sus flores, blancas, en forma de escobillón, se abren en abril, antes de la aparición de las hojas, y son tan escasas como vistosas. En verano, el aspecto de este arbusto de hojas grandes como las del avellano no es en modo alguno espectacular, pero al llegar el otoño luce en todo su esplendor con su brillante follaje amarillo y rojo.

VARIEDADES: todos los *Fothergilla* crecen lentamente y el de menor talla es *F. gardenii*, un arbusto de 90 cm que no es demasiado robusto por lo que es mejor plantar algún otro. *F. major* puede alcanzar los 2 m y, en otoño, sus hojas se vuelven doradas. *F. monticola* es parecido, pero su follaje otoñal es rojo.

SUELO Y EMPLAZAMIENTO: en un suelo no calcáreo. A parte de esto, no es un arbusto exigente y vive al sol o a media sombra.

PODA: no es esencial; en invierno, eliminad las ramas viejas.

REPRODUCCIÓN: los esquejes enraizan con dificultad; lo mejor es acodar las ramas en otoño.

F. gardenii

F. major

Fothergilla monticola

Fuchsia magellanica

FUCHSIA
Fúcsia
C

Desde julio hasta octubre, sus flores campaniformes cuelgan de las ramas. En muchas zonas, éstas mueren a causa de las heladas pero, si habéis elegido una variedad de jardín reputada, a la primavera siguiente, de la base de la planta, nacerán nuevos brotes. Plantadlas a cierta profundidad y cubrid la corona con turba. Pueden plantarse formando un seto.

VARIEDADES: la variedad más resistente y más popular es *F. magellanica* «Riccartonii», que alcanza los 2 m en zonas libres de heladas. *F. magellanica gracilis* es un arbusto de ramas delgadas y flores pequeñas y *F. magellanica* «Versicolor» tiene hojas variegadas. Hay muchas fúcsias híbridas como «Mrs. Popple», «Madame Cornelissen» y la enana «Tom Thumb».

SUELO Y EMPLAZAMIENTO: en cualquier suelo normal siempre que retenga la humedad y esté bien abonado. A pleno sol o a media sombra.

PODA: en marzo, podadlas hasta 3 cm del suelo.

REPRODUCCIÓN: fácil; en verano, plantad esquejes de 5 cm en una cajonera.

F. magellanica gracilis
F. magellanica 'Riccartonii'
F. 'Madame Cornelissen'

GARRYA
Garrya
P

Los *Garrya* son famosos por sus amentos largos y delgados que cubren la planta en enero y febrero, pero son arbustos valiosos incluso cuando están desprovistos de estas sedosas inflorescencias. Crecen rápidamente y alcanzan una talla de unos 3 m y viven tanto al sol como a la sombra. Su follaje es brillante y perenne.

VARIEDADES: aunque los viveros especializados disponen de varias, normalmente sólo encontraréis una especie, *G. elliptica*: sus hojas, ovaladas, tienen el borde ondulado y los amentos primero son verdeplateados y luego amarillopálidos. Las plantas masculinas son las que tienen los amentos más largos, de 15 a 25 cm. Si la encontráis, comprad la variedad «James Roof»; sus amentos miden 35 cm.

SUELO Y EMPLAZAMIENTO: no son exigentes; crecen tanto en un suelo calcáreo como en un suelo arenoso y pobre. En jardines fríos, plantadlos al pie de un muro.

PODA: no es esencial; en abril o mayo, cortad las ramas muertas o demasiado largas.

REPRODUCCIÓN: fácil; en verano, acodad las ramas o plantad esquejes de 8 cm en una cajonera.

Garrya elliptica

G. elliptica

GENISTA
Retama
C

Este grupo de retamas suele tener tallos delgados y fuertes, como alambres, hojas diminutas y, en junio, gran cantidad de flores amariposadas, amarillas. No hay una norma general en cuanto a su talla: puede ser de 3,6 m hasta 30 cm, según la variedad. Todas florecen profusamente siempre que tengan mucho sol y poco alimento.

VARIEDADES: la más popular es *G. lydia*, un arbusto desparramado de unos 60 cm de altura, cuyas ramas arqueadas, en mayo y junio, se cubren de flores amarillodoradas. Otra planta de cobertera excelente es *G. hispanica* (la aulaga) de ramas muy espinosas. El gigante de la familia es *G. aetnensis* (la retama del monte Etna), de 3,5 m, muy espectacular en julio, cuando está en flor, pero poco resistente.

SUELO Y EMPLAZAMIENTO: requiere mucho sol. En casi todos los suelos, pero mejor en un terreno arenoso y pobre.

PODA: después de la floración, cortad las ramas que hayan dado flores, pero sin cortar el leño viejo.

REPRODUCCIÓN: sembrad las semillas. Podéis plantar esquejes en un propagador, en verano.

Genista lydia

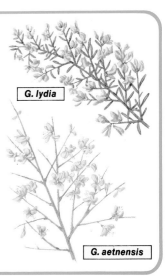
G. lydia
G. aetnensis

Hamamelis japonica

HAMAMELIS Nogal de las brujas
C

Durante varias semanas, entre octubre y finales de febrero, las vistosas flores, que parecen arañas, cubren las ramas desnudas exhalando un agradable perfume; podéis cortar unas cuantas para decorar el salón. Después de las flores aparecen las hojas, tipo avellano, que en otoño se tiñen de bellas tonalidades. El *Hamamelis* es un arbusto resistente y poco exigente pero necesita espacio; alcanza una altura y una envergadura de 3 m o más.

VARIEDADES: si sólo podéis plantar uno, escoged el nogal de las brujas chino *(H. mollis)*, de flores amarillas, grandes, fragantes y abundantes. *H. mollis* «Pallida» y *H. mollis* «Brevipetala» son también recomendables. El nogal de las brujas japonés *(H. japonica)* es menos fragante, produce menor número de flores y florece más tarde. *H. virginiana* es una especie poco recomendable: sus flores, tempranas, son pequeñas.

SUELO Y EMPLAZAMIENTO: si el suelo es alcalino o poco permeable crece mal. Escoged un emplazamiento soleado o ligeramente sombreado.

PODA: no es esencial. Después de la floración eliminad las ramas dañadas o indeseadas. Arrancad los chupones.

REPRODUCCIÓN: no es fácil; el único método práctico es el acodo. Las plantas procedentes de los viveros son injertadas.

H. mollis
'Pallida'

H. mollis
'Brevipetala'

Hebe 'Autumn Glory'

HEBE Hebe
P

Son arbustos perennifolios de talla variable, aunque los dos más populares (*H.* «Autumn Glory» y *H. brachysiphon*) son los representantes del porte típico de los *Hebe*: arbustos compactos, de hojas brillantes y ovaladas y espigas de pequeñas flores azules o blancas. Ambos son bastante resistentes aunque, por desgracia, muchos *Hebe* no lo son; al parecer, cuanto mayor es la hoja más delicada es la planta. Dejando aparte su resistencia, los *Hebe* son fáciles de cultivar, incluso en una atmósfera llena de humo o de salitre.

VARIEDADES: hay una amplia gama en donde escoger; cercioraros de que elegís la talla adecuada a la parcela en que vayáis a plantarla. Algunas variedades, de unos 60 cm de altura, son idóneas para el jardín rocoso o como cobertera; entre ellas *H.* «Carl Teschner» (flores blancas, en mayo), y las que se parecen al ciprés, *H. armstrongii* y *H. ochracea*. Entre las de talla media figuran *H.* «Autumn Glory» (flores azulvioláceas, de junio a noviembre), *H.* «Midsummer Beauty» (flores color azul lavanda, entre julio y noviembre) y *H. brachysiphon* (flores blancas, en junio y julio). El gigante de la familia es *H. salicifolia*, un arbusto de floración estival que alcanza los 3 m o más.

SUELO Y EMPLAZAMIENTO: en un lugar soleado o ligeramente sombreado. En cualquier suelo de jardín, aunque las variedades menos resistentes no deben plantarse en los jardines septentrionales alejados de la costa.

PODA: no es esencial. En mayo cortad los tallos demasiado sobresalientes. Eliminad las ramas dañadas por las heladas.

REPRODUCCIÓN: fácil; en verano plantad esquejes de 8 cm en una cajonera.

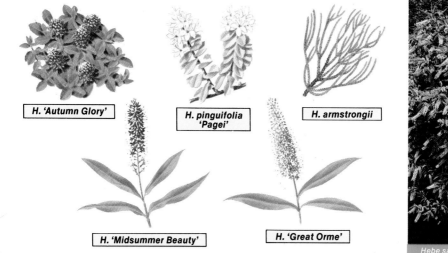

H. 'Autumn Glory'

H. pinguifolia
'Pagei'

H. armstrongii

H. 'Midsummer Beauty'

H. 'Great Orme'

Hebe salicifolia

HELIANTHEMUM

Heliantemo, estepa
P

Helianthemum nummularium

Cada flor sólo dura un día, pero se abren profusamente desde mayo hasta julio. Estos arbustos desparramados, de tallos largos y rígidos, alcanzan una talla de sólo 12-25 cm con lo que resultan muy apropiados para el jardín rocoso o para un bancal seco. Si no son cultivados adecuadamente, pierden las hojas y se vuelven desmadejados. Para que esto no ocurra, al plantarlos y podarlos seguid las normas que se dan a continuación.

VARIEDADES: todos los heliantemos famosos son variedades o híbridos de la especie silvestre *H. nummularium.* Las flores de estas formas de jardín tienen un diámetro de unos 3 cm y las hay de varios colores. Entre las más populares figuran «Ben Nevis» (amarillo ranúnculo con el centro más oscuro), «Ben Hope» (carmín), «Fire Dragon» (rojo anaranjado) y «The Bride» (blanco).

SUELO Y EMPLAZAMIENTO: necesitan mucho sol y un suelo permeable, sin abonar; crecen mal en suelos ricos y arcillosos.

PODA: muy importante. Eliminad las inflorescencias marchitas y, a finales de julio, cortad todos los tallos erráticos.

REPRODUCCIÓN: fácil; en verano, plantad esquejes de 5 cm en una cajonera.

H. nummularium
'Ben Hope'

H. nummularium
'Fire Dragon'

HIBISCUS

Hibisco
C

Hibiscus syriacus

Es uno de los mejores arbustos de floración tardía, pero no sirve para todos los jardines: necesita mucho sol, un suelo permeable y cierta protección contra los vientos fríos. En estas condiciones, de julio a octubre, produce gran cantidad de grandes flores discoidales. Alcanza una talla de 1,7-2,5 m, pero durante el primer año crece poco. Las hojas no aparecen hasta finales de primavera.

VARIEDADES: hay hibiscos de varios colores, tanto de flores sencillas como dobles. Si sólo podéis plantar uno, elegid *H. syriacus* «Blue Bird» (azul violeta con el centro más oscuro, de 8 cm de diámetro). Otras variedades bonitas son *H. syriacus* «Hamabo» (blanco con el centro carmesí), *H. syriacus* «Woodbridge» (rosado con el centro oscuro) y *H. syriacus* «Duc de Brabant» (doble, magenta).

SUELO Y EMPLAZAMIENTO: es imprescindible que estén algo resguardados y a pleno sol. En cualquier suelo de jardín siempre que sea permeable.

PODA: basta con una poda superficial; en primavera, cortad las ramas viejas y las que sean excesivamente largas.

REPRODUCCIÓN: el método más fácil es el acodo. Los ejemplares de vivero de las variedades famosas son injertadas.

H. syriacus
'Blue Bird'

H. syriacus
'Woodbridge'

Arbustos para suelos calcáreos

Arbustos para suelos calcáreos
Arbutus
Arundinaria
Aucuba
Berberis
Buddleia
Buxus
Callicarpa
Ceanothus
Choisya
Cistus
Colutea
Cornus mas
Cotoneaster
Deutzia
Elaeagnus
Escallonia

Euonymus
Forsythia
Fuchsia
Garrya
Hebe
Hypericum
Ilex
Kerria
Kolkwitzia
Lavandula
Ligustrum
Mahonia
Olearia
Paeonia
Philadelphus
Photinia
Pittosporum

Potentilla
Prunus lusitanica
Pyracantha
Rhus
Ribes
Romneya
Rosmarinus
Sambucus
Santolina
Senecio
Spartium
Symphoricarpos
Syringa
Tamarix
Vinca
Weigela
Yucca

Hippophae rhamnoides

HIPPOPHAE

Espino cerval marino

P

Con este arbusto podéis formar un excelente cortavientos en los jardines junto al mar. Resiste la sequía y es inmune al salitre, y su estructura, compacta y espinosa, tolera tanto los inviernos rigurosos como la poda drástica. También es muy apropiado para setos limítrofes, pero no lo plantéis como arbusto singular ya que para que produzca bayas es necesario que las plantas femeninas estén cerca de las masculinas.

VARIEDADES: sólo se cultiva una especie, *H. rhamnoides*, un arbusto vigoroso, de 3-6 m de altura, con hojas plateadas, tipo sauce, y espinas agudas. En marzo y abril aparecen las flores, poco vistosas, seguidas de gran cantidad de bayas anaranjadas que perduran de septiembre a febrero.

SUELO Y EMPLAZAMIENTO: en cualquier suelo permeable. Mejor en un lugar abierto, al sol o a media sombra.

PODA: no es esencial. En verano, recortad los setos.

REPRODUCCIÓN: fácil. En otoño, sembrad las semillas contenidas en las bayas. También podéis plantar los chupones enraizados o acodar las ramas.

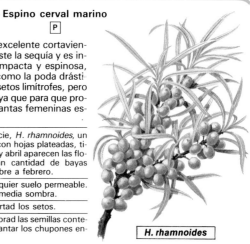

H. rhamnoides

Hydrangea macrophylla

HYDRANGEA

Hortensia

C

No es de extrañar que las hortensias sean tan populares: sus grandes inflorescencias se abren a finales de verano, cuando el arriate arbustivo está más necesitado de flores y aquéllas son tan numerosas que cubren casi por completo el arbusto. Las más populares son las hortensias comunes, de inflorescencias grandes, globulares. Las de inflorescencias tipo gorro de encaje son bastante distintas: cada una de ellas está formada por una corona de flores grandes rodeando un grupo central de flores más pequeñas, dando un conjunto aplanado. Las hortensias no son difíciles de cultivar siempre que se satisfagan sus necesidades: un buen suelo, mucha agua y cierta protección contra las heladas rigurosas.

VARIEDADES: la mayoría derivan de *H. macrophylla*, con flores que se abren de julio a septiembre sobre unos arbustos de 1,5 × 1,5 m. Hay hortensias comunes de flores blancas, rosadas, rojas y azules. Las flores azules sólo aparecen cuando el suelo es ácido: para «azular» hortensias en suelo alcalino es necesario incorporar a éste polvo de azulete cada 7-14 días.
Las hortensias de gorro de encaje son más vistosas que las comunes y entre las mejores variedades figuran *H*. «Blue Wave», *H*. «Mariesii» y *H*. «Lanarth White».
No todas las hortensias de jardín pertenecen a la especie *H. macrophylla*. *H. paniculata* «Grandiflora» es un arbusto alto que en agosto y septiembre luce unas espigas en forma de cono. *H. villosa* es considerado como uno de los mejores arbustos que florecen en agosto y para jardines pequeños resulta muy apropiado *H. serrata* «Bluebird», de 1 m de altura.

SUELO Y EMPLAZAMIENTO: lo mejor es un suelo rico y permeable al que, al realizar la plantación, deberéis añadir turba. Preferentemente a media sombra.

PODA: las inflorescencias marchitas de las hortensias comunes deben cortarse en marzo, no en otoño. Al mismo tiempo eliminad las ramas débiles.

REPRODUCCIÓN: fácil, en verano plantad esquejes de 10 cm en una cajonera.

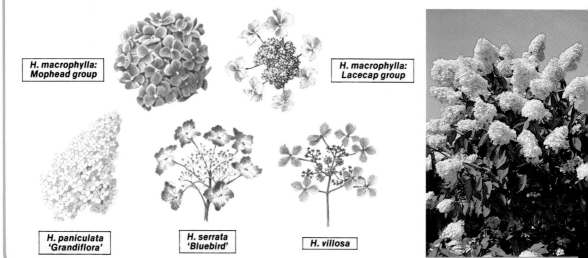

H. macrophylla:
Mophead group

H. macrophylla:
Lacecap group

H. paniculata
'Grandiflora'

H. serrata
'Bluebird'

H. villosa

Hydrangea paniculata 'Grandiflora'

Flores para cada estación

ENERO - ABRIL
(para MAYO - AGOSTO véase página 37)
(para SEPTIEMBRE - DICIEMBRE véase página 44)

Seleccionando cuidadosamente las plantas, resulta bastante fácil conseguir que incluso el arriate arbustivo más modesto esté en flor durante todo el año. Ahí tenéis una lista de los arbustos que normalmente están en flor durante estos meses. Recordad que algunos pueden comenzar a florecer antes y seguir haciéndolo hasta varias semanas después.

ENERO

Chimonanthus praecox
Erica carnea
Erica darleyensis
Garrya elliptica
Hamamelis mollis
Jasminum nudiflorum
Lonicera fragantissima
Viburnum bodnantense
Viburnum fragans
Viburnum tinus

FEBRERO

Corylus avellana
Daphne mezereum
Daphne odora
Erica carnea
Erica darleyensis
Hamamelis japonica
Mahonia «Charity»
Mahonia japonica

MARZO

Camellia japonica
Chaenomeles speciosa
Cornus mas
Corylopsis, especies de
Erica arborea
Erica mediterranea
Forsythia, especies de
Magnolia stellata
Mahonia aquifolium
Prunus incisa
Ribes sanguineum
Salix, especies de

ABRIL

Amelanchier canadensis
Berberis darwinii
Berberis stenophylla
Camellia japonica
Fothergilla, especies de
Kerria japonica
Magnolia soulangiana
Osmanthus delavayi
Pieris japonica
Prunus, especies de
Rosmarinus officinalis
Skimmia, especies de
Spiraea arguta
Spiraea thunbergii
Ulex europaeus
Viburnum - especies de floración primaveral

Hypericum calycinum

HYPERICUM

Hierba de San Juan

C o P

El *Hypericum* más frecuente es *H. calycinum*, el rosal de Siria, un arbusto bajo que se extiende rápidamente eliminando los hierbajos y ofreciendo un colorista espectáculo floral desde junio hasta septiembre. Crece bajo los árboles y sobre los márgenes secos, y sus flores grandes, tipo botón de oro, son características. Es una planta de jardín muy útil, pero a veces es despreciada como si se tratara de una mala hierba. Para los que aspiren a algo más raro, existen numerosas variedades entre las que escoger, desde los pequeños *Hypericum* para el jardín rocoso hasta arbustos de 2 m o más.

VARIEDADES: *H. calycinum* alcanza una talla de 30-50 cm, con flores de color amarillo fuerte, pudiendo crecer en cualquier parte siempre que el suelo no esté anegado. Para el jardín rocoso hay *Hypericum* más pequeños, siendo el menor *H. polyphyllum*, de sólo 12 cm.
Si queréis un *Hypericum* de talla similar al rosal de Siria pero menos invasivo, escoged *H. moserianum* «Tricolor», de flores pequeñas pero con un follaje muy vistoso, con una mezcla de verde, crema y rosado. Como arbusto de 0,8-1,2 m vale la pena considerar *H. inodorum* «Elstead» ya que sus flores dan lugar a bonitos frutos ovoidales.
Posiblemente los mejores son los *Hypericum* de mayor talla. Si sólo podéis plantar uno escoged *H.* «Hidcote», un bello arbusto de 1,8 m que produce muchas flores, grandes y doradas, de julio a octubre. *H.* «Rowallane» es aún mejor, pero es una planta delicada que requiere un lugar cálido y resguardado.

SUELO Y EMPLAZAMIENTO: en cualquier suelo de jardín. La mayoría crecen bien a la sombra.

PODA: en marzo cortad casi a ras de suelo los *H. calycinum*. Los de mayor talla requieren un tratamiento menos drástico: cada primavera eliminad el tercio superior de las ramas.

REPRODUCCIÓN: fácil. En verano, plantad esquejes de 8 cm en una cajonera.

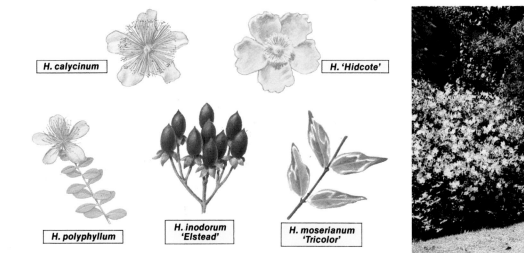

H. calycinum

H. 'Hidcote'

H. polyphyllum

H. inodorum 'Elstead'

H. moserianum 'Tricolor'

Hypericum 'Hidcote'

Ilex aquifolium

ILEX

Acebo
P

No hace falta describir el acebo común *(I. aquifolium).* Todo el mundo conoce sus hojas espinosas, de color verde oscuro, y sus bayas rojas, pero también existen muchas variedades de jardín que difieren del acebo común por el color tanto de las hojas como de los frutos. Por lo general, los acebos crecen lentamente, tardan muchos años en alcanzar proporciones arbóreas y no son exigentes ni en cuanto a tipo de suelo ni en cuanto a emplazamiento. Todos viven a la sombra, aunque las formas variegadas necesitan sol. Comprad una planta pequeña; las grandes son difíciles de trasplantar.

VARIEDADES: para escoger la planta adecuada deberéis tener en cuenta el papel que va a desempeñar en el jardín. Si queréis un arbusto singular que produzca bayas, escoged una variedad que se autofecunde, como *I. altaclarensis* «J.C. van Tol» o *I. aquifolium* «Pyramidalis», de porte columnar. Si, por el contrario, queréis plantar un grupo de acebos, el abanico de posibilidades es mucho más amplio. Para tener un follaje verde y dorado, escoged la mal llamada variedad masculina *I. aquifolium* «Golden Queen», o la también mal llamada variedad femenina *I. altaclarensis* «Golden King». Para hojas de margen plateado, *I. aquifolium* «Argentea Marginata».

SUELO Y EMPLAZAMIENTO: no es un arbusto exigente, pero conviene incorporar un poco de turba al efectuar la plantación. Al sol o a la sombra.

PODA: recortad los setos en primavera y las plantas singulares en verano. Si es necesario podéis podarlos a fondo sin que sufran ningún daño.

REPRODUCCIÓN: enraiza muy despacio. En otoño, acodad las ramas o plantad esquejes de 8 cm en una cajonera.

I. aquifolium

I. aquifolium 'Argentea Marginata'

I. aquifolium

I. altaclarensis 'Golden King'

I. aquifolium 'Ferox'

I. aquifolium 'Bacciflava'

Ilex aquifolium 'Golden Queen'

INDIGOFERA

Índigo
C

El índigo no figura en ninguna colección de arbustos populares y, además, tiene el inconveniente de que sus hojas no aparecen hasta finales de mayo o junio. No obstante, si tenéis que llenar una zona soleada y resguardada, de suelo arenoso y permeable, vale la pena que lo tengáis en cuenta. De julio a octubre, ininterrumpidamente, produce graciosas espigas de flores de color púrpura claro.

VARIEDADES: *I. gerardiana (I. heterantha)* es la única especie común. En un lugar abierto, alcanza una altura de algo más de 1 m —más si se planta junto a un muro orientado al sur. Las flores, amariposadas, son de color púrpura rosado. No es un arbusto demasiado resistente: los tallos se resienten de las heladas rigurosas si bien pronto nacen nuevos brotes de la base. *I. potaninii* es más alto y más raro.

SUELO Y EMPLAZAMIENTO: debéis cumplir dos requisitos indispensables: mucho sol y suelo permeable. No hace falta abonarlo.

PODA: recortadlo en abril. Las plantas viejas y las dañadas por las heladas deben ser podadas casi a ras de suelo.

REPRODUCCIÓN: en verano, plantad esquejes en una cajonera.

Indigofera gerardiana

I. gerardiana

JASMINUM

Jazmín
C

El jazmín de invierno *(J. nudiflorum)* es una planta indispensable en cualquier arriate arbustivo —ninguna otra produce tan vistosas manchas de color desde noviembre hasta finales de febrero. No es una verdadera trepadora: podéis dejar que sus ramas laxas cubran los bancales desnudos o guiarlas contra una pared o una espaldera. Las ramas pueden llegar a tener más de 3 m.

VARIEDADES: *J. nudiflorum* tiene flores tubulares, de vivo color amarillo, que se abren en lo alto de sus verdes tallos desnudos. Es una planta poco exigente que crece bien en cualquier suelo y florece profusamente adosada a un muro orientado al norte. Existen jazmines arbustivos de floración estival pero os será difícil dar con alguno.

SUELO Y EMPLAZAMIENTO: en cualquier suelo de jardín. No lo plantéis junto a una pared orientada al este.

PODA: en marzo, cortad todas las ramas laterales que hayan florecido. Aclarad algunas ramas viejas.

REPRODUCCIÓN: fácil; en verano acodad las ramas o plantad esquejes en una cajonera.

J. nudiflorum

Jasminum nudiflorum

KALMIA

Kalmia
P

Sólo hay una especie popular, el laurel de montaña *(K. latifolia)* que crece espontáneamente en América del norte. Cuando no está en flor puede confundirse con un rododendro, pero sus flores son características. Los grupos de capullos parecen farolillos chinos y, al abrirse, dan lugar a vistosas flores discoidales.

VARIEDADES: *K. latifolia* crece unos 2,5 m y, en junio, forma grupos de delicadas flores rosadas. Es una planta muy resistente pero no tolera los suelos secos. A finales de primavera colocad un acolchado alrededor de los tallos. *K. angustifolia* es una especie menos frecuente, de menor talla, que produce pequeñas flores rosadorrojizas en junio.

SUELO Y EMPLAZAMIENTO: es esencial que el suelo sea ácido y que, al hacer la plantación, le incorporéis turba. A media sombra.

PODA: no es necesaria; basta con que eliminéis las inflorescencias marchitas después de la floración.

REPRODUCCIÓN: en verano, acodad las ramas o plantad esquejes en una cajonera.

K. latifolia

Kalmia latifolia

KERRIA

Malva de los judíos
C

Es un arbusto sin problemas, muy popular, que produce gran cantidad de flores amarillas en abril y mayo y, a veces, en otras épocas del año. Casi todo el mundo escoge la variedad de flores dobles (*K. japonica* «Pleniflora») guiando sus largas ramas contra un muro o una espaldera. *K. japonica*, de ramas más cortas, no es tan desvaído.

VARIEDADES: la variedad más airosa es *K. japonica*, con ramas arqueadas de unos 2 m de longitud y flores sencillas de 5 cm, parecidas a grandes botones de oro. *K. japonica* «Pleniflora» produce flores dobles que parecen pompones dorados y ramas de 2,5 m o más. La variedad enana es *K. japonica* «Variegata» —un bonito arbusto de hojas festoneadas de blanco.

SUELO Y EMPLAZAMIENTO: en cualquier suelo de jardín, al sol o a media sombra. A ser posible, evitad los lugares abiertos, batidos por el viento.

PODA: en junio podad las ramas que hayan florecido.

REPRODUCCIÓN: en verano, acodad las ramas o plantad esquejes en una cajonera.

K. japonica

K. japonica 'Pleniflora'

Kerria japonica 'Pleniflora'

Kolkwitzia amabilis

KOLKWITZIA
Kolkwitzia
[C]

Es un arbusto fácil de cultivar, que vive en todo tipo de suelos y cuyas ramas arqueadas cada año, en mayo y junio, se cubren de bellas flores campaniformes. Es una planta excelente para el arriate arbustivo, pero nunca ha alcanzado la popularidad de la Weigela, que es parecida. Su tamaño puede ser un problema: si no se poda regularmente puede sobrepasar los 2,5 m de envergadura.

VARIEDADES: sólo hay una especie, *K. amabilis*, introducida desde China a comienzos de siglo. Tiene una altura de 1,8-2,5 m y sus flores son parecidas a las de la dedalera: rosadas con manchas amarillas en el cuello. Escoged la variedad cultivada *K. amabilis* «Pink Cloud» obtenida en los jardines de la Royal Horticultural Society de Wisley (Inglaterra).

SUELO Y EMPLAZAMIENTO: en cualquier suelo de jardín, incluso si es calcáreo. Al sol.

PODA: después de la floración, cortad las ramas con flores marchitas. Eliminad los tallos débiles o muertos.

REPRODUCCIÓN: en verano, desgajad y plantad los chupones enraizados producidos por la planta madre o plantad esquejes en una cajonera.

K. amabilis

LAURUS
Laurel
[P]

El laurel con el que se coronaban los héroes griegos pertenecía al género *Laurus* pero el que encontramos en los jardines suele ser *Aucuba* o *Prunus lusitanica*. El motivo por el cual el *Laurus* es poco frecuente es su susceptibilidad a los rigores invernales; plantado al aire libre, las heladas y los vientos fríos suelen quemar sus hojas. Es más frecuente como planta de maceta.

VARIEDADES: si no se poda, *L. nobilis* alcanza los 60 cm o más. Sus tallos resisten la poda drástica y sus hojas se emplean como condimento. En primavera aparecen las flores, amarillentas, que, en las plantas femeninas, se transforman en bayas negras. Los ejemplares cultivados en maceta suelen ser atacados por los cóccidos: pulverizadlos con permetrina.

SUELO Y EMPLAZAMIENTO: en cualquier suelo de jardín, al abrigo de los vientos fríos. Al sol o a la sombra.

PODA: en primavera, eliminad los tallos y las hojas dañadas; en verano recortadlo para darle una forma decorativa.

REPRODUCCIÓN: en verano, acodad las ramas o plantad esquejes en una cajonera.

Laurus nobilis

L. nobilis

LAVANDULA
Espliego, lavándula
[P]

Es una de las plantas preferidas por los ingleses desde antiguo. Sus tallos arbustivos y sus hojas verdegrisáceas son muy apropiados para un margen o para un seto bajo delimitando los senderos y los arriates, y sus flores y hojas se emplean para la confección de bolsitas aromáticas.

VARIEDADES: las plantas etiquetadas como *L. spica* corresponden a la lavándula inglesa (0,90 cm, flores azulgrisáceos) —escoged la variedad «Hidcote» (50 cm, flores de color violeta oscuro, en espigas compactas). «Munstead» tiene hojas verdes y «Loddon Pink» tiene flores rosadas. *L. vera* es la lavándula holandesa, vigorosa, de más de 1 m, y con flores de color azul pálido.

SUELO Y EMPLAZAMIENTO: en cualquier suelo (preferiblemente calcáreo) siempre que sea permeable. Mejor a pleno sol, pero también vive a media sombra.

PODA: cuando se hayan marchitado las flores eliminad los pedúnculos florales y, en abril, recortad toda la planta sin cortar el leño viejo.

REPRODUCCIÓN: plantad esquejes en una cajonera en verano o al aire libre en otoño.

Lavandula spica 'Hidcote'

L. spica 'Hidcote'

Lespedeza thunbergii

LESPEDEZA
Trébol arbustivo
C

Para adquirirlo tendréis que acudir a un vivero que disponga de una amplia gama de arbustos y aun así sólo encontraréis la forma llorona. No obstante, si disponéis de un suelo arenoso y necesitáis una planta singular de floración otoñal para plantar en medio del césped, lo mejor es una Lespedeza. De septiembre a noviembre, sus ramas se inclinan bajo el peso de grandes inflorescencias.

VARIEDADES: la forma llorona es *L. thunbergii*, de unos 2 m de altura y 3 m de envergadura. Las flores, amariposadas, son purpúreorrosadas y en la época de floración los tallos se inclinan hacia el suelo. Estos tallos mueren en invierno y en primavera surgen otros nuevos. *L. bicolor* es bastante parecida pero su porte es semierecto y alcanza los 3 m.

SUELO Y EMPLAZAMIENTO: en cualquier suelo de jardín no demasiado denso, a pleno sol.

PODA: en marzo, cortad todas las ramas muertas.

REPRODUCCIÓN: en otoño dividid las plantas.

L. thunbergii

Leycesteria formosa

LEYCESTERIA
Baya de los faisanes
C

Cuando no está en flor, este arbusto tiene un aspecto bastante desvaído, con largos tallos, tipo bambú, cubiertos por una capa cérea. Estos tallos, huecos, pueden morir a causa de las heladas intensas pero, en primavera, surgen otros nuevos de la base de la planta. Las pequeñas flores que aparecen en julio y agosto van seguidas de bayas purpúreas muy del agrado de los pájaros.

VARIEDADES: *L. formosa* fue uno de los arbustos típicos de los jardines de la época victoriana; actualmente es poco frecuente. Es un arbusto de crecimiento rápido: los tallos nuevos pueden alcanzar los 2 m en una sola temporada. Sus inflorescencias son unos raros amentos compuestos por una serie de brácteas de color vino dentro de las que se forman, primero las flores y luego los frutos.

SUELO Y EMPLAZAMIENTO: muy acomodaticio; crece en cualquier suelo de jardín, al sol o a la sombra.

PODA: en marzo cortad todas las ramas viejas o dañadas hasta unos pocos centímetros del suelo.

REPRODUCCIÓN: fácil; en primavera sembrad las semillas bajo cristal.

L. formosa

Flores para cada estación

MAYO - AGOSTO
(para ENERO - ABRIL véase página 33) (para SEPTIEMBRE - DICIEMBRE véase página 44)

Seleccionando cuidadosamente las plantas, resulta bastante fácil conseguir que incluso el arriate arbustivo más modesto esté en flor durante todo el año. Ahí tenéis una lista de los arbustos que normalmente están en flor durante estos meses. Recordad que algunos pueden comenzar a florecer antes y seguir haciéndolo hasta varias semanas después.

MAYO
Ceanothus impressus
Choisya ternata
Cornus florida
Cotoneaster, especies de
Cytisus, especies de
Exochorda racemosa
Genista, especies de
Helianthemum nummularium

Kolkwitzia amabilis
Paeonia, especies de
Pernettya, especies de
Pittosporum tobira
Pyracantha, especies de
Rhododendron, especies de
Rubus tridel
Tamarix tetrandra

JULIO
Buddleia davidii
Callicarpa, especies de
Calluna vulgaris
Carpenteria californica
Daboecia cantabrica
Erica terminalis
Erica vagans
Eucryphia, especies de

Indigofera, especies de
Lavandula, especies de
Lupinus arboreus
Olearia, especies de
Potentilla, especies de
Santolina, especies de
Spiraea, especies de floración estival
Symphoricarpos, especies de

JUNIO
Abelia schumannii
Buddleia alternifolia
Buddleia globosa
Cistus, especies de
Cotinus coggygria
Deutzia, especies de
Erica cinerea
Erica tetralix
Escallonia, especies de

Fabiana imbricata
Genista, especies de
Hebe, especies de
Kalmia latifolia
Lonicera tatarica
Philadelphus, especies de
Senecio greyi
Syringa, especies de
Weigela, especies de

AGOSTO
Caryopteris clandonensis
Ceanothus «Autumnal Blue»
Ceanothus «Burkwoodii»
Ceanothus «Gloire de Versailles»
Ceratostigma willmottianum
Clerodendrum trichotomum
Fuchsia, especies de
Hibiscus syriacus
Hydrangea, especies de

Leycesteria formosa
Magnolia grandiflora
Myrtus communis
Perovskia atriplicifolia
Rhus typhina
Romneya, especies de
Spartium junceum
Tamarix pentandra
Vinca, especies de

Ligustrum vulgare

LIGUSTRUM

Ligustro
SP o P

Los setos de ligustro han prestado grandes servicios en los jardines ingleses. Durante varias generaciones, las parcelas urbanas se han cubierto de verdor gracias a ellos; el ligustro resiste tanto la sombra como el aire contaminado. Hoy en día, mucha gente lo desprecia: hojas mate, semiperennes, sobre un arbusto que produce insignificantes flores blancas de olor irritante, en junio o julio, seguidas de bayas negras, en otoño. Es un gran error, existen numerosas variedades de bellos colores tanto para setos como para arriates.

VARIEDADES: algunos setos de ligustro están formados por *L. vulgare*, un arbusto nativo que, si no se poda, puede alcanzar los 3 m. Existen unas cuantas variedades interesantes de esta especie silvestre, como *L. vulgare* «Aureum» (hojas doradas) y *L. vulgare* «Xanthocarpum» (bayas amarillas). No obstante, para setos es mejor utilizar una variedad de *L. ovalifolium*: sus hojas son mayores y se ramifica mucho más. La mejor es *L. ovalifolium* «Aureum», el ligustro dorado, que conserva su follaje excepto cuando el invierno es muy riguroso. Otra variedad valiosa es *L. ovalifolium* «Argenteum», con hojas de márgenes cremosos. Hay ligustros idóneos para el arriate arbustivo, como el ligustro japonés *(L. japonicum)*, un arbusto de unos 2 m de altura, cubierto de hojas tipo camelia, con grandes ramillas de flores blancas de julio en adelante. *L. lucidum* es un ligustro igualmente bonito cuando está en flor.

SUELO Y EMPLAZAMIENTO: muy adaptable; vive en cualquier suelo, al sol o a la sombra.

PODA: recortad los setos para darles forma, en mayo y nuevamente en agosto. Los especímenes singulares no necesitan poda: en primavera cortad las ramas dañadas o indeseadas.

REPRODUCCIÓN: fácil; plantad esquejes en una cajonera en verano o al aire libre en otoño.

L. vulgare

L. vulgare 'Aureum'

L. japonicum

L. ovalifolium

L. ovalifolium 'Aureum'

L. ovalifolium 'Argenteum'

Ligustrum ovalifolium 'Aureum'

Lonicera nitida

LONICERA

Madreselva
C o SP o P

Las madreselvas suelen catalogarse como plantas trepadoras de flores fragantes, pero también hay variedades arbustivas. Lo más frecuente es utilizarlas para setos, aunque existen también formas idóneas de cobertera o como arbusto singular.

VARIEDADES: la más frecuente es *L. nitida*, muy utilizada para setos, aunque éstos deben ser recortados con frecuencia y contar con soportes firmes; la mejor variedad es «Fertilis» y la de mejor color «Baggesen's Gold», de follaje dorado. Como planta de cobertera se emplea *L. pileata* y para el arriate la caducifolia *L. tatarica* (3 m, flores rosadas, en junio) y *L. fragantissima* (2 m, flores cremosas, en enero).

SUELO Y EMPLAZAMIENTO: antes de plantarlas, acondicionad el suelo con turba y fertilizante. A pleno sol.

PODA: en mayo y agosto, recortad los setos. Después de la floración, eliminad las ramas con inflorescencias marchitas.

REPRODUCCIÓN: en otoño acodad las ramas o plantad esquejes al aire libre.

L. tatarica

L. pileata

LUPINUS

Lupino (altramuz arbóreo)
P

Los lupinos, o altramuces, son plantas comunes, pero el lupino arbóreo es raro. Es un arbusto de ramaje moderado, de unos 1,5 m de altura, que forma vistosas espigas más cortas que las del lupino común. Crece rápidamente y vive mejor en suelos arenosos o pedregosos. Eliminad las inflorescencias marchitas y no esperéis que viva demasiados años.

VARIEDADES: *L. arboreus* es un arbusto perennifolio cuyas fragantes flores de color amarillo pálido se abren en junio y julio. La ventaja de plantar la especie original es que podéis reproducirla fácilmente sembrando las semillas, pero existen algunas variedades famosas muy bonitas: «Snow Queen» (blanca), «Golden Spire» (amarilla oscura) y «Mauve Queen» (purpúrea clara).

SUELO Y EMPLAZAMIENTO: plantadlo en un lugar resguardado y soleado, en un suelo que no sea denso ni fértil.

PODA: en marzo o abril acortad las ramas.

REPRODUCCIÓN: *L. arboreus* podéis reproducirlo por semillas y las demás formas plantando esquejes en una cajonera, en verano.

Lupinus arboreus

L. arboreus

MAGNOLIA

Magnolia
C o P

Todos admiran las magnolias, pero son pocos los que se atreven a cultivarlas ya que tienen fama de ser difíciles, aunque no es cierto; sólo es necesario plantarlas con cuidado. Lo mejor es hacerlo en abril, en un lugar resguardado de los vientos fríos. Acondicionad el suelo con mucha turba y no las plantéis a demasiada profundidad. Si el tiempo se vuelve seco, regadlas copiosamente y no cavéis nunca el suelo cercano al tronco. Cada primavera, alrededor del arbusto, extended una capa de turba o de tierra vegetal bien descompuesta.

VARIEDADES: la magnolia más impresionante es en realidad un árbol, *M. grandiflora*. A pesar de crecer lentamente, con el tiempo puede llegar a sobrepasar los 6 m, aunque casi siempre es cultivada como arbusto perennifolio de pared. Produce fragantes flores blancocremosas, grandes como platos, entre julio y septiembre. Escoged la variedad *M. grandiflora* «Exmouth». La magnolia más popular es *M. soulangiana*, un arbusto abierto que puede alcanzar los 3 m de altura. Las flores aparecen en abril, antes que las hojas, y son globulares, de color blanco por dentro y purpúreo por la base. «Lennei» y «Alexandrina» son dos variedades excelentes. Si queréis algo distinto, escoged «Rubra» (rojo rosado) o «Alba Superba» (blanca). Cuando se dispone de poco espacio la única posible es la magnolia estrellada *(M. stellata)*. Sólo crece 1-1,5 m, pero cada marzo o abril se cubre de fragantes flores blancocremosas.

SUELO Y EMPLAZAMIENTO: muchas magnolias detestan la cal, pero cualquier suelo será apropiado siempre que haya sido concienzudamente acondicionado y sea rico en humus. Escoged un lugar soleado o a media sombra.

PODA: no es necesaria; después de la floración, cortad el leño muerto y al mismo tiempo podéis cortar las ramas indeseadas, pero sin excederos.

REPRODUCCIÓN: a comienzos de verano, acodad las ramas. En verano podéis plantar esquejes, aunque enraizan difícilmente y es necesario disponer de un reproductor dotado de calefacción.

Magnolia soulangiana

M. soulangiana

M. soulangiana 'Alba Superba'

M. grandiflora

M. soulangiana 'Rubra'

M. stellata

Magnolia stellata

MAHONIA

Mahonia
P

Este arbusto perennifolio sólo tiene un inconveniente: está en todos los jardines, lo cual es inevitable ya que es muy útil y conserva su atractivo todo el año, con un hermoso follaje de folíolos tipo acebo, flores amarillas y fragantes, a comienzos del año, y abundantes bayas de color azul negro a final del año. Las formas más comunes crecen a la sombra y suelen emplearse bajo los árboles como plantas de cobertera. Existen también variedades menos frecuentes: plantas vigorosas excelentes como arbustos singulares. Es posible que en los catálogos encontréis los *Mahonia* bajo el nombre de *Berberis*.

VARIEDADES: la forma de *Mahonia* que encontraréis en los viveros es *M. aquifolium*, la vid de Oregón, un arbusto abierto de crecimiento lento que se emplea como cobertera o para setos y cuyas hojas se vuelven purpúreocobrizas en invierno. Las flores se agrupan en densos racimos, en marzo y abril. La otra especie común, *M. japonica*, es más alta y más erecta, sobrepasando los 2 m. Sus espigas florales son muy decorativas, saliendo radialmente de la rama como los radios de una rueda. Aparecen a partir de diciembre y su intensa fragancia es similar a la del muguete. Una especie bastante parecida es *M. bealei*, con espigas florales erectas que se asemejan a pelotas de badminton. *M.* «Undulata» es muy apropiada como arbusto singular, aunque tal vez la mejor de todas sea *M.* «Charity», esbelta y erecta, de casi 2 m, con largas espigas florales desde Navidad hasta comienzos de primavera.

SUELO Y EMPLAZAMIENTO: en cualquier suelo de jardín, incluido el calcáreo. Resiste la sombra, por lo que crece bajo los árboles.

PODA: no es necesaria: en abril, eliminad los tallos indeseados.

REPRODUCCIÓN: desgajad y plantad los chupones enraizados de *M. aquifolium*. Para las demás formas plantad esquejes en una cajonera, en verano.

Mahonia aquifolium

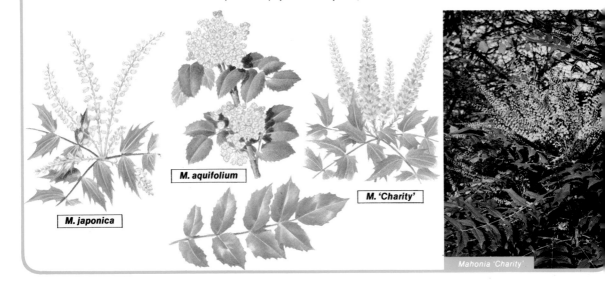
M. aquifolium
M. 'Charity'
M. japonica

Mahonia 'Charity'

MYRTUS

Mirto
P

El mirto común *(M. communis)* se utiliza en Gran Bretaña desde hace cuatro siglos, pero para comprarlo tendréis que dirigiros a las jardinerías. Su principal problema es la falta de resistencia: sólo sobrevive en las zonas templadas del país. Es un arbusto de aroma agradable que emana tanto de las flores como de las hojas cuando son estrujadas.

VARIEDADES: la especie más resistente es *M. communis* que crece unos 3 m y, en julio y agosto, produce gran cantidad de pequeñas flores blancas que se convierten en bayas negras. Las hojas son brillantes y verdeoscuras. *M. communis tarentina* (1 m) es un arbusto compacto de hojas más estrechas y bayas blancas.

SUELO Y EMPLAZAMIENTO: en cualquier suelo de jardín siempre que sea permeable, y en un lugar resguardado y soleado.

PODA: no es necesaria. A finales de primavera, eliminad las ramas indeseadas.

REPRODUCCIÓN: en primavera sembrad las semillas bajo cristal. Los esquejes, que se plantan en verano, enraizan difícilmente: es preciso suministrarles calor basal.

Myrtus communis

M. communis

NEILLIA

Neillia
C

Es un pariente raro de las omnipresentes *Spiraea*. Un gracioso arbusto que se ramifica constantemente formando un matorral. Los tallos, delgados, están cubiertos de un follaje característico: hojas trilobuladas, de bordes dentados y nervios prominentes. En mayo y junio aparecen las flores, tubulares, sobre largas ramillas. Es un arbusto muy acomodaticio y de fácil cultivo.

VARIEDADES: *N. longiracemosa* (llamado también *N. thibetica*) es originario de China y es la única especie que puede ser cultivada en nuestros jardines. Sus vástagos, pubescentes, pueden tener más de 2 m y, en verano, en sus extremos se forman las inflorescencias, de varios centímetros de longitud, que se inclinan hacia el suelo bajo el peso de sus 20-30 flores rosadas.

SUELO Y EMPLAZAMIENTO: en cualquier suelo de jardín, al sol o a media sombra.

PODA: después de la floración cortad las ramas viejas que hayan producido flores. Acortad las ramas jóvenes.

REPRODUCCIÓN: desgajad porciones enraizadas de la planta madre o plantad esquejes en una cajonera, en verano.

Neillia longiracemosa

N. longiracemosa

OLEARIA

Olearia
P

Los racimos de flores tipo margarita pueden cubrir por completo el arbusto siempre que hayáis satisfecho sus necesidades específicas. Requiere mucho sol y detesta las heladas, pero parece como si gustase de los vientos fuertes y del aire salitroso que imperan en los jardines de las zonas litorales donde, para erigir setos vivos, pueden utilizarse las formas de mayor talla de este arbusto originario de Nueva Zelanda. El envés de las hojas es plateado o grisáceo.

VARIEDADES: en las jardinerías sólo encontraréis *O. haastii*, la única especie resistente. Crece unos 2 m y florece en julio y agosto. *O. scilloniensis* es más baja y de floración más temprana (1,2 m, mayo), y la especie gigante es la de hojas de acebo, *O. macrodonta* (2,5 m, junio).

SUELO Y EMPLAZAMIENTO: en cualquier suelo permeable. Crece a media sombra, pero es mejor a pleno sol.

PODA: después de la floración cortad las inflorescencias marchitas con las tijeras. En abril eliminad las ramas muertas.

REPRODUCCIÓN: en verano plantad esquejes en una cajonera.

Olearia haastii

O. scilloniensis

OSMANTHUS

Osmanthus
P

El osmanthus no será nunca la estrella del arriate arbustivo, pero es un excelente comparsa para plantar entre los especímenes más llamativos. Es un arbusto pulcro y redondeado, de follaje abundante, oscuro y perenne, con flores blancas que huelen a jazmín. Debe estar resguardado de los vientos del este y del norte.

VARIEDADES: la especie más popular es *O. delavayi*, que crece unos 2 m y florece en abril. Sus flores, tubulares, son pequeñas pero abundantes. *O. burkwoodii*, llamado también *Osmarea burkwoodii*, es bastante parecido, pero sus hojas son brillantes. *O. heterophyllus* es distinto: puede confundirse con el acebo y florece en septiembre.

SUELO Y EMPLAZAMIENTO: en cualquier suelo de jardín siempre que sea permeable. Al sol o a media sombra.

PODA: en primavera o verano, eliminad las ramas muertas.

REPRODUCCIÓN: acodad las ramas, en otoño, o plantad esquejes en una cajonera, en verano.

O. burkwoodii

O. heterophyllus

Osmanthus delavayi

Pachysandra terminalis

PACHYSANDRA
Pachysandra
P

Pese a ser una planta de cobertera excelente, la mayor parte de los libros especializados en arbustos no la mencionan y es probable que no la encontréis en vuestra jardinería habitual. Sus ramas desparramadas, perennifolias, no sobrepasan unos pocos centímetros de altura y es un arbusto capaz de crecer bajo la espesa sombra de los árboles. Por desgracia, sus flores, que se abren a comienzos de primavera, son pequeñas e insignificantes.

VARIEDADES: los viveros especializados podrán proporcionaros *P. procumbens*, pero normalmente sólo encontraréis el euforbio japonés, *P. terminalis*. Las hojas, romboidales, se agrupan en el extremo de unos tallos cortos, de menos de 20 cm de altura. *P. terminalis* «Variegata» es más vistoso, con hojas de bordes cremosos.

SUELO Y EMPLAZAMIENTO: crece bien en suelos húmedos. Detesta el sol: es imprescindible que esté a la sombra.

PODA: no hace falta. En verano, si se vuelve invasivo, recortad los tallos.

REPRODUCCIÓN: dividiendo el cepellón en otoño o plantando esquejes en verano, en cama fría.

P. terminalis 'Variegata'

Paeonia lemoinei

PAEONIA
Peonía arbórea
C

Las peonías son mucho más frecuentes en el arriate herbáceo que en el arbustivo, pero hay algunas peonías arbóreas muy espectaculares. Si bien el follaje puede resultar muy ornamental, lo que realmente llama la atención son sus flores: grandes globos, o pelotas, de pétalos como de papel, en mayo. Escoged una variedad de flores sencillas o semidobles.

VARIEDADES: las peonías arbóreas son de crecimiento bastante lento, llegando a tener de 1,5 a 2 m de altura. Si queréis flores grandes, blancas, rosadas o rojas, de 12 cm o más de diámetro, escoged uno de los híbridos de *P. suffructicosa*. Para tener flores similares, amarillas o anaranjadas, escoged un híbrido de *P. lemoinei*. Las especies puras tienen flores bastante más pequeñas: las más populares son *P. delavayi* (rojas) y *P. lutea ludlowii* (amarillas).

SUELO Y EMPLAZAMIENTO: el suelo debe ser fértil y bien acondicionado. En un lugar resguardado y soleado.

PODA: en abril eliminad las ramas muertas o dañadas.

REPRODUCCIÓN: las especies puras pueden reproducirse sembrando las semillas en primavera; las demás, acodando las ramas a comienzos de primavera.

P. suffruticosa

P. delavayi

Pernettya mucronata

PERNETTYA
Brezo espinoso
P

Es uno de los mejores arbustos con bayas, con grandes frutos como de porcelana, durante todo el invierno. Crece hasta la altura de la cintura y se ramifica profusamente formando un matorral. Sus hojas, pequeñas y brillantes, son rígidas y espinosas, y las flores, blancocremosas, aparecen en mayo y, si cerca hay alguna planta masculina, van seguidas de bayas blancas, rosadas, rojas o purpúreas.

VARIEDADES: la especie que se cultiva en Gran Bretaña es *P. mucronata*, que raramente sobrepasa 1 m de altura, con tallos rígidos que se cubren de pequeñas flores campaniformes. Los tallos provistos de bayas son excelentes para la decoración de interiores. Si no tenéis ningún *Pernettya* en vuestro jardín, comprad algunos. Hay diversas variedades de bayas de distintos colores: «Alba» (blancas), «Bell's Seedling» (rojooscuras) y «Sea Shell» (rosadas).

SUELO Y EMPLAZAMIENTO: es esencial que el suelo sea ácido; incorporad turba al hacer la plantación. Necesita sol.

PODA: si los tallos se extralimitan, recortadlos en verano.

REPRODUCCIÓN: sembrad las semillas en primavera o desgajad porciones enraizadas de la planta madre, en otoño.

P. mucronata

P. mucronata 'Alba'

Perovskia atriplicifolia

PEROVSKIA

Salvia rusa

C

Desde lejos, este arbusto parece una mata de espliego de gran talla. Las flores, azules, se agrupan en largas espigas que emergen del extremo de los tallos, erectos y rígidos, provistos de hojas grises. Al observarlo detenidamente se notan las diferencias: las hojas son dentadas o diminutamente hendidas y, al estrujarlas, exhalan el típico olor de la salvia. Es una planta apropiada para el arriate herbáceo o el arbustivo.

VARIEDADES: sólo hay una especie popular, *P. atriplicifolia*, cuyos tallos tienen unos 1,25 m de altura y sus flores, pequeñas y de color azul lavándula, aparecen en agosto y septiembre. Elegid la variedad *P. atriplicifolia* «Blue Spire»: las espigas son más largas y las flores tienen un bonito tono azul oscuro. Las hojas son lobuladas y profundamente hendidas.

SUELO Y EMPLAZAMIENTO: en cualquier suelo de jardín siempre que sea permeable. Es imprescindible que le dé el sol.

PODA: en primavera cortad las ramas a unos 20 cm del suelo.

REPRODUCCIÓN: en primavera sembrad las semillas bajo cristal y en verano, plantad esquejes en una cajonera.

P. atriplicifolia

PHILADELPHUS

Jeringuilla (o celinda)

C

La jeringuilla es un componente básico de la mayoría de colecciones de arbustos pero, a menudo, es denominada erróneamente lila. Las flores, blancas, se abren en profusión en junio y julio y, en las tardes calurosas del verano, su olor a flor de azahar las descubre desde lejos. La talla media es de unos 2 m, pero existen variedades enanas y gigantes. Una de las grandes cualidades de este arbusto es su capacidad de crecer casi en todas partes: en suelos pobres, en una atmósfera industrial contaminada y en parajes salitrosos. No obstante, para que luzca en todo su esplendor, plantadlo en un lugar soleado y podadlo adecuadamente.

Philadelphus 'Virginal'

VARIEDADES: la mejor y más popular de las variedades gigantes es *P.* «Virginal»; si sólo se poda ligeramente, en verano, sobrepasará los 3 m de altura, produciendo grandes inflorescencias de flores dobles y péndulas. *P. coronarius* es una especie de igual talla pero algo más abierta, con flores sencillas y aplanadas, famosas por su fragancia. Entre las formas de talla media figuran algunas excelentes variedades, como *P. coronarius* «Aureus», de follaje amarillo, y los híbridos *P.* «Beauclerk» y *P.* «Belle Etoile», de flores teñidas de púrpura en la base. Una de las jeringuillas más pequeñas es la variedad con manchas purpúreas *P.* «Sybille», pero la más linda es *P. microphyllus*, que crece sólo unos 60-90 cm. Sus hojas son muy pequeñas y sus flores muy fragantes, ideal para la parte posterior del jardín rocoso.

SUELO Y EMPLAZAMIENTO: en cualquier suelo de jardín, sea ácido o calcáreo. En un lugar soleado o ligeramente sombreado.

PODA: inmediatamente después de la floración cortad algunos de los tallos viejos que hayan florecido. Cercioraros de que el arbusto no tenga demasiadas ramas: si es necesario, eliminad parte de las ramas viejas.

REPRODUCCIÓN: fácil; plantad esquejes en una cajonera, en verano, y al aire libre, en otoño.

P. 'Sybille'

P. 'Belle Etoile'

P. 'Beauclerk'

P. coronarius

P. 'Virginal'

P. microphyllus

Philadelphus coronarius 'Aureus'

Flores para cada estación

SEPTIEMBRE - DICIEMBRE
(para ENERO - ABRIL véase página 33)
(para MAYO - AGOSTO véase página 37)

Seleccionando cuidadosamente las plantas, resulta bastante fácil conseguir que incluso el arriate arbustivo más modesto esté en flor durante todo el año. Ahí tenéis una lista de los arbustos que normalmente están en flor durante estos meses. Recordad que algunos pueden comenzar a florecer antes y seguir haciéndolo hasta varias semanas después.

SEPTIEMBRE

Abelia grandiflora
Aralia elata
Calluna, especies de
Erica, especies de
Fuchsia, especies de
Hebe, especies de

Hibiscus, especies de
Hydrangea, especies de
Hypericum, especies de
Lespedeza, especies de
Potentilla, especies de
Yucca filamentosa

OCTUBRE

Abelia, especies de
Calluna, especies de
Erica, especies de
Fatsia japonica
Fuchsia, especies de
Hebe «Autumn Glory»

Hebe «Midsummer Beauty»
Hibiscus, especies de
Hydrangea, especies de
Hypericum «Hidcote»
Potentilla, especies de

NOVIEMBRE

Erica darleyensis
Hebe «Autumn Glory»
Hebe «Midsummer Beauty»

Jasminum nudiflorum
Viburnum bodnantense
Viburnum fragrans

DICIEMBRE

Erica darleyensis
Hamamelis mollis
Jasminum nudiflorum
Mahonia bealei

Mahonia japonica
Viburnum bodnantense
Viburnum fragrans
Viburnum tinus

Phlomis fruticosa

PHLOMIS
Salvia de Jerusalén
P

La salvia de Jerusalén es un perennifolio raro que se cultiva tanto por su vistoso follaje como por sus flores. Las hojas, verdegrisáceas, son aterciopeladas y, en junio, hacen su aparición las flores, como capuchas, formando una hermosa corona floral alrededor de cada tallo. Las heladas pueden ser un problema: plantadla en un lugar soleado y resguardado, al abrigo de los vientos fríos.

VARIEDADES: *P. fruticosa* es la especie más resistente y la única que hallaréis. Es pequeña, pocas veces alcanza los 90 cm, pero muy desparramada. Las flores, de color amarillo oscuro, se forman en el extremo de los tallos, y el follaje, gris, proporciona un bello contraste para el follaje verde brillante que suele dominar en el arriate.

SUELO Y EMPLAZAMIENTO: cualquier suelo permeable resulta adecuado, pero escoged un lugar resguardado de los vientos fríos.

PODA: en primavera eliminad las ramas indeseadas y las dañadas por las heladas.

REPRODUCCIÓN: en primavera, sembrad las semillas bajo cristal y, en verano, plantad esquejes en una cajonera.

P. fruticosa

PHOTINIA
Photinia
P

Es un arbusto sorprendente puesto que lo encontraréis en muchas jardinerías pero sólo figura en unos pocos libros especializados. Esto se debe a que, hasta hace muy poco, los *Photinia* tenían poco que ofrecer y entonces, en 1955, hizo su aparición *Photinia fraseri*. Este híbrido, en primavera, forma brotes nuevos de color rojo vivo, como los de *Pieris*, pero con la ventaja adicional de que es un arbusto que crece bien en suelos neutros y calcáreos. Las heladas pueden ser un problema.

VARIEDADES: la mejor variedad es *P. fraseri* «Red Robin» cuyo follaje juvenil de primavera es rojo y se vuelve verde oscuro al madurar. Con el tiempo, este arbusto llega a tener 2,5 m de altura. *P. fraseri* «Robusta» es incluso más alto, con grandes hojas como las del laurel y con los brotes nuevos de color rojo cobrizo.

SUELO Y EMPLAZAMIENTO: en cualquier suelo de jardín, pero evitad las arcillas densas. Es necesario un lugar soleado.

PODA: eliminad los brotes nuevos en cuanto comiencen a perder su color; así aparecerán otros brotes rojos.

REPRODUCCIÓN: en verano, plantad esquejes en una cajonera.

Photinia fraseri 'Red Robin'

P. fraseri 'Robusta'

Pieris 'Forest Flame'

PIERIS
Andrómeda
P

Es un arbusto espléndido que crece bien en los jardines en donde viven los rododendros. Su follaje, perenne, es denso y en abril y mayo hacen su aparición las largas inflorescencias, parecidas a las del muguete. Sin embargo, la belleza de las variedades más populares radica en los brotes nuevos de color rojo vivo que aparecen en primavera. Es un arbusto de crecimiento lento que necesita pocos cuidados.

VARIEDADES: el mejor espectáculo floral es el ofrecido por *P. japonica* (3 m) y *P. taiwanensis* (1,8 m), pero es preferible que elijáis una de las afamadas variedades de *P. formosa forrestii*. La que suele recomendarse es «Wakehurst», pero posiblemente la mejor sea *P.* «Forest Flame». Existe también una variedad de follaje blanco y verde, *P. japonica* «Variegata».

SUELO Y EMPLAZAMIENTO: es imprescindible que el suelo sea ácido; incorporadle turba al hacer la plantación. Resulta beneficioso que esté protegido del sol matinal.

PODA: no es necesaria; en mayo eliminad las flores marchitas.

REPRODUCCIÓN: sembrad las semillas bajo cristal, en primavera, o acodad las ramas, en verano.

P. formosa forrestii

P. japonica

PITTOSPORUM
Pitosporum
P

Se trata de un arbusto perennifolio no demasiado vistoso que, en muchos jardines, puede morir a causa de un invierno riguroso. Generalmente no es una buena elección, pero merece ser tenido en cuenta en dos casos: si sois un aficionado a confeccionar arreglos florales, os proporcionará un excelente material foliar y, si vivís en las costas meridionales, constituirá un hermoso seto.

VARIEDADES: la más popular es *P. tenuifolium*, un arbusto de crecimiento lento que puede alcanzar los 3,5 m de altura, con tallos negros revestidos de hojas de color gris claro y bordes ondulados. Los libros especializados citan sus flores marrones que se abren en primavera, pero produce pocas. Si queréis un *Pittosporum* florido, escoged *P. tobira*: en mayo y junio produce fragantes flores cremosas.

SUELO Y EMPLAZAMIENTO: es esencial un lugar cálido y resguardado, sin importar que el aire sea salitroso.

PODA: no es esencial; en primavera eliminad las ramas indeseadas o dañadas.

REPRODUCCIÓN: sembrad las semillas bajo cristal, en primavera, o plantad esquejes en una cajonera, en verano.

Pittosporum tenuifolium

P. tenuifolium

P. tobira

POTENTILLA
Quinquefolio (cincoenrama) arbustivo
C

En realidad se trata de un género poco espectacular. Sus flores, aunque abundantes, son pequeñas y su follaje no es demasiado vistoso. Sin embargo, es un arbusto indispensable en todo arriate arbustivo ya que florece desde mayo hasta septiembre. Existen variedades de muchos colores y crece en todas partes.

VARIEDADES: todas las formas de jardín son variedades de *P. fruticosa*. Podéis escoger la talla y el color de las flores de entre las siguientes: «Abbotswood» (75 cm, blanca), «Elizabeth» (90 cm, amarilla), «Jackman's Variety» (1,2 m, amarilla), «Katherine Dykes» (1,5 m, amarilla), mandschurica (30 cm, blanca), «Red Ace» (60 cm, vermellón) y «Tangerine» (60 cm, amarillocobriza).

SUELO Y EMPLAZAMIENTO: en cualquier suelo de jardín, siempre que sea permeable. Al sol o a media sombra.

PODA: en marzo eliminad las ramas viejas y las débiles.

REPRODUCCIÓN: fácil; en verano plantad en una cajonera las plántulas que hayan nacido espontáneamente o plantad esquejes.

Potentilla fruticosa

P. fruticosa mandschurica

P. fruticosa 'Tangerine'

P. fruticosa 'Jackman's Variety'

PRUNUS

Prunus
| C | o | P |

Las verdaderas bellezas del grupo de los *Prunus* figuran en el capítulo dedicado a los árboles, pero hay algunas formas arbustivas que resultan muy útiles en el jardín. Suelen servir para erigir setos, siendo las más populares los laureles perennifolios, pero también existen variedades caducifolias de hojas rojizas aptas para setos tanto altos como bajos. No todos los *Prunus* arbustivos se cultivan por su follaje: existen formas florecientes de ciruelos, almendros, melocotoneros, cerezos y albaricoqueros. Todos son bastante fáciles de cultivar.

VARIEDADES: hay dos especies perennifolias de *Prunus* muy utilizadas: *P. laurocerasus* (el laurel cerezo) es muy frecuente, con sus grandes hojas brillantes y sus erectas espigas de pequeñas flores blancas, en abril. Si no lo podáis, alcanzará una altura de 4,5 m. Si queréis una planta de cobertera, escoged *P. laurocerasus* «Otto Luyken». El laurel portugués, *P. lusitanica*, tiene las hojas más pequeñas y tolera mejor los suelos calcáreos. Se identifica por sus peciolos foliares rojos. Existen numerosas variedades caducifolias excelentes para setos. Si queréis un seto bajo, plantad *P. cistena*, de follaje cobrizo. Si lo queréis algo más alto, podéis escoger *P. cerasifera* «Pissardii», de follaje rojizo que con el tiempo se vuelve casi negro. Si, en vez de un bonito follaje, lo que queréis son flores bonitas, tenéis *P. tenella* «Fire Hill» (1,2 m, flores rojorrosada, en abril), *P. triloba* «Multiplex» (1,8 m, flores dobles, rosadas, en mayo) y *P. incisa* (2,7 m, flores blancas o de un color rosado claro, en marzo).

SUELO Y EMPLAZAMIENTO: en cualquier suelo de jardín siempre que sea permeable. Al sol (formas caducifolias) o a media sombra (perennifolias).

PODA: para que conserven la forma, los perennifolios deben ser recortados a finales de primavera; eliminad el leño muerto. Para la poda de los caducifolios consultad el apartado *Prunus*.

REPRODUCCIÓN: en verano, plantad esquejes de las variedades perennifolias, en una cajonera. Las caducifolias suelen ser reproducidas por injerto.

Prunus laurocerasus

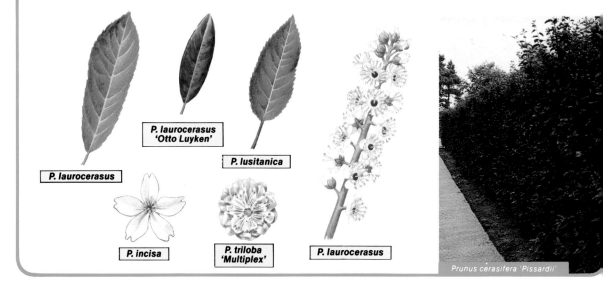
P. laurocerasus 'Otto Luyken' — *P. lusitanica* — *P. laurocerasus* — *P. incisa* — *P. triloba* 'Multiplex' — *Prunus cerasifera 'Pissardii'*

PYRACANTHA

Pyracantha
| P |

Aunque en junio produce numerosas inflorescencias de pequeñas flores blancas, este arbusto se planta primordialmente por las grandes masas de bayas que se forman en otoño. En campo abierto, forma un arbusto grande, de unos 3,5 m de altura, pero generalmente es cultivado como arbusto de pared. Es bastante parecido al *Cotoneaster*, si bien las hojas son dentadas y los tallos espinosos. Hay formas de maceta.

VARIEDADES: la más popular es *P. coccinea* «Lalandei» cuyas ramas, en otoño, se cubren de bayas rojoanaranjadas. *P.* «Orange Glow» es más resistente a las enfermedades y al ataque de los pájaros. Para tener bayas rojas, escoged *P. atalantioides* o *P.* «watereri»; para bayas amarillas, *P. atalantioides* «Aurea» y *P. rogersiana* «Flava».

SUELO Y EMPLAZAMIENTO: en cualquier suelo de jardín, incluido el calcáreo. Al sol o a media sombra.

PODA: inmediatamente después de la floración cortad los tallos indeseados.

REPRODUCCIÓN: sembrad semillas bajo cristal, en primavera, o plantad esquejes en una cajonera, en verano.

Pyracantha coccinea 'Lalandei'

P. atalantioides

P. atalantioides 'Aurea'

Rhododendron 'Mrs G. W. Leak'

RHODODENDRON
Rododendro
P

Existen miles de especies e híbridos distintos que ostentan el nombre latino de *Rhododendron*. Normalmente, las azaleas son consideradas un grupo aparte y serán descritas a continuación. El rododendro normal de jardín tiene unos 2 m de altura y florece en mayo, pero hay mucha variación: la altura va desde 30 cm a 6 m y la época de floración puede ser muy temprana (febrero) o muy tardía (agosto). Todos los colores del reino vegetal, a excepción del azul, están representados, pero el follaje es siempre idéntico: perenne y lanceolado.

VARIEDADES: generalmente, los rododendros que se plantan son los híbridos resistentes. Entre los rojos figuran «Britannia», «Cynthia», «Doncaster», «John Walter» y «Lord Roberts». La variedad rosada más popular es «Pink Pearl», de flores grandes, que por desgracia, en muchos jardines, crece demasiado. Entre las formas rosadas más compactas figuran «Mrs G.W. Leak» y «Dr Tjebes». Existe una increíble gama de variedades purpúreas, de las cuales la favorita es «Purple Splendour», de floración tardía. «Sappho» es una variedad blanca excelente. Cada vez son más las jardinerías que ofrecen rododendros enanos: «Blue Tit» (color espliego), «Bow Bells» (rosado) y «Elizabeth» (rojo) crecen sólo de 0,5-1 m. Si queréis algo que se salga de lo corriente, los rododendros son la respuesta: hay formas postradas, *R. repens* (rojo), arbóreas, *R. arboreum* (de varios colores).

SUELO Y EMPLAZAMIENTO: es imprescindible que el suelo sea ácido. En suelo calcáreo las hojas se vuelven amarillas; en tal caso, regadlos con Sequestrene. Incorporad turba al suelo al hacer la plantación. A media sombra.

PODA: eliminad las flores marchitas con los dedos, cerciorándoos de que los capullos en formación no sufren ningún daño. Si los tallos se han vuelto muy largos y desnudos, cortadlos casi a ras de suelo, en abril.

REPRODUCCIÓN: el mejor método es acodando las ramas en verano, pero generalmente es preferible comprar plantas nuevas.

R. 'Sappho'

R. 'Purple Splendour'

R. 'Pink Pearl'

R. 'Elizabeth'

R. 'Britannia'

Rhododendron 'Lavender Girl'

RHODODENDRON
Azalea
C o P

Las azaleas suelen ser más delicadas que los rododendros de jardín, aunque no siempre; hay azaleas de 3 m y rododendros de 30 cm. Las azaleas perennes, o japonesas, son bajas y desparramadas, y producen grandes masas de flores, en mayo. Las azaleas caducifolias son más altas, de hasta 2 m o más. Después de las flores, las azaleas lucen las ricas coloraciones otoñales de las hojas.

VARIEDADES: las azaleas perennifolias incluyen híbridos Kurume y Vuyk. Escogedlas según su color: azul («Blue Danube»), rojo («Addy Wery»), anaranjado («Orange Beauty»), rosado («Rosebud») o blanco («Palestrina»). Entre las caducifolias figuran los híbridos Mollis, Exbury y Knap Hill. Entre las formas favoritas se encuentran «Koster's Brilliant Red» (roja), «Cecile» (rosada), «Lemonara» (amarilla) y «Persil» (blanca).

SUELO Y EMPLAZAMIENTO: es esencial que el suelo sea ácido: véase rododendros. Plantadlas en un lugar resguardado, a media sombra.

PODA: eliminad las flores marchitas con los dedos.

REPRODUCCIÓN: sembrad las semillas bajo cristal, en primavera, o acodad las ramas, en verano.

R. 'Cecile'

R. 'Palestrina'

Rhododendron 'Orange Beauty'

Rhus typhina

RHUS
Zumaque
C

Los zumaques son cultivados por las brillantes coloraciones otoñales de sus hojas, tipo palmera, que se vuelven anaranjadas, rojas o purpúreas. Las flores son insignificantes, pero las plantas femeninas, a finales de verano, forman espigas de pequeños frutos carmesíes, de 15 cm de longitud. Es un arbusto que crece en todas partes, aunque se le debe podar regularmente.

VARIEDADES: el zumaque común es *R. typhina*, el zumaque de astas de ciervo. Si no se poda, las ramas alcanzan una longitud de 3,5 m o más, y su capacidad de emitir chupones en abundancia lo inhabilita para ser plantado en el césped. El mejor es *R. typhina* «Laciniata», de hojas profundamente hendidas, tipo fronde. *R. glabra* es una especie de menor talla que también tiene una variedad de hojas de helecho (*R. glabra* «Laciniata»).

SUELO Y EMPLAZAMIENTO: en cualquier suelo de jardín, mejor a pleno sol.

PODA: en febrero cortad los tallos a unos 30 cm del suelo.

REPRODUCCIÓN: en otoño, desgajad y plantad los chupones enraizados o acodad las ramas en primavera.

R. typhina

Ribes sanguineum

RIBES
Grosellero ornamental
C o SP

El más popular es el grosellero floreciente, cuyas flores rosadas, que se abren en marzo o abril, aportan una temprana nota de color al jardín. Generalmente se planta como arbusto singular, aunque también puede servir para erigir setos. Es fácil de cultivar, de crecimiento rápido, pero demasiado común: existen otras variedades de grosellero menos frecuente entre las que escoger.

VARIEDADES: los groselleros florecientes son variedades de *R. sanguineum*. La especie tipo crece unos 2 m y produce insignificantes flores rosadas. Es mejor que elijáis una variedad famosa, como «Pulborough Scarlet» o «King Edward VII» (carmesí oscuro). *R. odoratum* forma flores fragantes y amarillas, en abril, y el semiperenne *R. speciosum* abre sus flores, tipo fucsia, en mayo.

SUELO Y EMPLAZAMIENTO: en cualquier suelo de jardín, al sol o a media sombra.

PODA: después de la floración, cortad los tallos que hayan florecido. Eliminad el leño viejo, improductivo.

REPRODUCCIÓN: en otoño plantad esquejes de 20 cm al aire libre.

R. sanguineum

R. odoratum

Romneya coulteri

ROMNEYA
Amapola arbórea
C

Es una pena que la amapola arbórea no sea más conocida. Si el invierno es riguroso, los tallos pueden morir a causa de las heladas, pero, en seguida, nacen brotes nuevos. En el extremo de los tallos, de julio a octubre, se abren las flores, tipo amapola, blancas y grandes como platitos. El follaje, muy decorativo, es gris azulado. La amapola arbórea, al ser trasplantada, puede tardar cierto tiempo en aclimatarse.

VARIEDADES: la especie básica de amapola arbórea es *R. coulteri*, de tallos erectos, de 1,5-2 m de longitud, y flores fragantes con prominentes estambres dorados. En los viveros especializados encontraréis la especie próxima, *R. trichocalyx*, que es muy parecida. *R. hybrida* es el cruce de las dos especies anteriores.

SUELO Y EMPLAZAMIENTO: es necesario mucho sol y cierta protección. No la plantéis en un suelo denso y frío.

PODA: en marzo cortad los tallos a unos pocos centímetros del suelo.

REPRODUCCIÓN: en primavera, desgajad los chupones enraizados y plantadlos.

R. coulteri

Rosa 'Canary Bird'

ROSA   Rosal
C

El rosal es la planta que todos prefieren, pero el rosal arbustivo no suele ser tan frecuente. Sin embargo, muchos de ellos pueden resistir suelos y condiciones ambientales que no soportaría un rosal de té híbrido, y tanto la poda como el mantenimiento son fáciles. El problema estriba en que no son valorados: carecen de «linaje» (hay muchos híbridos modernos) y no todos son gigantescos (hay pequeñas variedades de 60 cm). Existe un rosal arbustivo adecuado a casi cada tipo de jardín. Consultad el libro *El Experto en Rosas* (páginas 61-67) donde encontraréis una lista exhaustiva y consejos para el cultivo de este valioso grupo de arbustos.

Arbustos para arreglos florales

Buxus	Elaeagnus	Lonicera	Senecio
Chaenomeles	Euonymus	Mahonia	Skimmia
Chimonanthus	Fatsia	Philadelphus	Spartium
Choisya	Forsythia	Photinia	Spiraea
Cornus	Hamamelis	Pieris	Symphoricarpos
Cotinus	Kerria	Pittosporum	Syringa
Cotoneaster	Kolkwitzia	Pyracantha	Viburnum
Danae	Lavandula	Rhododendron-Azaleas	Vinca
Deutzia	Ligustrum	Ribes	Weigela

Rosmarinus officinalis

ROSMARINUS   Romero
P

Desde hace siglos, las largas y estrechas hojas y las flores azul pálido del romero están presentes en los jardines británicos. Las hojas, tanto frescas como secas, se emplean para sazonar las aves de corral y la carne en general. Es un arbusto perennifolio, denso, que crece unos 1,5 m, formando estupendos setos. Podéis plantarlos siempre que dispongáis de un suelo ligero y húmedo.

VARIEDADES: sólo hay una especie, *R. officinalis*, de hojas verdegrisáceas por encima y blancopulverulentas por debajo, con flores pequeñas, arracimadas a lo largo de los tallos, en abril o mayo. Escoged una variedad afamada: «Albus», de flores blancas, o «Miss Jessop's Upright» de flores azules. En el jardín rocoso podéis plantar la variedad *prostratus*, que forma como una estera.

SUELO Y EMPLAZAMIENTO: el suelo debe ser permeable y no arcilloso. Necesita mucho sol.

PODA: tan pronto como hayan desaparecido las flores, recortad ligeramente el arbusto con las tijeras.

REPRODUCCIÓN: plantad esquejes en una cajonera, en verano.

R. officinalis

RUBUS   Frambueso ornamental
C

Los frambuesos ornamentales, al igual que los cornejos, se cultivan o bien por el colorido invernal de sus ramas o por las flores, que aparecen a finales de año. Todo depende de la variedad que compréis; por tanto elegid con cuidado. La mayoría tienen tallos espinosos y crecen bien en casi todas partes. El modo correcto de podarlos depende de la forma de que se trate: véase a continuación.

VARIEDADES: la forma de tallos decorativos preferida es *R. cockburnianus*, el frambueso encalado. La mejor forma floreciente es *R. tridel* «Benenden», de tallos altos, sin espinas, que en mayo forman grandes masas de flores blancas, grandes como platitos. La enana *R. illecebrosus* es cultivada por sus frutos.

SUELO Y EMPLAZAMIENTO: en cualquier suelo de jardín, al sol o a media sombra.

PODA: en las formas florecientes, en otoño, eliminad algunas de las ramas más viejas. En las de tallos decorativos, a comienzos de primavera, cortad todas las ramas viejas.

REPRODUCCIÓN: en verano, plantad esquejes en una cajonera.

R. cockburnianus

R. tridel 'Benenden'

Rubus cockburnianus

SALIX

Sauce
C

La palabra «sauce» evoca la imagen del precioso sauce llorón o de los amentos plateados del sauce norteamericano. Los encontraréis a ambos en el capítulo dedicado a los árboles, pero existen también algunas interesantes variedades arbustivas. Las hay de porte bajo, para el jardín rocoso, y también formas voluminosas, dè corteza coloreada, propias de jardines más grandes.

VARIEDADES: si queréis tallos coloreados, plantad *S. alba* «Chermesina» (escarlata vivo) o «Vitellina» (amarillo dorado) y podadlos a fondo cada dos años. Las variedades enanas son muy útiles, pero no son frecuentes: *S. lanata* (el sauce lanudo), de 1 m y de porte abierto, tiene hojas verdeplateadas y amentos erectos. *S.* «Wehrhahnii» (1,2 m) tiene amentos tipo estalactita.

SUELO Y EMPLAZAMIENTO: no soportan la sequía; cualquier suelo franco de jardín será adecuado. Al sol o a media sombra.

PODA: las formas enanas no necesitan ser podadas; las variedades de corteza coloreada deben podarse a fondo.

REPRODUCCIÓN: fácil; en otoño plantad esquejes al aire libre.

S. alba 'Chermesina'

S. lanata

Salix alba 'Vitellina'

SAMBUCUS

Saúco
C

Todo el mundo conoce el saúco de hojas verdes, especialmente cuando las cabezuelas de diminutas flores blancas y las bayas negras aparecen sobre las grandes hojas divididas. Crece en todas partes y puede llegar a tener 6 m de altura, pero para el jardín existen variedades mucho mejores, de follaje amarillo o variegado, que pueden tener hojas finamente divididas. La época normal de floración es en junio.

VARIEDADES: el saúco común es *S. nigra*; comprad la variedad «Aurea», de follaje dorado, o la de hojas purpúreas, «Purpurea». Más bonita aún es *S. racemosa* «Plumosa Aurea», un arbusto de 1,8 m, con hojas plumosas de vivo color amarillo y flores blancas, seguidas de bayas rojas. Otro saúco interesante es *S. canadensis* «Aurea».

SUELO Y EMPLAZAMIENTO: en cualquier suelo de jardín, incluido el arcilloso. Las variedades variegadas de amarillo necesitan mucho sol.

PODA: en primavera podadlo a fondo para que nazcan brotes nuevos.

REPRODUCCIÓN: plantad esquejes al aire libre, en otoño.

S. racemosa 'Plumosa Aurea'

Sambucus racemosa 'Plumosa Aurea'

SANTOLINA

Abrótano hembra
P

Si disponéis de un suelo permeable y un lugar soleado, el abrótano hembra le dará una bonita pincelada de color. Podéis plantarlo en la parte frontal del arriate como arbusto singular o formando un seto bajo. Es un montículo compacto de precioso color, tanto por el follaje gris plateado, como por las flores amarillas, como botones, que aparecen en verano.

VARIEDADES: la variedad común es *S. chamaecyparissus*, de unos 60 cm de altura, densamente cubierta de hojas estrechas, finamente divididas y muy aromáticas. Las flores se abren desde junio hasta agosto. *S. chamaecyparissus* «Nana» es de menor talla (30 cm) y *S. neapolitana* es más alta (1 m). La variedad de follaje verde es *S. virens*.

SUELO Y EMPLAZAMIENTO: en cualquier suelo siempre que sea permeable. Es imprescindible que esté a pleno sol.

PODA: recortadlo después de la floración. Cada 2 ó 3 años podadlo a fondo en abril.

REPRODUCCIÓN: en verano, plantad esquejes de 8 cm en una cajonera.

S. chamaecyparissus

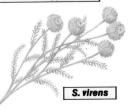

S. virens

Santolina chamaecyparissus

Senecio greyi

SENECIO

Senecio
P

Se trata de un arbusto bajo y abierto, cuyas flores, de color amarillo fuerte, tipo margarita, se abren en junio, si bien muchos jardineros opinan que su principal atractivo reside en su follaje. Las hojas, coriáceas y ovaladas, en su fase juvenil están cubiertas de una pelusa plateada. Aunque soporta bien el viento y el salitre, el senecio no es del todo resistente: asignadle un lugar soleado y resguardado.

VARIEDADES: en las jardinerías encontraréis el senecio común bajo los nombres de *S. greyi* y *S. laxifolius*. Existen algunas pequeñas diferencias entre ambas especies, pero no vale la pena preocuparse por ello. Forman un arbusto bastante resistente, de unos 90 cm de altura. Existen otras especies con la de flores blancas, *S. hectori*, y la de flores de color amarillo pálido, *S. reinoldii*, pero soportan peor las heladas.

SUELO Y EMPLAZAMIENTO: en cualquier suelo normal permeable, aunque sea calcáreo. Necesita mucho sol.

PODA: en primavera eliminad los tallos muertos o erráticos.

REPRODUCCIÓN: en verano, plantad esquejes de 10 cm en una cajonera.

S. greyi

SKIMMIA

Skimmia
P

Las fotografías de los *Skimmia* muestran un arbusto con bayas rojas, que brillan sobre las hojas, ovaladas y estos frutos duran todo el invierno. Sin embargo, si elegís la variedad más frecuente, será necesario que, además de plantas femeninas, cultivéis también plantas masculinas. Es un arbusto pulcro y compacto, de unos 90 cm de altura, que en marzo o abril forma racimos de diminutas flores blancas.

VARIEDADES: la especie común es *S. japonica*. La variedad «Doremanii» (femenina) es muy apreciada por sus grandes racimos de bayas, «Rubella» (masculina) lo es por sus capullos rojos y «Fragrans» (masculina) por la fragancia de sus flores. Si sólo queréis cultivar un ejemplar (*Skimmia* es un excelente arbusto de maceta) escoged una variedad hermafrodita, como *S. reevesiana*, llamada también *S. fortunei*.

SUELO Y EMPLAZAMIENTO: es esencial que el suelo sea ácido y mejor que esté a media sombra.

PODA: necesita muy poca; basta con eliminar las ramas dañadas, en primavera.

REPRODUCCIÓN: en verano, plantad esquejes en una cajonera.

Skimmia japonica

S. japonica

SPARTIUM

Retama
C

Una retama cultivada amorosamente, en verano, ofrece un precioso espectáculo: un surtidor de tallos verdes, tipo junco, cubiertos de flores amarillas, amariposadas, grandes y fragantes. Pero, generalmente, su aspecto es bastante distinto: un arbusto desvaído y largirucho, con muy pocas flores. Esto puede ser debido a una poda inadecuada o a un emplazamiento húmedo y sombrío.

VARIEDADES: sólo hay una especie, *S. junceum*, de hojas pequeñas y escasas; el aspecto perennifolio que tiene en invierno es debido a su ramaje verde. Las ramas pueden crecer hasta 3 m, por lo que deben ser mantenidas a raya mediante podas regulares. La época de la floración es larga, de comienzos de julio hasta septiembre, y resulta una planta excelente para la obtención de flor cortada.

SUELO Y EMPLAZAMIENTO: el suelo debe ser permeable y poco denso. Necesita mucho sol.

PODA: eliminad las flores marchitas. En marzo, cortad los tallos del año anterior hasta unos 5 cm del leño viejo.

REPRODUCCIÓN: en verano plantad esquejes en una cajonera.

Spartium junceum

S. junceum

SPIRAEA Spiraea
C

Las spiraeas forman un conocido grupo de arbustos de crecimiento rápido con una bien ganada reputación de plantas de fácil cultivo y abundante producción floral. Las formas de floración primaveral producen diminutas flores blancas agrupadas en inflorescencias dispuestas sobre tallos arqueados. Las de floración estival suelen formar pequeñas flores rosadas o rojas en cabezuelas aplanadas, cimas redondeadas o espigas erectas. Generalmente no presentan problemas, aunque algunas de las variedades que emiten abundantes chupones pueden convertirse rápidamente en espesos matorrales. También es preciso recordar que necesitan ser podados anualmente.

VARIEDADES: la *Spiraea* de floración primaveral preferida es la corona nupcial (*S. arguta*), que crece unos 1,8 m, con ramillas arqueadas de flores blancas, en abril y mayo. Las flores de *S. thunbergii* aparecen más temprano y sus hojas duran casi todo el año. En mayo, *S. prunifolia* «Plena» forma pequeñas flores dobles y, en otoño, su follaje se vuelve rojo. El *Spiraea* de floración primaveral de mayor talla es *S. vanhouttei* (2,5 × 1,8 m), que puede emplearse para setos. El grupo de floración estival está encabezado por *S. bumalda* «Anthony Waterer», un arbusto de 60 cm, cuyas cabezuelas aplanadas de flores color rosa carmín son una visión habitual de julio a septiembre. Para variar, plantad su pariente próximo «Goldflame»: su follaje juvenil es anaranjado y amarillo. Para el jardín rocoso existen formas enanas de flores rosadas: escoged *S. japonica* «Alpina» o «Bullata». La más vistosa de este grupo es *S. billardii* «Triumphans» (2,4 m, espigas rosadopurpúreas).

SUELO Y EMPLAZAMIENTO: crecen mejor en un suelo fértil, al sol o a media sombra.

PODA: en las variedades de floración primaveral, cuando las flores se han marchitado, debéis eliminar los tallos viejos y los débiles. En las de floración estival hace falta una poda más drástica: a comienzos de primavera cortad las ramas a unos pocos centímetros del suelo.

REPRODUCCIÓN: plantad esquejes en una cajonera, en verano, o al aire libre, en otoño.

Spiraea arguta

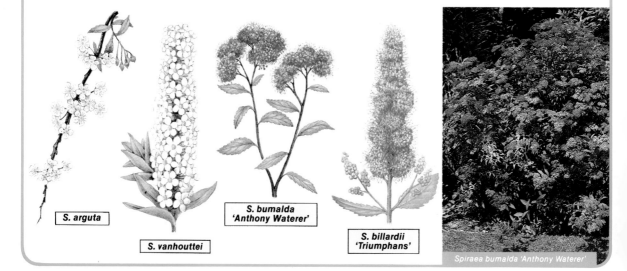
S. arguta
S. vanhouttei
S. bumalda 'Anthony Waterer'
S. billardii 'Triumphans'
Spiraea bumalda 'Anthony Waterer'

STEPHANANDRA Stephanandra
C

Muchos de los arbustos que se citan en este libro son plantas vistosas con bonitas flores. Para que estos ejemplares coloreados destaquen, deberéis intercalar algunos arbustos de bello follaje. Si disponéis de un suelo húmedo, Stephanandra será muy apropiado: ramas airosas, desparramadas, cubiertas de brillantes hojas verdes, profundamente divididas, que en otoño se vuelven amarillo doradas.

VARIEDADES: *S. incisa* (*S. flexuosa*) es la más frecuente. Sus tallos zigzagueantes tienen una altura de 1 m y abarcan 2-2,5 m. Las hojas son profundamente dentadas y las flores, amarilloverdosas e insignificantes, aparecen en junio. La forma enana (*S. incisa* «Crispa») es una buena planta de cobertera: un montículo de 60 cm, cubierto de hojas arrugadas.

SUELO Y EMPLAZAMIENTO: lo mejor es un lugar húmedo; regadlo en tiempo seco. A media sombra.

PODA: después de la floración. Cortad las ramas viejas a ras de suelo.

REPRODUCCIÓN: dividid las matas en otoño.

Stephanandra incisa 'Crispa'

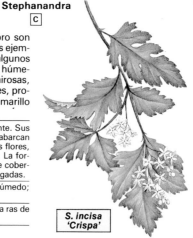
S. incisa 'Crispa'

Stranvaesia davidiana

STRANVAESIA
Stranvaesia
P

No penséis en plantar este vigoroso perennifolio a menos que dispongáis de mucho espacio: es un arbusto desparramado, de hasta 4,5 m de altura que crece en casi todas partes y no necesita poda; generalmente se emplea como pantalla o para setos altos. Sus flores blancas, que se abren en mayo, se parecen a las del espino; las brillantes bayas que les suceden son similares a los frutos del *Cotoneaster*.

VARIEDADES: la variedad más frecuente es *S. davidiana salicifolia*, de hojas estrechas, color verde oliva, que se vuelven rojas al llegar el otoño. Las bayas, de color rojo fuerte, no son atacadas por los pájaros. Si queréis bayas amarillas, que también duren todo el invierno, plantad la variedad «Fructululeo». Cuando dispongáis de poco espacio, escoged «Prostrata».

SUELO Y EMPLAZAMIENTO: en cualquier suelo siempre que sea permeable. Al sol o a media sombra.

PODA: no es necesaria. En primavera eliminad las ramas indeseadas.

REPRODUCCIÓN: acodad las ramas, en primavera, o plantad esquejes en una cajonera, en verano.

S. davidiana salicifolia

Symphoricarpos albus

SYMPHORICARPOS
Symphoricarpos
C

El *Symphoricarpos* común es un arbusto exuberante que crece en todas partes: a pleno sol o en la más espesa sombra, bajo los árboles. Es capaz de cubrir grandes extensiones en las partes más agrestes del jardín y su belleza estriba en las grandes masas de bayas marmóreas que aparecen en octubre y que duran varios meses.

VARIEDADES: la especie común es *S. albus (S. racemosus)*, de 1,8 m, con flores rosadas, de junio a agosto, y grandes bayas completamente blancas. *S. orbiculatus* forma flores blancas seguidas de grandes racimos de pequeñas bayas purpúreas. En un arriate de dimensiones medias, plantad algunos de los híbridos Doorenbos, que no emiten chupones: «Magic Berry» (rosado) o «Mother of Pearl» (blanco, con manchas rosadas).

SUELO Y EMPLAZAMIENTO: en cualquier suelo de jardín, al sol o a la sombra.

PODA: a comienzos de primavera aclarad los vástagos indeseados. En verano recortad los setos.

REPRODUCCIÓN: en otoño desgajad y plantad los chupones enraizados o plantad esquejes al aire libre.

S. albus

S. doorenbosii 'Magic Berry'

Arbustos del agrado de los animales

🐝 Abejas   🐦 Pájaros   🦋 Mariposas

Aucuba	Escallonia	Perovskia
Berberis	Euonymus europaeus	Potentilla
Buddleia	Fuchsia	Pyracantha
Callicarpa	Hebe	Rhus
Ceanothus	Hippophae	Ribes odoratum
Chaenomeles	Hypericum	Skimmia
Cistus	Ilex	Spiraea
Clerodendron	Lavandula	Symphoricarpos
Cotoneaster	Ligustrum	Syringa
Cytisus	Mahonia	Ulex
Daphne	Olearia	Viburnum
Elaeagnus	Pernettya	Weigela

Syringa vulgaris

SYRINGA

Lila
[C]

La lila es uno de los puntales del arriate arbustivo inglés. Casi todas las formas que se ven en los jardines en mayo y comienzos de junio son variedades de *S. vulgaris*, la lila común. Su época de floración es corta, unas tres semanas, pero queda compensada por el tamaño y la fragancia de las flores. Estas variedades viven en todo tipo de suelos y la mayoría crecen 3,5 m o más, siempre que las cuidéis. Acolchadlas o abonadlas anualmente y eliminad tanto los chupones como las flores marchitas. A medida que se vaya formando, pinzad la primera remesa de capullos que aparezca después de la plantación.

VARIEDADES: en cualquier jardinería hallaréis una amplia gama de variedades de *S. vulgaris*. Algunas tienen flores sencillas, como «Marechal Foch» (color rosa carmín), «Souvenir de Louis Spaeth» (rojo vino), «Charles X» (rojo púrpura). «Maud Notcutt» (blanco), «Primrose» (amarillo claro) y «Esther Staley» (rosado). El resto tiene flores dobles, siendo las más populares «Charles Joly» (rojo purpúreo oscuro), «Katherine Havemeyer» (azul espliego), «Michel Buchner» (color lila), «Madame Lemoine» (blanco) y «Mr Edward Harding» (rojo). Las distintas especies de lila son menos conocidas que sus variedades de grandes flores, aunque también merecen ser cultivadas. Podéis plantar *S. microphylla* (1,5 m, hojas pequeñas y pequeños racimos laxos de flores rosadas) o *S. chinensis* (2,4 m, ramilletes colgantes de flores color espliego). La menor de todas es *S. velutina*, la lila de Corea, un arbusto redondeado, de unos 1,2 m de altura, que en mayo forma flores de color rosa azulado.

SUELO Y EMPLAZAMIENTO: en cualquier suelo de jardín, pero mejor en los calcáreos. Al sol.

PODA: inmediatamente después de la floración eliminad las ramas delgadas e improductivas.

REPRODUCCIÓN: las variedades famosas que se cultivan en los viveros suelen obtenerse por injerto, pero las especies puras pueden ser propagadas plantando esquejes en una cajonera, en verano.

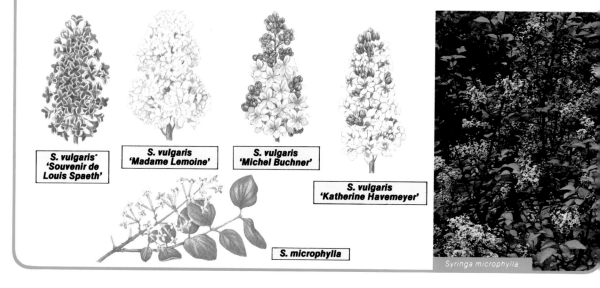

S. vulgaris
'Souvenir de Louis Spaeth'

S. vulgaris
'Madame Lemoine'

S. vulgaris
'Michel Buchner'

S. vulgaris
'Katherine Havemeyer'

S. microphylla

Syringa microphylla

TAMARIX

Tamarisco
[C]

No es probable que confundáis el tamarisco con ningún otro arbusto: cuando está florido, las pequeñas hojas se combinan con los penachos formados por las minúsculas flores rosadas dando un conjunto de aspecto plumoso inigualable. A pesar de su apariencia, no es delicado; es uno de los arbustos más adecuados para lugares costeros. Crece rápidamente y se debe podar cada año.

VARIEDADES: la forma de floración primaveral es *T. tetrandra*, de hasta 3,6 m de altura, con flores rosa pálido que se abren en mayo, antes de la aparición de las hojas. El tamarisco común de floración estival es *T. pentandra*, con hojas más oscuras y flores fragantes de color rosa más fuerte, que aparecen en agosto. La variedad «Rubra» tiene flores rojas. En las regiones litorales *T. gallica* se utiliza como cortavientos.

SUELO Y EMPLAZAMIENTO: en casi todos los suelos permeables; las arcillas densas no son apropiadas. Al sol.

PODA: las ramas de *T. tetrandra* que tengan flores marchitas deben cortarse inmediatamente después de la floración. En marzo cortad la mayor parte de las ramas del año anterior de *T. pentandra*.

REPRODUCCIÓN: en otoño plantad esquejes al aire libre.

Tamarix tetrandra

T. pentandra

ULEX
Aulaga
P

La aulaga es un excelente arbusto de jardín siempre que disponga de un suelo apropiado: arenoso o pedregoso, a pleno sol. Si es fértil y rico en humus, ya podéis despediros de este arbusto. Todas las variedades son muy espinosas y producen flores amariposadas de color amarillo fuerte. No toleran el trasplante: escoged un ejemplar pequeño, cultivado en maceta.

VARIEDADES: podéis comprar una aulaga común *(U. europaeus)*; recordad que es ilegal coger las plantas que encontréis en el campo. Crece unos 2 m y florece de abril a mayo y, luego, intermitentemente, durante todo el año. La forma semidoble, *U. europaeus* «Plenus» es más compacta, por lo que resulta mejor. Existe una variedad enana de floración otoñal, *U. gallii*, pero sólo la encontraréis en un vivero especializado.

SUELO Y EMPLAZAMIENTO: detesta los suelos ricos y húmedos. Necesita mucho sol.

PODA: en mayo recortad las ramas.

REPRODUCCIÓN: en verano, plantad esquejes en una cajonera.

U. europaeus 'Plenus'

Ulex europaeus

VIBURNUM
Viburno
C o P

Es un amplio género de arbustos de jardín que comprende variedades capaces de dar colorido durante todo el año y adecuadas a casi todas las necesidades: de cobertera, de pantalla, arbustos singulares, y plantas para el arriate arbustivo. Un surtido de formas muy extenso pero con pocas características comunes: todas son resistentes y fáciles de cultivar y crecen en suelos calcáreos. No hace falta podarlas regularmente. Hay tres grupos de viburnos: los de floración invernal, los de floración estival y el grupo de los viburnos con bayas/hojas de bellas coloraciones otoñales. Cada uno de ellos incluye como mínimo una forma vistosa.

VARIEDADES: el grupo de floración invernal acoge el famoso *V. tinus (laurustinus)*, un perennifolio muy útil, de 1,8-3 m, que, de diciembre a abril, produce panículos de capullos rosados que se convierten en pequeñas flores blancas. El viburno más apreciado desde antiguo, *V. fragrans (V. farreri)*, produce panículos de fragantes flores blancas de noviembre a febrero. Las flores de *V. bodnantense* son más grandes, pero igualmente fragantes.
Los viburnos de floración primaveral suelen tener flores blancas, más pequeñas, agrupadas en grandes inflorescencias aplanadas. Incluyen el popular *V. carlesii* (1,2 m, fragantes flores blancas en densas cimas, en abril y mayo), *V. burkwoodii* (1,8 m, bastante similar al *carlesii* pero más alto y perennifolio), *V. rhytidophyllum* (3 m, cultivado por su espeso follaje perenne, muy nervudo, y por sus bayas rojas), *V. opulus* «Sterile» (2,5 m, inflorescencias blancas, como balones) y *V. plicatum* «Lanarth» (1,5 m, inflorescencias blancas, como platos).

SUELO Y EMPLAZAMIENTO: gustan de suelos cultivados ricos en humus. La mayoría crecen mejor a pleno sol.

PODA: no es necesaria; eliminad las ramas viejas o dañadas después de la floración o en mayo, en las perennifolias.

REPRODUCCIÓN: en otoño, acodad las ramas o, en verano, plantad esquejes en una cajonera.

Viburnum fragrans

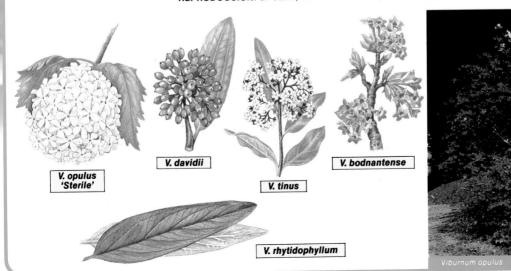
V. opulus 'Sterile' — *V. davidii* — *V. tinus* — *V. bodnantense* — *V. rhytidophyllum* — Viburnum opulus

Vinca minor 'Variegata'

VINCA
Pervinca
P

La pervinca puede ser de corta talla y no ser incluida por muchos autores en sus tratados sobre arbustos, pero es una planta muy apreciada como cobertera. Crece al sol y a la sombra, y sus tallos enraízan en el suelo a medida que se extienden. Utilizad para márgenes o plantadla bajo los árboles, y tendréis flores durante todo el verano.

VARIEDADES: la de mayor talla es *V. major*, de 2,5-3 m, que produce grandes flores azules, de mayo a septiembre. Podéis adquirir variedades de hojas manchadas de amarillo («Maculata») o de blanco («Variegata»). *V. minor* es menos invasiva y de menor talla (0,6-1,2 m, flores azules o blancas, hojas verdes o variegadas).

SUELO Y EMPLAZAMIENTO: en cualquier suelo permeable, al sol o a la sombra.

PODA: no es necesaria; si queréis refrenar su crecimiento, en primavera cortad los vástagos nuevos.

REPRODUCCIÓN: a finales de otoño o en invierno, dividid las plantas y desgajad y plantad los chupones laterales enraizados.

V. minor

V. major

Weigela 'Bristol Ruby'

WEIGELA
Weigela
C

La *Weigela* (llamada a veces *Diervilla*) crece mejor podándola anualmente y si dispone de un suelo rico, pero vive casi en todas partes y tolera el descuido que sufre en cientos de jardines. No crece demasiado, unos 2 m como máximo, pero necesita espacio para lucir sus ramas arqueadas. Las flores, tubulares, aparecen en mayo y junio.

VARIEDADES: si sólo podéis plantar una, elegid *W. florida* «Variegata», un arbusto compacto que crece lentamente hasta unos 2 m, y forma flores rosadas claras. Cuando no está en flor, sigue siendo bonito por sus decorativas hojas de márgenes blancos. Si queréis flores más vistosas, escoged un híbrido: el preferido es «Bristol Ruby» (rojo rubí).

SUELO Y EMPLAZAMIENTO: en cualquier suelo de jardín, incluso si es calcáreo. Al sol o a media sombra.

PODA: inmediatamente después de la floración eliminad los vástagos con flores marchitas.

REPRODUCCIÓN: en otoño, plantad esquejes al aire libre.

W. florida 'Variegata'

Yucca filamentosa

YUCCA
Yuca
P

Es un arbusto para plantar en solitario de manera que pueda lucir sus hojas, como espadas, y sus inmensas inflorescencias. Existen algunas falacias respecto a él: pese a su aspecto tropical, las variedades populares son bastante resistentes y, aunque las viejas historias dicen que sólo florece una vez cada siete años, florece sin dificultad cada año.

VARIEDADES: generalmente suelen plantarse las variedades que no se ramifican. Encabeza la lista *Y. filamentosa*, con una roseta basal de hojas rígidas, de 60 cm de longitud, y un pedúnculo floral de 1,2-2 m, en agosto. Las flores son blancas, en forma de copa, y las primeras aparecen a los tres años de haberla plantado. Hay una variedad de hojas listadas de amarillo («Variegata»).

SUELO Y EMPLAZAMIENTO: necesita un suelo permeable, no arcilloso. Al sol o a media sombra.

PODA: no es necesaria.

REPRODUCCIÓN: en primavera, desgajad los hijuelos enraizados que nacen en la base del arbusto.

Y. filamentosa

CAPÍTULO 3

ÁRBOLES

Los árboles son la gloria del jardín y cuanto mayor sea el espacio de que disponen mayores serán las posibilidades de gozarse en ellos. El número de variedades de árboles disponibles es mucho menor que el de arbustos y para el propietario de un terreno de dimensiones medias la elección queda muy limitada. Para tener flores desde comienzos de primavera hasta comienzos de verano, siempre podréis echar mano de los cerezos y los manzanos florecientes, y de los codesos. En otoño, el serbal luce sus vistosas bayas y el espino albor forma un seto muy útil alrededor de muchos jardines. El abedul (plateado) añade un toque de elegancia; menos frecuente, la *Robinia pseudoacacia* «Frisia» se emplea para conseguir grandes extensiones de follaje amarillo.

Existen otros muchos árboles compactos y atractivos que pueden emplearse en jardines más pequeños, algunos de los cuales son descritos en las páginas siguientes. No os amilanéis ante nombres como arce, castaño de Indias o fresno: de todos ellos existen variedades de jardín. Lamentablemente, con demasiada frecuencia, en un jardín pequeño se planta un árbol gigantesco por el simple hecho de que hacía muy bonito en la jardinería. Ésta es la triste historia del sauce llorón y del castaño de Indias, del haya cobriza y del tilo de hojas grandes. El problema estriba en que nos sentimos sentimentalmente unidos al árbol que plantamos hace más de 10 años y, por tanto, dejamos que proyecte su espesa sombra sobre las ventanas, los parterres florales y el jardín del vecino. La norma es no comprar nunca un árbol hasta haber averiguado la altura que tendrá al cabo de unos 10 años.

En cuanto hayáis elegido vuestro árbol, escoged cuidadosamente su emplazamiento teniendo presente su talla final. No plantéis nunca ningún árbol demasiado cerca de la casa para que sus raíces no estropeen los cimientos. Acordaos también de dejar espacio suficiente entre los árboles contiguos para que no tengáis que podarlos cada dos por tres cuando alcancen su máximo desarrollo.

Si soslayáis estos escollos, podréis disfrutar de una selecta colección de árboles, daréis mayor colorido al jardín y, en cierta manera, os aislaréis del resto del mundo. Este aislamiento es vital para el hombre, y en un mundo en el que constantemente surgen nuevas urbanizaciones, es deber de todo jardinero plantar árboles que ayuden a conservar la población avícola de la región.

Por desgracia, demasiado a menudo, la elección recae siempre en los mismos árboles: el cerezo japonés, el avellano, *Malus* «Profusion», el codeso común... tanto si el jardín es grande como si es pequeño vale la pena plantar uno o dos árboles más raros. Por ejemplo, el peral de hojas de sauce llorón, o el tupelo, con sus vivas coloraciones otoñales. *Gleditsia triacanthos* «Sunburst» y *Acer pseudoplatanus* «Worleei» tienen un precioso follaje dorado; en el otro extremo de la escala de colores figura el arce noruego purpúreo y el abedul purpúreo. En muchos casos no deseamos un árbol que se ramifique demasiado rápidamente de forma que casi no tenga tronco; preferimos un tronco recto y desnudo que, a la altura deseada, produzca un techo de ramas. Este tipo de árbol recibe el nombre de árbol estándar y para que crezca de esta forma hace falta guiarlo. Leed el apartado «Dirigir» (página 108). En vuestra jardinería habitual encontraréis varios arbustos que han sido dirigidos en forma de árboles estándar; son extremadamente útiles en jardines pequeños donde casi todos los árboles verdaderos resultarían inadecuados.

Elegir, plantar y podar las plantas leñosas son tareas importantes. Cuando se trata de árboles, tanto la elección como la plantación requieren mucha atención pero, una vez afianzados, la poda no suele ser demasiado importante.

Clave de las guías alfabéticas

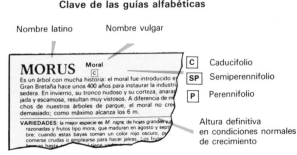

ACER

Arce
C

El plátano común, o sicómoro, es en realidad un arce, pero también lo son muchos árboles de talla media con follaje bellamente coloreado y bonitos frutos (sámaras), que crecen en casi todo tipo de suelos y de condiciones ambientales.

VARIEDADES: *A. negundo* «Variegatum» es un arce de crecimiento rápido, muy popular, que puede llegar a tener hasta 8 m de altura. El arce menor, o silvestre, *(A. campestre)* es un árbol de unos 6 m, muy tolerante pero poco espectacular. Mucho más interesante es el arce noruego purpúreo *(A. platanoides* «Goldsworth Purple», de follaje purpúreo oscuro y sámaras rojas). *A. platanoides* «Drummondii» (6 m) es otro arce lleno de color, con el borde de las hojas de color crema. El sicómoro, *A. pseudoplatanus*, es el preferido por todos, pero crece muy de prisa, y sobrepasa pronto los 9 m. Algunas de sus variedades, como «Brilliantissimum» (de crecimiento muy lento, 3 m, con el follaje juvenil rosado cobrizo) y «Worleei» (follaje amarillo dorado), son excelentes. Hay arces de hermosa corteza, como *A. griseum*, de corteza marrón, descamante, y *A. pensylvanicum* de corteza «de piel de serpiente».

SUELO Y EMPLAZAMIENTO: en cualquier suelo de jardín, a pleno sol.

PODA: no es necesaria. En primavera cortad el leño muerto y el dañado.

REPRODUCCIÓN: las variedades de follaje coloreado suelen injertarse.

A. platanoides 'Goldsworth Purple'

A. griseum

A. pseudoplatanus

A. campestre

A. negundo 'Variegatum'

A. pensylvanicum

Acer pseudoplatanus 'Brilliantissimum'

AESCULUS

Castaño de Indias
C

En mayo, el castaño de Indias común tiene un magnífico aspecto, con grandes «velas» erectas, que se yerguen sobre las ramas, formadas por flores blancas o rosadas. Pero, tened cuidado; a menos que dispongáis de un lugar despejado y espacioso, no es el árbol que necesitáis. Debido a sus hojas grandes y a sus ramas abiertas, son pocas las plantas que lograrán sobrevivir bajo su copa, ya que un árbol de 20 m puede proyectar su sombra sobre la mayor parte de un jardín pequeño.

VARIEDADES: el castaño de Indias rojo *(A. carnea)* puede crecer unos 15 m, produciendo flores rosadas y frutos casi completamente lisos. *A. carnea* «Briotii» es una variedad más compacta (6 m), de flores rojas. El gigante de la familia es el castaño de Indias común, *A. hippocastanum*, que en su madurez alcanza los 25 m, con grandes inflorescencias blancas y frutos espinosos. La forma de flores dobles («Baumanii») r:o produce castañas. Para un jardín de dimensiones medias deberéis escoger una variedad mucho más modesta, como *A. parviflora*, de flores blancas, *A. pavia*, un bonito árbol que no sobrepasa los 3 m y que, a finales de junio, produce flores carmesíes.

SUELO Y EMPLAZAMIENTO: en cualquier suelo de jardín, a pleno sol.

PODA: no es necesaria. En primavera eliminad las ramas muertas y las dañadas.

REPRODUCCIÓN: en primavera, plantad las castañas.

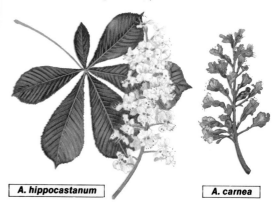

A. hippocastanum

A. carnea

Aesculus parviflora

AILANTHUS

Ailanto
[C]

Es un árbol bastante común que tolera el humo y la polución. Sus hojas, tipo fresno, pueden tener hasta 1 m de longitud. En un jardín de dimensiones medias puede ser un engorro debido a su rápido crecimiento (puede alcanzar los 20 m en 20 años) y a su tendencia a emitir chupones.

VARIEDADES: la especie más común es *A. altissima*, cuyas insignificantes flores verdosas, masculinas y femeninas, se forman sobre árboles distintos. Los árboles femeninos producen racimos de frutos anaranjados, tipo sámara.

SUELO Y EMPLAZAMIENTO: en cualquier suelo de jardín, al sol o a media sombra.

PODA: podadlo a fondo cada primavera para obtener muchas hojas y para frenar su crecimiento.

REPRODUCCIÓN: desgajad los chupones enraizados de la base del árbol y plantadlos.

A. altissima

ALNUS

Aliso
[C]

Si necesitáis levantar una pantalla o un seto de crecimiento rápido en un lugar pantanoso del jardín, el aliso os resultará muy útil. No es apropiado para terrenos calcáreos. En primavera, de las ramas cuelgan bonitos amentos que luego se convierten en frutos ovoidales.

VARIEDADES: El aliso común es *A. glutinosa* y una de las mejores variedades es el aliso de follaje dorado, *A. glutinosa* «Aurea», que no suele sobrepasar los 4 m y tiene hojas de color amarillo claro. *A. incana* «Aurea» es bastante parecido en cuanto a talla y al color de las hojas. El aliso italiano, *A. cordata*, es mucho más alto y es famoso por sus hojas brillantes y por sus grandes frutos.

SUELO Y EMPLAZAMIENTO: en un suelo húmedo o encharcado, al sol o a media sombra.

PODA: no es necesaria; en primavera eliminad el leño muerto.

REPRODUCCIÓN: en otoño plantad esquejes al aire libre.

A. glutinosa

Alnus cordata

BETULA

Abedul
[C]

El abedul es uno de los árboles predilectos. Su porte elegante se ve realzado por su hermosa corteza que, generalmente (aunque no siempre) es blanca. En primavera, se forman los amentos femeninos y los masculinos, de color verdoso, en verano el viento hace revolotear las hojas, romboidales y de bordes aserrados, que en otoño se vuelven amarillas. Son árboles fáciles de cultivar ya que son muy resistentes y viven en una amplia gama de suelos, pero debéis tener presente que sus raíces son bastante superficiales por lo que no se puede plantar nada bajo los mismos. Regadlos frecuentemente si se produce un período prolongado de sequía.

VARIEDADES: todo el mundo conoce el abedul común europeo *(Betula pendula)*, un árbol alto (hasta 10 m), de ramillas péndulas y corteza blanca, descamante. Existen algunas variedades interesantes: «Youngii» (más compacto y más péndulo, con las ramas que tocan el suelo), «Tristis» (alto y estrecho, con ramas colgantes), «Purpurea» (hojas y ramas purpúreas), «Fastigiata» (porte columnar; ideal para jardines pequeños) y el abedul sueco «Dalecarlica» (follaje plumoso, profundamente dividido). Además de *B. pendula*, hay otros abedules: *B. albosinensis septentrionalis* tiene la corteza roja, escamosa, y la de *B. ermanii* es blancorrosada.

SUELO Y EMPLAZAMIENTO: en cualquier suelo normal, al sol o a media sombra.

PODA: a comienzos de primavera eliminad el leño muerto.

REPRODUCCIÓN: en primavera sembrad las semillas en una cajonera.

B. pendula

B. pendula

B. albo-sinensis septentrionalis

B. pendula 'Purpurea'

B. pendula 'Dalecarlica'

Betula pendula 'Youngii'

CARAGANA

Guisante arbóreo
[C]

Este árbol figura en los catálogos de los viveros especializados, aunque es poco probable que lo encontréis en vuestra jardinería habitual. Procede de los desiertos de Siberia y, por tanto, no es de extrañar que sea una de las plantas más resistentes, capaz de crecer en los suelos más pobres y en los lugares batidos por el viento donde casi ninguna planta logra sobrevivir.

VARIEDADES: *C. arborescens* crece unos 3,5 m. En mayo aparecen los racimos de flores, amariposadas y amarillas, seguidas de vainas estrechas. Hay varias variedades: «Pendula» es de porte llorón y «Nana» es la forma enana apropiada para el jardín rocoso.

SUELO Y EMPLAZAMIENTO: en cualquier suelo, al sol o a media sombra.

PODA: no es necesaria.

REPRODUCCIÓN: en primavera sembrad las semillas bajo cristal.

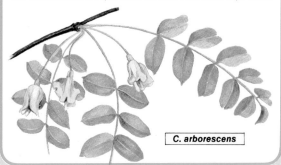

C. arborescens

Follaje otoñal coloreado

Acer campestre (dorado y rojo)
Acer griseum (rojo)
Acer pensylvanicum (amarillo)
Acer platanoides (dorado y rojo)
Betula, especies de (dorado)
Carpinus betulus (dorado y anaranjado)
Crataegus prunifolia (rojo)
Fagus, especies de (amarillo y marrón)
Koelreuteria paniculata (amarillo)
Liquidambar styraciflua (dorado, rojo y purpúreo)
Liriodendron tulipifera (dorado)
Nothofagus antarctica (amarillo)
Nyssa sylvatica (dorado y rojo)
Populus alba (amarillo)
Populus canescens (amarillo)
Populus tremula (amarillo)
Prunus subhirtella (anaranjado)
Quercus rubra (rojo en suelos no arcillosos)
Robinia pseudoacacia (amarillo)
Sorbus, especies de (anaranjado y rojo)

CARPINUS

Carpe
[C]

El carpe común es un árbol majestuoso, pero no es tan popular como el haya común. Si se planta formando setos, conserva las hojas durante todo el invierno y tiene una o dos ventajas: a diferencia de las hayas, vive bien en suelos húmedos o encharcados, y su corteza, gris y estriada, resulta muy bonita.

VARIEDADES: el carpe común *(C. betulus)* se distingue fácilmente del haya porque sus hojas tienen el borde aserrado y los frutos son como los del lúpulo. Puede utilizarse para setos o como árbol singular, alcanzando una altura de hasta 12 m. Para un jardín de dimensiones medias es mejor *C. betulus* «Fastigiata», de menor talla y porte más vertical.

SUELO Y EMPLAZAMIENTO: en cualquier suelo de jardín, al sol o a media sombra.

PODA: no es necesaria.

REPRODUCCIÓN: en primavera sembrad las semillas bajo cristal.

C. betulus

Carpinus betulus

CASTANEA

Castaño
[AS]

Más que un árbol de jardín es un árbol de parque: un ejemplar normal puede alcanzar una altura de hasta 22 m. Fue introducido en Europa por los romanos y, desde entonces, se ha ganado la fama de ser resistente a la sequía, de vivir muchos años y de producir una abundante cosecha de frutos comestibles después de un verano caluroso y seco.

VARIEDADES: *C. sativa* (el castaño común) crece bien en la mayoría de suelos y se reconoce fácilmente por sus brillantes hojas lanceoladas. En julio aparecen sus vistosos amentos seguidos de castañas marrones en el interior de una envoltura espinosa. La corteza de los árboles adultos está profundamente estriada en espiral.

SUELO Y EMPLAZAMIENTO: en cualquier suelo de jardín, a excepción de los calcáreos. Al sol o a media sombra.

PODA: no es necesaria.

REPRODUCCIÓN: recoged las castañas y plantadlas en primavera.

C. sativa

Castanea sativa

CATALPA   Catalpa

C

La catalpa es un árbol de floración estival excelente, de crecimiento rápido, aspecto vistoso y capaz de crecer en jardines urbanos. No obstante, también tiene sus problemas: no florece hasta que no ha alcanzado una altura de 3 m y no es apropiado para suelos densos ni para emplazamientos demasiado abiertos.

VARIEDADES: *C. bignonioides* crece unos 6 m y sus hojas son grandes, tersas y acorazonadas. En agosto aparecen las flores, como las del castaño de Indias, blancas con pintas amarillas y purpúreas. En otoño se forman las vainas, largas y estrechas. Es un árbol muy bonito, pero los vientos fuertes pueden quebrar sus ramas. Escoged *C. bignonioides* «Aurea», una variedad de crecimiento lento.

SUELO Y EMPLAZAMIENTO: en cualquier suelo permeable, al sol o a media sombra.

PODA: no es necesaria.

REPRODUCCIÓN: en primavera sembrad las semillas bajo cristal.

C. bignonioides

Catalpa bignonioides

CERCIS   Árbol de Judas

C

Es un árbol originario del mediterráneo oriental (la leyenda dice que fue el árbol del que Judas se colgó) que vive dificultosamente en climas atlánticos. Crece bien en las regiones sudorientales, pero no es recomendable para jardines fríos o de suelo arcilloso.

VARIEDADES: *C. siliquastrum* forma un arbusto alto, pero, poco a poco, se convierte en un árbol redondeado de unos 4,5 m. En mayo, antes de la aparición de las hojas, acorazonadas, sobre las ramas desnudas, se forman los racimos de flores amariposadas, rosadas. Las flores van seguidas de vainas que, al madurar, en julio, se vuelven rojas. Existe una variedad de flores blancas, *C. siliquastrum* «Alba».

C. siliquastrum

Cercis siliquastrum

CORYLUS   Avellano

C

El avellano es un árbol muy ramificado, bastante frecuente, que suele cultivarse por sus frutos. Puede utilizarse como pantalla en lugares expuestos y hay varias variedades ornamentales que se describen a continuación. Los largos amentos amarillos que aparecen en febrero y marzo son característicos.

VARIEDADES: *C. avellana* (3 m) es el avellano común, entre cuyas interesantes variedades figura *C. avellana* «Aurea» (1,8 m, hojas amarillas) y *C. avellana* «Contorta», el avellano sacacorchos (3 m, ramas extrañamente retorcidas). *C. maxima* es un avellano de frutos grandes, rodeados por un receptáculo prominente. Escoged *C. maxima* «Purpurea», de hojas purpúreas.

SUELO Y EMPLAZAMIENTO: en cualquier suelo, al sol o a media sombra.

PODA: a comienzos de primavera eliminad parte del leño viejo.

REPRODUCCIÓN: en otoño, acodadlo y desgajad y plantad los chupones enraizados.

C. avellana
'Contorta'

C. avellana

Corylus avellana

Árboles para zonas costeras

Acer platanoides	Populus canescens
Acer pseudoplatanus	Populus nigra «Italica»
Castanea	Quercus ilex
Crataegus	Quercus robur
Fraxinus	Sorbus aria
Populus alba	Sorbus aucuparia

Árboles para zonas industriales

Acer	Liquidambar
Aesculus	Liriodendron
Ailanthus	Malus
Alnus	Platanus
Betula	Populus
Carpinus	Prunus
Catalpa	Pyrus
Crataegus	Quercus
Davidia	Robinia
Eucalyptus	Salix
Fraxinus	Sorbus
Gleditsia	Tilia
Laburnum	Ulmus

CRATAEGUS
Espino, majuelo
C

El espino albar es una planta común tanto en los cercados como en los jardines y, a través del tiempo, ha recibido varios nombres: majuelo, espino, espinablo. Es un excelente árbol singular para el césped y forma setos resistentes. En mayo o junio hacen su aparición los racimos de flores, blancas, rojas o rosadas, que van seguidas de bayas rojas o anaranjadas, en otoño. Las hojas suelen cambiar de color al final de temporada.

VARIEDADES: el espino europeo es *C. monogyna* (4,5 m, flores blancas y fragantes, bayas rojas). «Stricta» es una variedad de porte columnar. Las variedades de *C. oxyacantha* son menos espinosas y menos vigorosas, pero son más populares: podéis escoger entre «Paul's Scarlet» (flores dobles, rojas), «Rosea Flore Pleno» (flores dobles, rosadas) y «Plena» (flores dobles, blancas). Es posible que, en lugar de las flores, os interesen las bayas: para gozar de ellas hasta comienzos de enero escoged entre *C. crusgalli* (espinas agudas de 8 cm, bayas rojas y bellas coloraciones otoñales), *C. orientalis* (bayas grandes, rojoamarillentas) y *C. prunifolia* (espinas agudas, bayas rojas, bellas coloraciones otoñales).

SUELO Y EMPLAZAMIENTO: en cualquier suelo de jardín, al sol o a media sombra.

PODA: no es necesaria. En verano recortad los setos.

REPRODUCCIÓN: comprad variedades afamadas en una jardinería.

C. monogyna

C. monogyna

C. orientalis

C. oxyacantha 'Paul's Scarlet'

C. prunifolia

Crataegus oxyacantha 'Rosea Flore Pleno'

DAVIDIA
Árbol de los pañuelos
C

Es un árbol de aspecto exótico, muy resistente. Sus nombres vulgares, árbol de los pañuelos o árbol de las palomas, hacen referencia a las inflorescencias que aparecen en marzo: dos brácteas grandes que rodean las flores, diminutas. Si disponéis de espacio, y de paciencia, es un buen árbol: puede sobrepasar los 15 m y las primeras flores no aparecen hasta 10 años después de su plantación.

VARIEDADES: la única especie es *D. involucrata*, de hojas similares a las del tilo pero con el envés piloso. Después de las flores aparecen los frutos, grandes y globulares, que con el tiempo se vuelven purpúreos. Los viveros especializados ofrecen la variedad de hojas no pilosas *D. involucrata vilmoriniana*.

SUELO Y EMPLAZAMIENTO: en cualquier suelo fértil de jardín, al sol o a media sombra.

PODA: no es necesaria.

REPRODUCCIÓN: el método normal es sembrar las semillas, pero tardan 2 años en germinar.

Davidia involucrata

D. involucrata

EUCALYPTUS
Eucalipto
P

El famoso eucalipto de nuestros jardines, *E. gunnii*, se puede cultivar de dos maneras: podándolo a fondo cada primavera para que conserve su porte arbustivo y luzca su típico follaje juvenil, redondeado y de color azul céreo, o dejándolo crecer para que llegue a formar follaje adulto, lanceolado y verde. Comprad una pequeña planta de maceta.

VARIEDADES: *E. gunnii* crece muy de prisa, de 3 a 6 m por año, y, con el tiempo, puede convertirse en un árbol elegante de 15 m de altura, aunque, si sobreviene un invierno anormalmente frío, corre peligro. El follaje juvenil es excelente para la confección de arreglos florales.

SUELO Y EMPLAZAMIENTO: necesita un suelo permeable, debiéndose evitar tanto los arenosos como los calcáreos. A pleno sol.

PODA: no es necesaria, a menos que sólo queráis tener follaje juvenil.

REPRODUCCIÓN: en primavera, sembrad las semillas bajo cristal.

Eucalyptus gunnii

E. gunnii

FAGUS   Haya
C

Las hayas desempeñan diferentes papeles: hay ejemplares majestuosos en parques y grandes jardines, hay setos de haya en todos los rincones de Gran Bretaña y hay variedades de gran colorido para plantar en medio del césped o de parterres grandes. Casi todas las variedades necesitan mucho espacio y son pocas las plantas que pueden vivir bajo la compacta cubierta que forman sus hojas.

VARIEDADES: el haya común es *F. sylvatica*. Un ejemplar adulto puede sobrepasar los 30 m de altura, con una copa de abundante ramaje cubierto de brillantes hojas verdes que, en otoño, se vuelven primero amarillas y luego marrones. Esta especie es demasiado alta para un jardín de dimensiones medias, en cambio un seto de hayas es estupendo: si lo podáis en verano, sus hojas, marrones, durarán todo el invierno. Para el jardín, elegid una de sus variedades: «Fastigiata», el haya de Dawyck, de porte columnar, que es la que ocupa menos sitio; *heterophylla*, el haya de hojas de helecho, o «Pendula», el haya llorona. Las formas más espectaculares son las de hojas coloreadas, como la dorada «Aurea Pendula» y el haya purpúrea, que es la más frecuente. «Purpurea Pendula» es de talla pequeña, en forma de champiñón, y la que tiene el follaje purpúreo más intensos es «Riversii».

SUELO Y EMPLAZAMIENTO: en cualquier suelo de jardín, excepto en un suelo arcilloso y denso. Las variedades de hojas coloreadas deben cultivarse a pleno sol.

PODA: en julio, recortad los árboles.

REPRODUCCIÓN: en otoño, sembrad los frutos (hayucos) al aire libre.

F. sylvatica

F. sylvatica heterophylla

F. sylvatica

F. sylvatica purpurea

F. sylvatica 'Riversii'

Fagus sylvatica

FRAXINUS   Fresno
C

La sombra que proyecta el fresno común no tiene nada que ver con la espesa sombra del haya. Sus ramas están muy separadas y las hojas están divididas en folíolos, pero no es un árbol apropiado para el jardín. Las hojas aparecen tarde, el sistema radicular se extiende rápidamente ocupando una extensa zona y las ramas pueden sobrepasar los 18 m de altura. En verano, de las ramillas cuelgan racimos de frutos (sámaras). Las hojas no cambian de color antes de desprenderse, en otoño.

VARIEDADES: el fresno común es *F. excelsior*, un árbol de crecimiento rápido que vive en casi todos los suelos y ambientes. «Jaspidea» es una buena variedad de jardín, de 4,5 m, con ramas amarillas y follaje dorado, tanto en primavera como en otoño. Otra de sus variedades de jardín es «Pendula», un gran árbol llorón de hasta 7,5 m. Existe un fresno floreciente (*F. ornus*, el orno o fresno del maná), que en mayo se cubre de racimos de flores blancas y fragantes. Ninguno de los fresnos merece ser cultivado como árbol singular; posiblemente el mejor sea *F. oxicarpa* «Raywood», de follaje espeso y brillante que se vuelve purpúreo en otoño; un árbol que conserva su porte esbelto durante varios años.

SUELO Y EMPLAZAMIENTO: en cualquier suelo, al sol o a media sombra.

PODA: no es necesaria.

REPRODUCCIÓN: en otoño, sembrad las semillas al aire libre.

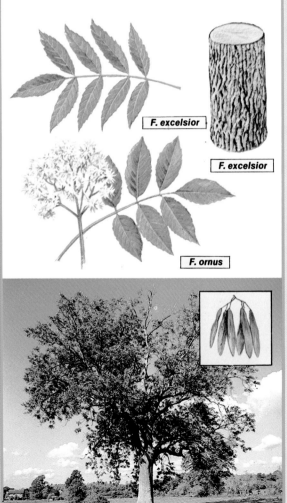

F. excelsior

F. excelsior

F. ornus

Fraxinus excelsior

GLEDITSIA
Acacia de tres espinas
C

Es un árbol elegante, popular en Estados Unidos, pero raro en Gran Bretaña. Se cultiva por su hermoso follaje, que aparece ya avanzada la temporada, y por sus largas vainas. Las hojas se vuelven amarillas en otoño. Es un buen árbol singular, pero las ramas son quebradizas.

VARIEDADES: *G. triacanthos* es un árbol alto, de crecimiento rápido, que puede alcanzar los 7,5 m de altura. Plantad alguna de sus variedades. La mejor es *G. triacanthos* «Sunburst», sin espinas, de follaje dorado en primavera y de menor talla que la especie pura. Otra buena variedad es la de hojas plumosas, *G. triacanthos* «Elegantissima».

SUELO Y EMPLAZAMIENTO: en cualquier suelo permeable, al sol o a media sombra.

PODA: no es necesaria. En primavera eliminad el leño muerto.

REPRODUCCIÓN: en primavera sembrad las semillas bajo cristal.

G. triacanthos 'Sunburst'

Gleditsia triacanthos 'Sunburst'

JUGLANS
Nogal
C

Es un árbol de sombra estupendo, con hojas tipo fresno y frutos comestibles. Las nueces no aparecen hasta pasados unos diez años de la plantación y la cosecha no será buena a menos que la primavera haya sido cálida. Plantad siempre ejemplares pequeños cultivados en maceta y hacedlo en un lugar resguardado.

VARIEDADES: el nogal común es *J. regia*, una planta de crecimiento lento que puede llegar a formar un árbol alto y abierto. A finales de primavera aparecen las hojas, grandes y divididas. La variedad «Laciniata» tiene ramas colgantes y hojas profundamente hendidas. El nogal negro americano *(J. nigra)* es un árbol de crecimiento rápido, de hasta 30 m de altura.

SUELO Y EMPLAZAMIENTO: en un suelo profundo y permeable, a pleno sol.

PODA: eliminad el leño indeseado, en verano o en otoño; jamás en primavera.

REPRODUCCIÓN: en otoño, sembrad las nueces al aire libre.

J. regia

Juglans regia

KOELREUTERIA
Árbol chino del barniz
C

No hay demasiados árboles que luzcan flores de color amarillo fuerte en pleno verano. Si disponéis de un lugar soleado con suelo permeable, vale la pena que toméis en consideración este raro árbol de talla media. Las hojas aparecen tarde y caen bastante pronto, pero su colorido es cambiante: primero son rojizas, luego verdeazuladas y, finalmente, en otoño, amarillas.

VARIEDADES: la única especie es *K. paniculata*, que crece unos 6 m y tiene hojas largas y pinnadas. En julio y agosto aparecen las inflorescencias: panículos de flores doradas, de cuatro pétalos. Sus frutos, como pequeñas vejigas, se vuelven rosados a medida que maduran, en otoño.

SUELO Y EMPLAZAMIENTO: en un suelo permeable, a pleno sol.

PODA: no es necesaria.

REPRODUCCIÓN: en otoño, sembrad las semillas bajo cristal.

K. paniculata

Koelreuteria paniculata

Árboles para suelos calcáreos

Acer	Laburnum
Aesculus	Liriodendron
Ailanthus	Malus
Betula	Morus
Carpinus	Platanus
Catalpa	Populus
Corylus	Prunus
Crataegus	Pyrus
Davidia	Quercus
Fagus	Robinia
Fraxinus	Salix
Gleditsia	Sorbus
Juglans	Tilia
Koelreuteria	Ulmus

Árboles para suelos poco permeables

Acer	Populus
Alnus	Pyrus
Carpinus	Quercus robur
Crataegus	Salix

LABURNUM Laburno
C

El laburno es un árbol elegante y delicado, que produce una sombra moteada bajo la que pueden vivir otras plantas. En mayo o junio hacen su aparición los largos racimos de flores seguidas de vainas marrones que duran hasta mediado el invierno, que es cuando las ramas, verdes y brillantes, presentan su típico aspecto. Una advertencia importante: las hojas, los tallos y, sobre todo, las semillas son venenosos.

VARIEDADES: la única que está a vuestro alcance es *L. watereri* «Vossii», de porte más erecto que el laburno común y con racimos florales amarillos, excepcionalmente largos, de 25 a 50 cm, follaje brillante y muy pocas semillas. Las flores aparecen en junio. Una ventaja del laburno común *(L. anagyroides)* es que empieza a florecer dos semanas antes. Crece unos 4,5 m y tiene una variedad de porte llorón, *L. anagyroides* «Pendulum». Bastante menos popular es *L. alpinum* (el laburno escocés), de hojas más grandes, flores más tardías y semillas marrones. *L. adamii (Laburnocytissus adamii)* es un híbrido del laburno y la retama y, más que una planta bonita, es una planta rara, que forma flores amarillas, purpúreas y rosadas sobre el mismo árbol.

SUELO Y EMPLAZAMIENTO: en cualquier suelo de jardín, al sol o a media sombra. Al abrigo del viento.

PODA: después de la floración, eliminad el leño muerto y el dañado.

REPRODUCCIÓN: en otoño, sembrad las semillas bajo cristal.

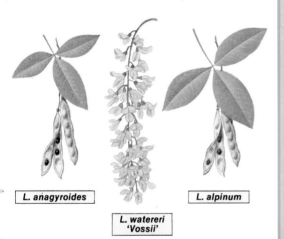

L. anagyroides   L. alpinum

L. watereri 'Vossii'

Laburnum watereri 'Vossii'

LIQUIDAMBAR Ocozol
C

Es un árbol grande y cónico, que a primera vista puede confundirse con un arce. Si lo observáis atentamente veréis que las hojas, lobuladas, son alternas, mientras que las del arce son opuestas. Su corteza suberosa es bonita pero la época de máximo esplendor es en otoño, cuando las hojas se vuelven rojas, purpúreas o doradas.

VARIEDADES: la especie más conocida es *L. styraciflua*, de grandes hojas estrelladas, que a finales de temporada adquieren tonalidades llamativas. Estas tonalidades son más intensas si el suelo tiene la humedad adecuada y no es calcáreo. Los frutos, globosos, se forman en otoño, son leñosos y están provistos de púas.

SUELO Y EMPLAZAMIENTO: en cualquier suelo de jardín no calcáreo y preferiblemente húmedo. Al sol o a media sombra.

PODA: no es necesaria.

REPRODUCCIÓN: en primavera, acodad las ramas; esperad dos años a separar los acodos de la planta madre.

Liquidambar styraciflua

L. styraciflua

LIRIODENDRON Tulipero
C

Es un árbol alto y majestuoso cuyas hojas tienen una forma excepcional: cuatro lóbulos y el ápice truncado. Estas grandes hojas revolotean al viento y, en otoño, se vuelven doradas. Las flores tardan unos 25 años en aparecer y nunca son realmente vistosas.

VARIEDADES: la especie básica es *L. tulipifera*, demasiado grande para jardines urbanos. Las flores, como tulipanes, aparecen en junio o julio. Para jardines normales existen variedades mucho mejores, como «Aureomarginatum», bastante compacta.

SUELO Y EMPLAZAMIENTO: en cualquier suelo de jardín, incluso si es calcáreo; a pleno sol.

PODA: no es necesaria.

REPRODUCCIÓN: en primavera, acodad las ramas; esperad dos años a separar los acodos de la planta madre.

Liriodendron tulipifera

L. tulipifera

MALUS

Manzano floreciente
C

Los árboles florecientes más famosos son los *Prunus* y los *Malus*, que en abril y mayo iluminan nuestros jardines con sus flores blancas y rosadas. Generalmente la elección recae sobre las variedades de *Prunus* (los cerezos florecientes), pero vale la pena tener en cuenta las ventajas que ofrecen los *Malus*. Hay formas de flores rojas, son árboles que crecen bien en suelos densos y sus frutos suelen ser grandes, coloreados y apropiados para la elaboración de jaleas y vinos. Algunos consejos: acondicionad el suelo con turba y con compost bien descompuesto antes de plantarlos, estacadlos firmemente y pulverizadlos con pesticidas cuando sea necesario.

VARIEDADES: la preferida es *M.* «John Downie», de flores blancas y grandes frutos cónicos de color escarlata anaranjado, ideales para hacer jaleas. *M.* «Montreal Beauty» tiene frutos incluso mayores, pero la más vistosa es *M.* «Golden Hornet», un árbol pequeño, de flores blancas seguidas de frutos de color amarillo fuerte. Algunas variedades se cultivan por su forma, más que por sus frutos: *M. floribunda* (el manzano japonés) tiene largas ramas arqueadas y, en abril, los capullos se abren dando flores de color rosa pálido. *M.* «Van Eseltine» es la variedad de porte columnar. Los manzanos de follaje purpúreo forman un grupo aparte, con flores rojas, follaje cobrizo y frutos rojos. Los más populares son *M.* «Eleyi», *M. purpurea* y *M.* «Lemoinei».

SUELO Y EMPLAZAMIENTO: en un suelo permeable, mejor a pleno sol.

PODA: en invierno, eliminad las ramas dañadas y las erráticas.

REPRODUCCIÓN: las variedades famosas son injertadas sobre patrones especialmente seleccionados para obtener plantas estándar o semiestándar. Compradlas a un proveedor reputado.

M. 'Golden Hornet'

M. 'John Downie'

M. floribunda

M. 'Lemoinei'

Malus 'Profusion'

MORUS

Moral
C

Es un árbol con mucha historia: el moral fue introducido en Gran Bretaña hace unos 400 años para instaurar la industria sedera. En invierno, su tronco nudoso y su corteza, anaranjada y escamosa, resultan muy vistosos. A diferencia de muchos de nuestros árboles de parque, el moral no crece demasiado; como máximo alcanza los 6 m.

VARIEDADES: la mejor especie es *M. nigra*, de hojas grandes y acorazonadas y frutos tipo mora, que maduran en agosto y septiembre; cuando estas bayas toman un color rojo oscuro, pueden comerse crudas o emplearse para hacer jaleas. Los frutos no se forman hasta que el árbol tiene ya bastantes años.

SUELO Y EMPLAZAMIENTO: en cualquier suelo, al sol o a media sombra.

PODA: en invierno, eliminad el leño muerto; no lo podéis nunca si no es necesario.

REPRODUCCIÓN: en otoño, plantad esquejes de unos 30 cm al aire libre.

Morus nigra

M. nigra

¿*Malus o Prunus?*

En primavera vemos «cerezos florecientes» por todas partes, pero si los examináis de cerca, es muy posible que no sean realmente cerezos, pueden ser manzanos florecientes. Podéis distinguirlos analizando las hojas, las flores y los frutos.

MALUS Manzano floreciente	PRUNUS «Cerezos florecientes» *incluyendo:* ciruelo ornamental melocotonero ornamental almendro ornamental cerezo ornamental
Hoja:	o
Flor: 5 estilos	1 estilo
Fruto: Varias semillas	Un solo hueso

NOTHOFAGUS

Haya austral
C

El *Nothofagus* (traducido literalmente «haya falsa») va ganando popularidad como árbol de calle, ya que, al principio, crece rápidamente, pero no llega a sobrepasar los 12 m de altura. Los frutos son parecidos a los hayucos, pero las hojas son distintas, pequeñas, brillantes y dentadas.

VARIEDADES: existen diversas variedades cultivadas en Europa, pero la más común es *N. antarctica*, cuyas hojas sólo tienen unos 3 cm de longitud y cubren por completo las ramas; en otoño se vuelven amarillas. En invierno, las ramas, bajas, y el tronco, retorcido, resultan pintorescos.

SUELO Y EMPLAZAMIENTO: es bastante exigente; no tolera los suelos calcáreos y odia los vendavales. Plantadla a pleno sol.

PODA: no es necesaria; en invierno eliminad las ramas muertas y las dañadas.

REPRODUCCIÓN: en otoño, acodad las ramas.

N. antarctica

Nothofagus antarctica

NYSSA

Tupelo
C

Durante la mayor parte del año el tupelo pasa desapercibido. Las hojas, aunque brillantes, son poco vistosas y las flores insignificantes. Las bayas son pequeñas y los pájaros acaban pronto con ellas. Sólo en otoño destaca sobre los demás árboles por su magnífico color.

VARIEDADES: *N. sylvatica (N. multiflora)* es un árbol de crecimiento lento que suele encontrarse en los grandes jardines de los países meridionales. Al principio es cónico, pero va abriéndose con el tiempo y puede llegar a tener 9 m de altura. Las hojas, brillantes, se vuelven doradas en otoño y, algunas veces, continúan cambiando de color hasta ser de color escarlata.

SUELO Y EMPLAZAMIENTO: preferiblemente en un suelo húmedo, no calcáreo. En un lugar soleado o ligeramente sombreado.

PODA: no es necesaria. En otoño eliminad las ramas muertas o dañadas.

REPRODUCCIÓN: en otoño sembrad las semillas bajo cristal.

N. sylvatica

Nyssa sylvatica

PALMERAS

Palmera
P

No hay nada como las palmeras para añadir un toque tropical al jardín o al patio. Las jardinerías disponen de una o dos variedades, pero son caras y un invierno crudo puede causarles serios daños.

VARIEDADES: la mejor para plantar en solitario es *Trachycarpus fortunei*, la palmera china, cuyas grandes hojas en abanico emergen de lo alto del delgado tronco. Es bastante resistente, aunque es mejor que la plantéis en un lugar resguardado. También pueden ofreceros *Chamaerops humilis*, el palmito, pero sólo es resistente en lugares templados, próximos al mar. Como planta de maceta la mejor es la palmera real, *Cordyline australis*.

SUELO Y EMPLAZAMIENTO: suelo bien drenado y soleado en un lugar bien protegido.

PODA: basta con quitar las hojas muertas.

REPRODUCCIÓN: cómprese en un proveedor de garantía.

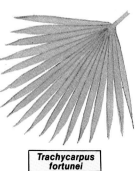

Trachycarpus fortunei

Cordyline australis

PAULOWNIA

Paulownia
C

Espectacular es la única palabra con que puede describirse una paulownia adulta en flor. En mayo, las erectas espigas de flores, tipo dedalera, de color malva, se yerguen sobre las hojas gigantescas, produciendo un efecto muy exótico y fuera de lo común. Sin embargo, es un acontecimiento irregular: una paulownia recién plantada no producirá flores hasta muchos años después.

VARIEDADES: *P. tomentosa (P. imperialis)* crece unos 8 m y sus hojas tienen más de 30 cm de envergadura. Si el verano es bueno, en otoño se forman capullos.

SUELO Y EMPLAZAMIENTO: es exigente; requiere un suelo profundo y permeable, mucho sol y estar resguardada de los vendavales.

PODA: no es necesaria, pero cada año, en marzo, podéis cortarla a ras de suelo con lo que conservará su porte arbustivo.

REPRODUCCIÓN: en otoño sembrad las semillas bajo cristal.

P. tomentosa

Paulownia tomentosa

PLATANUS

Plátano
[C]

Es un árbol para admirar pero no para plantar ya que en seguida sobrepasa las dimensiones de un jardín medio. Se distingue fácilmente por las manchas cremosas de su corteza gris y descamante. Es muy apropiado para zonas con problemas de polución atmosférica.

VARIEDADES: el plátano común viene siendo empleado desde hace 300 años, pero los horticultores aún han de decidir si lo denominan *P. hispanica* o *P. acerifolia*. Tiene unos 24 m de altura, sus hojas, pentalobuladas, se parecen a las del arce, y sus frutos son globulares. Las hojas de *P. orientalis* tienen lóbulos más profundos.

SUELO Y EMPLAZAMIENTO: en cualquier suelo profundo, al sol o a media sombra.

PODA: no es necesaria.

REPRODUCCIÓN: a finales de verano plantad esquejes de 30 cm en una cajonera.

P. hispanica

Platanus hispanica

PYRUS

Peral ornamental
[C]

Existen pocos perales ornamentales para el jardín y es probable que sólo encontréis una variedad y esto siempre y cuando os dirijáis a un vivero importante. Aunque sólo podáis encontrar una, vale la pena que la tengáis en cuenta; el peral de hojas de sauce es un árbol poco común.

VARIEDADES: *P. salicifolia* «Pendula» es un bonito árbol llorón que alcanza una altura de unos 6 m. Las hojas son estrechas y están cubiertas de pelos plateados hasta comienzos de verano. Las flores, blancocremosas, aparecen en abril y van seguidas de pequeñas peras comestibles.

SUELO Y EMPLAZAMIENTO: en cualquier suelo de jardín; mejor a pleno sol.

PODA: en invierno eliminad el leño muerto o dañado.

REPRODUCCIÓN: conviene adquirir los arbolillos en un vivero acreditado.

P. salicifolia 'Pendula'

Pyrus salicifolia 'Pendula'

POPULUS

Álamo
[C]

Casi siempre, cuando se describen los álamos, se empieza haciendo una serie de advertencias: sus raíces pueden estropear los desagües, levantar el pavimento y minar los cimientos. Las ramas, quebradizas, pueden causar daños al caer. Obviamente, el álamo no es árbol para un jardín pequeño, pero, si lo plantáis lejos de la vivienda, consigue dar carácter a un jardín recién plantado ya que crece mucho más de prisa que cualquier otro árbol y alcanza los 25 m en menos de 20 años.

VARIEDADES: el álamo blanco *(P. alba)* se distingue fácilmente ya que las hojas, cuando las mece la brisa, muestran su envés lanoso. Es un árbol alto (18-25 m), apto para suelos pobres. Existe una variedad columnar («Pyramidalis»). El álamo gris *(P. canescens)* es también muy frecuente y alcanza los 30 m. Al igual que en *P. alba*, las hojas son de forma y dimensiones variables. El álamo gris se distingue por su corteza gris amarillenta. Entre los álamos figura también *P. candicans* «Aurora» (10 m, hojas manchadas de blanco cremoso) y *P. nigra* «Italica», el álamo de Italia. Uno de los mejores árboles columnares de gran talla es *P. tremula*.

SUELO Y EMPLAZAMIENTO: en cualquier suelo normal, al sol o a media sombra.

PODA: en verano eliminad las ramas muertas o dañadas. No lo podéis ni en invierno ni en primavera.

REPRODUCCIÓN: a comienzos de primavera desgajad y plantad los chupones enraizados.

P. candicans 'Aurora'

P. alba

P. alba

P. nigra 'Italica'

P. canescens

P. canescens

Populus tremula

PRUNUS

Cerezos florecientes

$\boxed{C}$

Las variedades arbustivas de *Prunus*, que suelen ser muy utilizadas para erigir setos, han sido descritas en la página 46. Aquí vamos a tratar de los incomparables árboles de floración primaveral: las formas de *Prunus* vulgarmente conocidas por «cerezos florecientes». Todo el mundo conoce las variedades más comunes: árboles que, en su madurez, tienen unos 6 m de altura, con un porte abierto, llorón o vertical. Entre marzo y mayo, las ramas se cubren de grupos de flores de 5 pétalos, sencillas o dobles, de 2,5 a 5 cm de diámetro, blancas o rosadas, que dan un aire festivo al jardín.

No obstante, existe una amplia gama de variedades de *Prunus* florecientes. El melocotonero chino florece en enero, el cerezo de hojas de acebo no lo hace hasta junio. El almendro enano crece unos 90 cm, mientras que el cerezo silvestre puede sobrepasar los 18 m. Los «cerezos florecientes» son un grupo integrado por innumerables especies y variedades, que suele dividirse en cuatro subgrupos que se describen a continuación.

Casi todos son fáciles de cultivar en un suelo fértil y en un lugar abierto y soleado. Procurad no plantarlos demasiado hondos ni en pleno invierno; la mejor época es a comienzos de otoño. Estacadlos firmemente y, si es necesario, pulverizadlos con pesticidas.

SUELO Y EMPLAZAMIENTO: en cualquier suelo permeable, preferiblemente algo calcáreo.

PODA: a finales de verano, nunca en invierno. Eliminad las ramas muertas o indeseadas.

REPRODUCCIÓN: comprad los arbolillos en un vivero acreditado.

ALMENDROS ORNAMENTALES

VARIEDADES: El famoso almendro común *(P. dulcis* o *P. amygdalus)* es un árbol erecto, de unos 8 m de altura. En marzo, sobre las ramas desnudas, aparecen las flores, rosadas. Vive en jardines urbanos, pero no contéis con comer almendras. Si queréis flores blancas, escoged «Alba» y si queréis un árbol columnar para un jardín pequeño, elegid «Erecta». El más bonito es *P. amygdalo-persica* «Pollardii», un árbol redondeado, de 6 m de altura, que en marzo y abril forma hermosas flores rosadas, de 5 cm de diámetro.

P. dulcis

CIRUELOS ORNAMENTALES

VARIEDADES: Normalmente tienen el follaje purpúreo o cobrizo. *P. blireana* tiene hojas color bronce y, en abril, forma flores rosadas. El ciruelo cerezo *(P. cerasifera)* puede plantarse como seto (véase página 46) o como árbol abierto, llegando a medir 8 × 8 m. La variedad «Nigra» tiene flores rosadas y hojas casi negras. El endrino *(P. spinosa)* crece silvestre en los cercados; para plantar en el jardín, comprad una de las variedades cultivadas que forman un arbolillo: «Plena» (flores blancas, dobles, en marzo) o «Purpurea» (flores blancas, sencillas, en marzo; hojas purpúreas).

P. blireana

MELOCOTONEROS ORNAMENTALES

VARIEDADES: Los melocotoneros ornamentales no pueden plantarse en cualquier jardín. Son de vida corta, necesitan un emplazamiento soleado pero resguardado, y son especialmente sensibles a la enfermedad de la lepra de las hojas del melocotonero. Pese a estos inconvenientes, el melocotonero chino *P. davidiana* es una buena elección ya que florece muy pronto, en enero, dando flores sencillas, rosadas. Crece unos 3 m; la variedad «Alba» alcanza la misma altura, pero las flores son blancas. *P. persica* es el melocotonero común, que abre sus flores color rosa pálido en abril.

P. persica 'Klara Meyer'

CEREZOS ORNAMENTALES

VARIEDADES: Los cerezos ornamentales son la flor y nata de los *Prunus* florecientes y resulta difícil escoger alguno. Tienen hojas puntiagudas y dentadas, con flores de 3 a 7 cm de diámetro. De marzo a mayo, según la variedad, estas flores se abren, agrupadas en vistosos racimos. En los catálogos encontraréis dos grupos: los cerezos comunes y los japoneses. Elegid el que más os convenga teniendo en cuenta su porte, más que sus flores, con una excepción: *P. subhirtella* «Autumnalis», que merece ser plantado porque florece ininterrumpidamente de noviembre a marzo, con flores blancas.

Entre los cerezos comunes figura el cerezo de racimos, *P. padus* (6 m, flores blancas de olor a almendras, en mayo; porte redondeado) y el cerezo silvestre, *P. avium* (12 m, flores blancas, en abril, corteza bonita, porte piramidal). Hay otros muchos: *P. hillieri* «Spire» (8 m, flores rosadas, en abril, porte erecto), *P.* «Pandora» (6 m, flores rosadas, en marzo, porte erecto) y *P. subhirtella* «Pendula Rubra» (5 m, flores rosadas, en abril, porte llorón). Si queréis una corteza llamativa, escoged *P. serrula*.

Es posible que elijáis un cerezo japonés. Si queréis un árbol estrecho, elegid *P.* «Amanogawa» (6 m, flores rosadas, en mayo, porte columnar). En el otro extremo de la escala figura la variedad llorona más popular, *P.* «Kiku-shidare Sakura», más conocida por cerezo llorón de Cheal (5 m, flores rosadas, en abril, ramas colgantes). Hay muchos más. El más famoso es *P.* «Kanzan», vendido también como «Sekiyama» y «Hisakura» (6 m, flores dobles y rosadas, en abril, follaje bronceado, ramas rígidas, ascendentes). También *P.* «Shirotae» (6 m, flores blancas y fragantes, en abril, porte abierto) y el magnífico cerezo blanco *P.* «Tai Haku» (11 m, grandes flores blancas, en abril, porte abierto).

Prunus 'Kanzan'

Prunus 'Kiku-shidare Sakura'

QUERCUS

Roble o encina
[C] o [P]

Los robles son parte integrante de nuestro paisaje, con su estructura voluminosa y su copa ancha en forma de cúpula, sus hojas de borde ondulado y sus bellotas tersas en el interior de su cascabillo. Las hojas pueden ser ovaladas (encina) o largas y estrechas *(Q. phellos)*. Los cascabillos pueden ser musgosos (encina cabelluda) y el follaje puede volverse escarlata en otoño (roble rojo). Pese a todas estas variaciones, existen varios rasgos familiares comunes: gran talla, vida larga, follaje denso que proyecta una buena sombra, y mala adaptación a suelos calcáreos y superficiales.

VARIEDADES: *Q. robur* (el carvallo) es la especie más extendida. Es un árbol espléndido y majestuoso, demasiado grande para un jardín normal. Hay una variedad columnar («Fastigiata»). Otro roble muy frecuente en Europa occidental es *Q. petraea*, el roble albar. Para grandes jardines litorales o para suelos calcáreos el mejor es la encina cabelluda *(Q. cerris)*, de crecimiento rápido. Es fácil de distinguir: los cascabillos de las bellotas están provistos de largos pelos. El roble rojo *(Q. rubra)* crece rápidamente formando un árbol alto, de hasta 25 m, y, si el suelo es ácido, al llegar el otoño las hojas toman intensas coloraciones escarlata. *Q. ilex* (la encina) es uno de nuestros perennifolios más imponentes; puede ser recortado una y otra vez para que forme un seto espeso.

SUELO Y EMPLAZAMIENTO: en cualquier suelo profundo; mejor a pleno sol.

PODA: en invierno eliminad las ramas muertas o dañadas.

REPRODUCCIÓN: en otoño plantad las bellotas.

Q. robur

Q. rubra

Q. cerris

Q. ilex

Q. robur

Quercus robur

ROBINIA

Falsa acacia
[C]

En junio, este árbol forma racimos de flores fragantes y amariposadas, pero, sobre todo, es un árbol cultivado por su porte elegante y su hermoso follaje. Crece casi en todas partes y resulta un espécimen singular excelente, aunque deben evitarse los emplazamientos batidos por el viento.

VARIEDADES: *R. pseudoacacia* es un árbol grande y erecto, que puede sobrepasar los 18 m de altura. Sus hojas, largas, están formadas por gran número de pequeños folíolos y su tronco presenta profundos surcos. Uno de los árboles de follaje más llamativo es la variedad «Frisia» (8 m), cuyas hojas, dispuestas en varias capas, conservan su color amarillo dorado durante toda la temporada.

SUELO Y EMPLAZAMIENTO: no es exigente, crece en todo tipo de suelos y de condiciones atmosféricas. Al sol o a media sombra.

PODA: eliminad las ramas muertas y las dañadas en verano.

REPRODUCCIÓN: en otoño desgajad y plantad los chupones enraizados.

Robinia pseudoacacia 'Frisia'

R. pseudoacacia

Flores para cada estación

Muchos de los árboles de este capítulo, más que por su hermoso follaje o por sus flores, se cultivan por la belleza de su porte. No obstante también hay árboles que permiten tener flores durante todo el año.

ENERO
Prunus subhirtella «Autumnalis»

FEBRERO
Prunus davidiana

MARZO
Prunus (varios)   Salix (varios)

ABRIL
Magnolia stellata   Prunus (varios)
(véase página 39)
Malus (varios)   Pyrus

MAYO
Aesculus (varios)   Davidia involucrata
Caragana arborescens   Fraxinus ornus
Cercis siliquastrum   Paulownia tomentosa

JUNIO
Crataegus (varios)   Laburnum (varios)

JULIO
Koelreuteria paniculata   Liriodendron tulipifera

AGOSTO
Catalpa bignonioides   Eucryphia (véase página 26)

SEPTIEMBRE - OCTUBRE
Magnolia grandiflora   Eucryphia
(véase página 39)   (véase página 26)

NOVIEMBRE - DICIEMBRE
Prunus subhirtella «Autumnalis»

SALIX

Sauce
C

Un gran sauce llorón dorado que sumerja sus ramas en las aguas de un gran estanque constituye una de las mejores escenas de jardín. Una de las peores es la de un sauce recién plantado en un jardín pequeño, ya que sabemos que, al cabo de unos pocos años, deberá ser podado continuamente para mantenerlo dentro de sus límites. Todos los sauces tienen varias características comunes: crecen rápidamente, son muy resistentes y viven mejor en suelos húmedos. Los amentos florales son bastante decorativos y las hojas aparecen a comienzos de primavera.

VARIEDADES: *S. chrysocoma* posee un sinnúmero de nombres latinos, pero sólo tiene un nombre vulgar: sauce llorón dorado. Crece muy de prisa, dando lugar a un árbol muy abierto, de unos 12 m de altura. Las ramas, péndulas, son amarillodoradas. Ha reemplazado al antiguo *S. babylonica*, aunque ninguno de los dos es adecuado para un jardín de dimensiones modestas. En su lugar, escoged *S. purpurea* «Pendula», el sauce llorón americano, de 5 m y ramas purpúreas, o *S. caprea* «Pendula», el sauce blanco, de 3 m y con amentos blancos. Si queréis un sauce que no sea llorón, escoged el llamado sauce sacacorchos (*S. matsudana* «Tortuosa») cuyas ramas retorcidas se yerguen hasta una altura de 15 m. Otro sauce no llorón es el sauce purpúreo (*S. daphnoides*).

SUELO Y EMPLAZAMIENTO: crece mejor en suelos profundos y francos, a pleno sol.

PODA: en invierno, cortad las ramas indeseadas.

REPRODUCCIÓN: en otoño, plantad esquejes de 30 cm al aire libre.

SORBUS

Serbal; mojera o mostajo
C

Es un vasto grupo de árboles útiles, cuya talla va desde el raro *S. pygmaea*, de 35 cm, a *S.* «Mitchellii», de 25 m. El *Sorbus* de jardín más frecuente es el serbal de los cazadores, un árbol elegante y bastante esbelto. Tiene una característica destacada: su vistoso colorido a lo largo de toda la temporada. Este colorido es debido, no sólo a las manchas blancas o cremosas que cubren el árbol en mayo o junio, cuando se abren las inflorescencias, sino también al deslumbrante espectáculo que, en otoño, ofrecen sus bayas sobre el follaje dorado.

VARIEDADES: hay dos grupos: los serbales y las mojeras. Los primeros son los más importantes y se distinguen por sus hojas compuestas formadas por numerosos folíolos pequeños. La especie básica es *S. aucuparia*, el serbal de los cazadores (7 m, bayas de color rojo intenso). Entre las variedades interesantes figuran «Asplenifolia» (7 m, hojas tipo fronde) y «Fastigiata» (5 m, porte columnar). Las mojeras (o mostajos) tienen hojas ovales, simples, verdes por el haz y grises por el envés. Escoged *S. aria* «Lutescens» (11 m, follaje juvenil plateado, bayas rojas) o la mojera sueca, *S. intermedia* (9 m, bayas rojo anaranjadas). En un jardín pequeño plantad *S. hostii* (4 m).

SUELO Y EMPLAZAMIENTO: no es exigente. Al sol o a media sombra.

PODA: no es necesaria; en invierno eliminad las ramas muertas.

REPRODUCCIÓN: en otoño sembrad las semillas bajo cristal.

Salix matsudana 'Tortuosa'

Salix chrysocoma

Sorbus aucuparia

Sorbus aucuparia

Sorbus intermedia

Sorbus aria 'Lutescens'

TILIA
Tilo
C

El árbol de hoja ancha más alto de Gran Bretaña no es el roble ni el haya sino el tilo común *(T. europaea)*. Los tilos se plantan en los jardines desde hace varios siglos, con sus hojas acorazonadas desplegándose en primavera y permaneciendo en el árbol hasta finales de otoño. En junio o julio aparecen las flores, pequeñas y fragantes, que van seguidas de frutos duros, piriformes. Los pulgones pueden ser un problema. Estos insectos producen una sustancia pegajosa que se desprende de los árboles y se vuelve negra y mohosa.

VARIEDADES: el tilo de hojas pequeñas *(T. cordata)* crece más rápidamente, dando un árbol muy bonito para un jardín grande. El tilo de hojas grandes *(T. platyphyllos)* es más popular y puede dar lugar a un árbol incluso más alto, 30 m o más. Sus hojas son mucho mayores (10-15 cm de longitud) que las de *T. cordata*, su envés es muy pubescente y las ramas no se doblan hacia abajo. Tiene algunas variedades excelentes: «Fastigiata» es de porte columnar y «Rubra» produce brotes rojos. Tal vez el mejor sea *T. petiolaris*, resistente a los pulgones, con ramas arqueadas y hojas de envés blanco, que se mecen al viento. Otra especie resistente a los pulgones es *T. euchlora*. El tilo americano *(T. americana)* no resiste la polución atmosférica.

SUELO Y EMPLAZAMIENTO: en un suelo permeable y húmedo, al sol o a media sombra.

PODA: no es necesaria, pero una poda profunda no le causa ningún daño.

REPRODUCCIÓN: desgajad y plantad los chupones enraizados.

ULMUS
Olmo
C

Muchos de los olmos existentes en los parques y jardines de Europa han sido diezmados por la enfermedad holandesa del olmo. Si tenéis un olmo, vigiladlo; si una rama empieza a perder las hojas en verano, es que está infectada. No existe ningún producto para curarla; tendréis que cortarla y quemarla. Si todo el árbol está afectado, taladlo y no lo dejéis en el jardín.

VARIEDADES: el olmo montano *(U. glabra)*, el olmo holandés *(U. hollandica)* y el olmo común *(U. procera)* se diferencian por su talla máxima (27-37 m), por su porte y por otros detalles, pero todos tienen el mismo tipo de hoja, característico de los olmos (ovaladas, dentadas, y de basi asimétrica) y las semillas están rodeadas por una ala amarillenta. Si pensáis plantar un olmo, escogedlo meticulosamente. El más resistente a las enfermedades es el olmo chino, *U. parviflora* (12 m, hojas brillantes que permanecen sobre el árbol hasta finales de año). Los demás olmos tienen tendencia a contraer enfermedades; *U. glabra* «Camperdownii» es un olmo llorón muy popular. *U. sarniensis* «Dicksonii» es una excelente forma de follaje dorado y *U. procera* «Argenteovariegata» tiene las hojas manchadas de blanco.

SUELO Y EMPLAZAMIENTO: en cualquier suelo normal de jardín siempre que sea profundo. Al sol o a media sombra.

PODA: en otoño, eliminad las ramas indeseadas. Cortad y quemad las ramas enfermas tan pronto como las detectéis.

REPRODUCCIÓN: compradlos en un vivero acreditado.

Ulmus glabra 'Camperdownii'

Tilia petiolaris

Tilia platyphyllos

Arboles más representativo. de la Península Ibérica

Arbutus unedo - Madroño
Citrus aurantium - Naranjo amargo.
Citrus aurantium - var. sinensis - Naranjo dulce
Citrus limonum - Limonero
Citrus nobilis - Mandarino
Coryllus avellana - Avellano
Crataegus azarolus - Acerolo
Cupessus sempervirens - Ciprés
Eucalyptus globulus - Eucalipto
Fagus silvatica - Haya
Fraxinus oxicarpa - Fresno
Juniperus communis - Enebro
Juniperus thurifera - Sabina
Laurus nobilis - Laurel
Mespilus germamica - Níspero
Pinus halepensis - Pino carrasco
Pinus pinaster - Pino rodeno

Pinus pinea - Pino piñonero
Pinus silvestris - Pino albar
Populus alba - Álamo blanco
Populus nigra - Álamo negro, chopo
Prunus domestica - Ciruelo
Punica granatum - Granado
Pyrus communis - Peral
Pyrus malus - Manzano
Quercus faginea - Quejigo
Quercus ilex - Encina
Quercus pirenaica - Roble negr
Quercus robur - Carvallo
Rhamnus alaternus - Aladierno
Salix alba - Sauce
Sorbus aria - Mostajo
Sorbus domestica - Serbal
Taxus baccata - Tejo
Tilia cordata - Tilo

CAPÍTULO 4
PLANTAS TREPADORAS

En el jardín, las plantas trepadoras se utilizan para varios menesteres, pero antes de hablar de ellas es preciso que conozcamos cuál es la diferencia entre una planta trepadora y un arbusto. No se trata simplemente de la diferencia existente entre una planta que puede ser cultivada adosada a una pared o a una espaldera y otra que se cultiva en medio del jardín. Algunas trepadoras verdaderas suelen emplearse como plantas de cobertera, como la hiedra, y algunos arbustos verdaderos se ven frecuentemente creciendo contra una espaldera flanqueando la puerta de entrada de muchas casas, como *Forsythia* suspensa.

Una planta trepadora es aquella que posee algún procedimiento especial para agarrarse a un soporte ya sea una pared, un poste o un alambre. En primer lugar están las que podríamos llamar trepadoras autónomas, como la hiedra *(Hedera)*, *Hydrangea petiolaris* y *Campsis*, que emiten raíces aéreas, y la enredadera de Virginia *(Parthenocissus)* que forma almohadillas adhesivas a lo largo de los tallos. Éstas son las plantas trepadoras que subirán por las paredes y por los troncos de los árboles sin necesidad de alambres ni de otro tipo de soportes. Las otras trepadoras no son tan adaptables y necesitan algo en que apoyarse. Algunas, como *Aristolochia*, *Jasminum* y *Wisteria* son enredaderas, con tallos que se arrollan alrededor de los alambres, los postes o los listones de madera de las espalderas. Otras, como *Passiflora* y *Vitis*, producen zarcillos o, como *Clematis*, tienen pecíolos foliares capaces de enroscarse.

Todas estas plantas trepadoras, con sus mecanismos específicos, desempeñan varios papeles importantes en el jardín donde hay cercados que cubrir, objetos desagradables que ocultar, arcadas y pérgolas que revestir y pilares que camuflar. Y, por encima de todo, están las paredes de la casa, que deben decorarse. Las plantas trepadoras autónomas, como la hiedra y la enredadera de Virginia, suelen asociarse a las antiguas mansiones, pero las líneas severas de las casas modernas pueden suavizarse y enriquecerse con *Clematis* o *Wisteria*. A medida que los jardines van siendo más pequeños, no debemos perder esta oportunidad de extender hacia arriba el despliegue floral.

Unas cuantas normas. Plantad a unos 50 cm de la pared y haced que las raíces se alejen de la casa. Acondicionad el suelo, no plantéis nunca entre los cascajos de la construcción. Elegid la planta cuidadosamente, cercioraos de que la elegida es la adecuada para el suelo de que disponéis y para la orientación de los muros. No es necesario que limitéis vuestra elección a las plantas trepadoras; hay otros muchos arbustos de pared como *Ceanothus* «Burkwoodii», *Magnolia grandiflora* «Exmouth», *Pyracantha*, *Jasminum nudiflorum*, etc. Alguno de éstos necesita ser sujetado a un soporte, pero uno de ellos *(Euonymus radicans)* sirve de enlace entre el arbusto verdadero y la planta trepadora. En medio del jardín es un arbusto compacto de cobertera; adosado a un muro emite raíces adventicias como una planta trepadora autónoma.

Hay muchas cosas que se pueden cubrir con plantas trepadoras: las paredes, los cercados, las arcadas, las pérgolas, los cobertizos... Pero existe aún otra más: los árboles muertos o que han perdido su atractivo. Los rosales trepadores, *Clematis*, *Celastrus*, *Actinidia chinensis*, *Hedera*, *Jasminum* y *Lonicera* pueden plantarse para que suban o trepen a los árboles y proporcionarles un toque de verdor o un llamativo despliegue floral.

Si no habéis cultivado nunca plantas trepadoras se os presenta la oportunidad de descubrir un mundo nuevo. Tenéis la *Wisteria*, muy espectacular, a la que le cuesta comenzar a crecer, pero que una vez aclimatada se vuelve rampante. Si sois impacientes, podéis elegir entre una amplia gama de variedades de *Clematis* que prometen una vistosa exhibición floral al poco tiempo de haber sido plantadas. Entre las plantas trepadoras encontraréis flores de todas las formas: las trompetas de *Campsis*, los capítulos aplanados de *Hydrangea petiolaris*, las flores tubulares de la madreselva, las largas «colas» de *Wisteria* y la complejidad de la pasionaria.

Pero no se trata sólo de las flores; también el color de las hojas es importante: la combinación de verde y amarillo de *Hedera helix* «Goldheart» y *Lonicera japonica* «Aureoreticulata», los rojos llameantes otoñales de la enredadera de Virginia y de la vid ornamental y la mezcla multicolor de *Actinidia kolomikta*. La guía alfabética de las páginas siguientes muestra algunas de las múltiples y variadas plantas que figuran en este grupo.

Clave de la guía alfabética

Nombre latino   Nombre vulgar

CAMPSIS Trompetilla [C]

Este arbusto produce unas raíces adventicias adhes como las de la hiedra, pero los tallos deben sujeta un soporte hasta que la planta no está bien afia Se cultiva por sus flores como trompetas, de vivo res, que forman racimos a finales de verano. Es y alcanza de 6 a 9 m, pero los inviernos crud causar problemas.

VARIEDADES: las flores más vistosas, de uno tud, en tonos rojos y dorados, son las d

C	Caducifolia
SP	Semiperennifolia
P	Perennifolia

Actinidia kolomikta

ACTINIDIA

Actinidia
[C]

Existen dos especies disponibles; ambas son enredaderas resistentes que pierden las hojas en invierno, pero su semejanza termina aquí. *A. chinensis* es una planta muy vigorosa que puede cubrir por completo un árbol viejo o una pared grande con sus hojas verdes, extraordinariamente grandes. *A. kolomikta* es una planta mucho más pequeña y graciosa que se cultiva por su follaje coloreado.

VARIEDADES: los tallos de *A. chinensis* (el grosellero silvestre chino) pueden sobrepasar los 9 m de longitud. Las hojas, acorazonadas, tienen casi 30 cm de envergadura y, a mediados de verano, aparecen las flores, cremosas. Para tener frutos, que son comestibles, debéis plantar juntos varios ejemplares masculinos y femeninos. *A. kolomikta* es más popular; si la plantáis adosada a un muro soleado, el ápice de las hojas se volverá rosado y cremoso. Los tallos miden unos 3 m.

SUELO Y EMPLAZAMIENTO: en cualquier suelo de jardín. *A. kolomikta* debe plantarse a pleno sol.

PODA: no es necesaria. En invierno eliminad los tallos indeseados.

REPRODUCCIÓN: en verano, plantad esquejes en un propagador.

A. chinensis

A. kolomikta

Flores fragantes y frutos ornamentales

Actinidia chinensis: flores fragantes de color crema, en julio. Frutos marrones, como grosellas, comestibles.

Celastrus, especie de: semillas escarlata que quedan al descubierto cuando las cápsulas anaranjadas se abren.

Clematis montana: flores blancas, en mayo. Su fragancia no suele ser demasiado intensa.

Jasminum, especies de: flores blancas o rosadopálidas, en verano. Su fragancia suele ser intensa.

Lonicera periclymenum: flores vistosas de junio o agosto. Su fragancia suele ser intensa.

Passiflora caerulea: frutos ovoidales, anaranjados, comestibles. Necesita un verano caluroso y seco.

Vitis vinifera: racimos de uvas pequeñas, negras o purpúreas, comestibles.

ARISTOLOCHIA

Pipa de los holandeses
[C]

La mayor parte de las especies que integran este grupo son demasiado delicadas para poderse cultivar al aire libre en Gran Bretaña, pero *A. macrophylla* es bastante resistente. Produce unas flores de forma muy curiosa, características de los *Aristolochia*, pero son poco vistosas por lo que este arbusto trepador se cultiva sobre todo por su espeso follaje. Las variedades de invernadero son las que producen flores llamativas.

VARIEDADES: *A. macrophylla* (llamada también *A. durior, A. sipho*) alcanza una altura de unos 6 m, y cubre rápidamente los árboles o los cobertizos. Las hojas, acorazonadas, tienen más de 30 cm de longitud con lo que ocultan las flores, en forma de pipa, que se abren en junio. Cada flor, de color pardo amarillento, tiene unos 3 cm de longitud; no son bonitas, pero sí curiosas.

SUELO Y EMPLAZAMIENTO: requiere un suelo fértil; al sol o a media sombra.

PODA: en invierno, eliminad los tallos indeseados.

REPRODUCCIÓN: acodad las ramas a finales de verano o plantad esquejes en un propagador de verano.

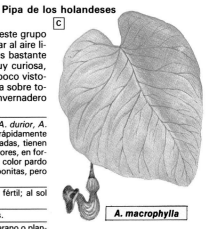

A. macrophylla

CAMPSIS

Trompetilla
[C]

Este arbusto produce unas raíces adventicias adhesivas como las de la hiedra, pero los tallos deben sujetarse a un soporte hasta que la planta no está bien afianzada. Se cultiva por sus flores como trompetas, de vivos colores, que forman racimos a finales de verano. Es vigorosa y alcanza de 6 a 9 m, pero los inviernos crudos pueden causar problemas.

VARIEDADES: las flores más vistosas, de unos 8 cm de longitud, en tonos rojos y dorados, son las de *C. grandiflora*. Por desgracia es también la especie menos resistente por lo que deberéis renunciar a ella a menos que viváis en un lugar de clima templado. En su lugar, escoged *C. radicans* (flores rojas y doradas, más pequeñas que las de *C. grandiflora*) o el híbrido *C. tagliabuana* «Madame Galen» (flores grandes).

SUELO Y EMPLAZAMIENTO: plantadlo en un suelo fértil y en un lugar resguardado. Es esencial que esté a pleno sol.

PODA: a finales del invierno eliminad los tallos que hayan florecido.

REPRODUCCIÓN: en verano, acodad las ramas.

C. radicans

Campsis grandiflora

CELASTRUS

Celastrus
[C]

Se trata de una enredadera vigorosa que crece en todas partes; suele emplearse para cubrir árboles viejos y vallas. En primavera y verano es una trepadora de aspecto normal que, en julio, forma flores insignificantes, pero en otoño se convierte en un arbusto lleno de colorido: las hojas se vuelven amarillas y los frutos anaranjados se abren para dejar al descubierto las semillas de color rojo fuerte. Para que produzca frutos es aconsejable plantar más de un arbusto.

VARIEDADES: escoged *C. orbiculatus*; trepará por cualquier árbol hasta más de 9 m de altura y sus hojas formarán una densa cúpula de verdor. Produce gran cantidad de frutos y semillas y en invierno ofrece un vistoso espectáculo. Podéis cortar algunas ramas para la decoración de interiores. También encontraréis *C. scandens*, pero no es tan vigorosa.

SUELO Y EMPLAZAMIENTO: en cualquier suelo de jardín, al sol o a media sombra.

PODA: en primavera acortad los tallos para que produzcan mayor cantidad de frutos.

REPRODUCCIÓN: en verano, acodad las ramas.

Celastrus orbiculatus

C. orbiculatus

CLEMATIS

Clemátide
[C] o [SP] o [P]

Es la reina de las plantas trepadoras; los libros especializados le dedican singular atención y sus variedades, que son legión, llenan las páginas de los catálogos. Plantadla en un lugar en que las raíces queden a la sombra mientras que los tallos reciban el sol. Generalmente se aconseja colocar piedras o plantar arbustos bajos alrededor de su base. Lo que se arrolla no son los tallos sino los pecíolos foliares por lo que hace falta proporcionarles el soporte adecuado. Cada año acolchad el suelo con compost y vigilad para que la planta no sea víctima de la enfermedad del marchitamiento. Los tallos afectados a menudo mueren.

VARIEDADES: el grupo más popular es el formado por los híbridos de flores grandes. Las flores más grandes que veréis son las de «W.E. Gladstone» (color lavándula, julio-septiembre). Entre las variedades favoritas figuran «Nelly Moser» (rosadopálida con rayas rojas, en mayo-junio y agosto-septiembre), «The President» (purpúrea, plateadas por debajo, junio-septiembre), «Jackmanii Superba» (purpúreaviolácea, julio-septiembre), «Ville de Lyon» (rojas, con el borde más oscuro, julio-octubre) y «Vyvyan Pennell» (purpúreovioleta, dobles, mayo-julio). Las especies de flores más pequeñas son más fáciles de cultivar: la favorita es *C. montana* (9 m, blanca, mayo); rubens es una forma llena de color con hojas bronceadas y flores rosadas. *C. tangutica* es bastante diferente: flores campaniformes, amarillas, que se abren en agosto. *C. alpina* es una encantadora especie de floración primaveral.

SUELO Y EMPLAZAMIENTO: es bastante exigente; el suelo debe ser fértil y húmedo; mejor si es calcáreo. El sol es esencial para los tallos pero no para la base de la planta.

PODA: complicada. Algunas requieren una poda superficial: las de floración primaveral inmediatamente después de la floración y las de floración estival a comienzos de primavera. Las variedades que florecen a finales de verano o en otoño necesitan ser podadas a fondo; a comienzos de primavera cortadlas hasta unos pocos centímetros del leño del año anterior.

REPRODUCCIÓN: acodad las ramas en primavera o plantad esquejes en un propagador en verano.

Clematis montana

C. 'Ville de Lyon'

C. 'The President'

C. 'Nelly Moser'

C. montana

C. tangutica

C. alpina

C. montana rubens

Clematis 'Jackmanii Superba'

Hedera helix

HEDERA
Hiedra
P

Son demasiados los jardineros que consideran que la hiedra no es una planta útil sino una mala hierba que estropea los árboles. Si escogéis la variedad adecuada y la podáis correctamente, es una planta trepadora llena de color. La ventaja de la hiedra es que crece en todas partes y es perennifolia, una cualidad que muy pocas trepadoras comparten. Si la podáis con regularidad de manera que su peso no sobrecargue la estructura que le sirve de soporte, ni las paredes ni los árboles sufrirán daño alguno. No olvidéis su utilidad como planta de cobertera: en invierno, las formas variegadas iluminarán el vacío que dejan los arbustos caducifolios. Los tallos trepadores y los floríferos poseen hojas de formas bastante distintas. Las flores son insignificantes.

VARIEDADES: para cubrir el suelo escoged la hiedra de follaje más grande, la hiedra persa *(H. colchica)*. Las hojas de la variedad «Dentata Variegata» tienen los bordes amarillos. *H. canariensis* «Variegata» es bastante similar, con grandes hojas manchadas de amarillo, pero los tallos son rojos; en lugares fríos no resulta demasiado resistente. Si queréis ocultar rápidamente algo, elegid la vigorosa hiedra irlandesa *(H. ibernica)* que alcanza unas dimensiones de 3,5 × 3,5 m, y sus brillantes hojas, de color verde oscuro, cubren eficazmente cualquier objeto desagradable. Hay variedades de hiedra común *(H. helix)* de colores diversos: «Buttercup» tiene hojas completamente amarillas, las de «Goldheart» tienen el centro amarillo y las de «Caenwoodiana» tienen los nervios blancos y el resto verde oscuro.

SUELO Y EMPLAZAMIENTO: en cualquier suelo de jardín. Vive a la sombra pero las formas variegadas necesitan un poco de sol.

PODA: mantenedla a raya podándola en primavera y en verano. No dejéis que llegue al tejado.

REPRODUCCIÓN: cortad y plantad los tallos reptantes que tengan raíces.

H. canariensis 'Variegata'

H. colchica

H. colchica 'Dentata Variegata'

H. helix

H. hibernica

H. helix 'Goldheart'

Hedera helix 'Goldheart'

Hydrangea petiolaris

HYDRANGEA
Hortensia trepadora
C

Las hortensias más conocidas son las que figuran en los arriates arbustivos, pero hay una especie trepadora excelente. Sus hojas están finamente dentadas y no hay nada que sea demasiado grande para que no logre taparlo: con el tiempo puede llegar a cubrir una extensión de 400 m².

VARIEDADES: *H. petiolaris* es una trepadora autónoma, pero este hábito puede tardar algunos años en manifestarse; durante este primer período deberéis proporcionarle un soporte. El mejor emplazamiento es un muro sombreado: existen algunas pruebas de que puede dañar las estructuras de madera. En junio aparecen grandes inflorescencias del tipo de gorro de encaje.

SUELO Y EMPLAZAMIENTO: en cualquier suelo permeable, al sol o a la sombra.

PODA: no es necesaria. Eliminad los tallos indeseados, en invierno.

REPRODUCCIÓN: plantad los brotes laterales en una cajonera, en verano.

H. petiolaris

JASMINUM Jazmín
C

El famoso jazmín de invierno (página 35) suele cultivarse adosado a una pared o a una espaldera, pero no es un verdadero arbusto trepador. El jazmín blanco sí que lo es; sus tallos se enroscan y rápidamente cubren un árbol viejo o una pérgola. Los racimos de flores, blancas, en forma de trompeta, aparecen en verano. No es del todo resistente y no sobrevivirá en un lugar expuesto y frío.

VARIEDADES: Hace siglos que *J. officinale* (el jazmín blanco común) es una de las plantas favoritas en los jardines campestres. Actualmente existe una variedad mejor («Grandiflorum») que de julio a septiembre produce capullos rosados que dan lugar a flores fragantes. *J. polyanthum* es aún más fragante, pero sólo vive en climas templados.

SUELO Y EMPLAZAMIENTO: es necesario un lugar caluroso y soleado. En cualquier suelo de jardín.

PODA: no es necesaria. Después de la floración eliminad los tallos muertos o indeseados.

REPRODUCCIÓN: en verano, acodad las ramas o plantad esquejes en una cajonera.

J. officinale

Jasminum officinale

LONICERA Madreselva
C o SP

La madreselva tiene varias cualidades: produce grandes masas de flores tubulares, llenas de color, y a menudo florece durante mucho tiempo. Es fácil de reproducir por esquejes y crece bastante bien a media sombra, sin exigir que a sus tallos les dé el sol, como la clemátide. Por encima de todo destaca su intensa fragancia, pero también tiene un defecto: la madreselva es un arbusto bastante desmadejado y por esto suele tener mejor aspecto cuando se le deja encaramar a las arcadas y las cercas o a los árboles y vallas que cuando se poda y se sujeta contra la pared de la casa para que forme un arbusto decorativo.

VARIEDADES: *L. periclymenum*, la madreselva inglesa, produce tallos de hasta 6 m de longitud. De junio a agosto aparecen las flores, largas trompetas purpureorrojizas por fuera y cremosas por dentro. Los catálogos ofrecen variedades mejoradas: «Belgica» que florece en mayo y junio, y «Serotina» que florece de julio a octubre. *L. japonica* es una madreselva más vigorosa que suele conservar las hojas durante el invierno con lo que, por desgracia, sus flores, amarillas, suelen quedar ocultas. Escoged la variedad «Aureoreticulata» cuyas hojas tienen los nervios amarillos. *L. americana* es una especie vigorosa excelente en todos los sentidos. Algunos libros recomiendan *L. brownii*, con flores rojas de junio a septiembre, y *L. tellmanniana*, con flores amarillas en junio y julio, pero no son fragantes.

SUELO Y EMPLAZAMIENTO: en un suelo fértil y húmedo. Viven al sol o a media sombra pero a la base de la planta debe darle el sol.

PODA: después de la floración eliminad los tallos indeseados y al mismo tiempo eliminad también algunos tallos viejos.

REPRODUCCIÓN: en verano acodad las ramas o plantad esquejes en una cajonera.

Lonicera periclymenum

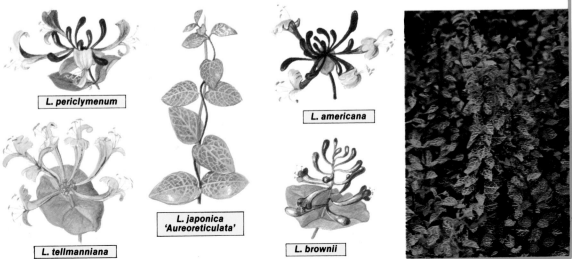

L. periclymenum

L. americana

L. japonica 'Aureoreticulata'

L. tellmanniana

L. brownii

Lonicera japonica 'Aureoreticulata'

PARTHENOCISSUS

Enredadera de Virginia

[C]

Las enredaderas de Virginia son muy conocidas: unas parras altas y desparramadas que crecen sobre las paredes de las casas y cuyas hojas se vuelven rojas en otoño. Lo extraño es que haya tal confusión por lo que respecta a su nombre: en las jardinerías las podéis encontrar bajo los nombres de *Ampelopsis* o *Vitis*. Al principio necesitan cierto soporte, pero pronto trepan por sí solas.

VARIEDADES: la «enredadera de Virginia» más popular es *P. tricuspidata*, la hiedra de Boston, cuyas hojas son de forma variable, aunque generalmente, en la planta adulta, son trilobuladas. La verdadera enredadera de Virginia, de hojas grandes *(P. quinquefolia)*, crece unos 6-12 m, y cada hoja está formada por 5 folíolos ovalados. La más coloreada de todas es la enredadera de Virginia variegada, *P. henryana*.

SUELO Y EMPLAZAMIENTO: preferible en un suelo fértil y permeable. Al sol o a la sombra.

PODA: a comienzos de primavera eliminad los brotes indeseados.

REPRODUCCIÓN: en otoño, acodad las ramas.

Parthenocissus quinquefolia

P. henryana

P. tricuspidata

PASSIFLORA

Pasionaria

[C]

Si queréis cultivar una planta realmente exótica, escoged ésta. Las heladas pueden dañar los brotes superiores pero, si el clima es templado, pronto nacerán otros nuevos de la base de la planta. Plantadla junto a un muro orientado al sur o al oeste. Trepa mediante zarcillos por lo que deberéis proporcionarle un soporte.

VARIEDADES: sólo una especie, *P. caerulea*, es suficientemente resistente para cultivarla al aire libre en Gran Bretaña. Puede crecer unos 6 m, formando una maraña de tallos y de hojas lobuladas. Lo más destacado son sus flores, que aparecen de junio a septiembre: de 8 cm de diámetro y con un intrincado dibujo a base de colores purpúreo, azul y blanco. Existe una variedad completamente blanca («Constance Elliott»).

SUELO Y EMPLAZAMIENTO: es esencial que disponga de un suelo permeable, mucho sol y la máxima protección contra las heladas.

PODA: en abril eliminad todos los tallos indeseados y los dañados por las heladas.

REPRODUCCIÓN: acodad las ramas en primavera o plantad esquejes en una cajonera en verano.

Passiflora caerulea

P. caerulea

POLYGONUM

Vid rusa

[C]

Esta planta es la respuesta inmediata a «¿qué puedo hacer para ocultar esto?». No hay ninguna otra planta que pueda cubrir los viejos cobertizos, los árboles muertos, las feas paredes o los tocones inoportunos con mayor rapidez: crece unos 5 m cada año. Durante todo el verano está cubierta por grandes masas de flores, pero pierde sus hojas en invierno. Es una trepadora muy ordinaria pero muy útil.

VARIEDADES: *P. baldschuanicum* puede alcanzar los 12 m de altura si no se poda. Las hojas son de color verde claro y las flores, pequeñas y cremosas, suelen tener un tinte rosáceo y llegan a cubrir la parte superior de la planta de julio a octubre. Los tallos tienden a enroscarse por lo que necesitan algún tipo de soporte.

SUELO Y EMPLAZAMIENTO: en cualquier suelo de jardín, al sol o a media sombra.

PODA: en primavera podad las ramas para mantenerla a raya.

REPRODUCCIÓN: plantad esquejes en una cajonera en verano.

Polygonum baldschuanicum

P. baldschuanicum

SOLANUM

Dulcámara perenne
CP

Hay dos miembros de la familia de la patatera que se pueden cultivar como trepadoras ornamentales en un jardín resguardado. Ambos son vigorosos y sobrepasan pronto los 5 m de altura. Las hojas son semiperennes y las flores, azules, se agrupan en racimos que duran bastante tiempo. Cada una de las flores tiene un cono prominente de estambres amarillos.

VARIEDADES: la mejor especie es la patatera arbórea chilena, *S. crispum*, cuyas flores, de color azul purpúreo, van abriéndose ininterrumpidamente de julio a octubre. La variedad «Glasnevin» es más resistente y produce más flores. Si vivís en un clima templado podéis plantar *S. jasminoides*, de flores azul claro; la variedad «Album» las tiene blancas.

SUELO Y EMPLAZAMIENTO: se planta a pleno sol contra un muro orientado al sur o al oeste. Puede darse en cualquier jardín con suelo razonablemente bueno.

PODA: elimínese cualquier tallo dañado o no deseado.

REPRODUCCIÓN: por división del cepellón en verano.

S. crispum

Solanum crispum 'Glasnevin'

VITIS

Vid ornamental
C

La vid suele cultivarse por sus frutos, pero existen algunas formas de valor ornamental. Las especies de *Vitis* no trepan por sí solas sino mediante zarcillos por lo que necesitan un soporte. La principal característica de estas parras ornamentales es la coloración otoñal de su follaje, pero hay algunas que producen racimos de uvas comestibles.

VARIEDADES: el gigante del grupo es *V. coignetiae*, con hojas lobuladas de más de 25 cm de envergadura y tallos de 12 m de longitud. En otoño el follaje se vuelve primero dorado y luego carmesí. *V. vinifera* «Brandt» es una variedad de la vid común cuyas hojas, verdes, se vuelven rojas antes de desprenderse. *V. vinifera* «Purpurea» tiene hojas rojas que se vuelven purpúreas antes de caer.

SUELO Y EMPLAZAMIENTO: en cualquier suelo permeable de jardín, mejor si es calcáreo. Al sol o a media sombra.

PODA: en verano cortad los tallos indeseados.

REPRODUCCIÓN: acodad las ramas en abril o plantad esquejes en una cajonera a finales de verano.

V. coignetiae

Vitis vinifera 'Purpurea'

WISTERIA

Wisteria
C

Es una planta trepadora muy popular: en mayo y junio, sus tallos, enroscados, se cubren de ramillas colgantes de flores azules. Si no procedéis meticulosamente al elegirla, plantarla y podarla, puede ser un fracaso. Emplead plantas que hayan sido cultivadas en macetas y plantadlas en un lugar resguardado.

VARIEDADES: la más popular es *W. sinensis*, una planta rampante de ramillas florales de unos 20 cm de longitud. Puede escapar a vuestro control: no es apropiada para plantar junto a las paredes de las casas porque suele meterse dentro de los desagües de los tejados y debajo de las tejas. En su lugar elegid *W. floribunda*, menos vigorosa. La variedad «Macrobotrys» tiene ramillas florales de color azul lila de 6 cm de longitud.

SUELO Y EMPLAZAMIENTO: en cualquier suelo de jardín; acondicionadlo con compost antes de hacer la plantación. Necesita mucho sol.

PODA: en julio cortad los tallos laterales del año en curso hasta unos 8 cm.

REPRODUCCIÓN: acodad las ramas en primavera o en verano.

W. sinensis

Wisteria floribunda 'Macrobotrys'

CONÍFERAS

Si vais a una jardinería os será fácil identificar las coníferas ya que poseen varias características específicas que os permitirán diagnosticarlas con certeza. Para empezar, son plantas que conservan sus hojas en invierno, aunque existen cuatro coníferas caducifolias *(Larix, Taxodium, Metasequoia y Ginkgo)*. Luego están las hojas que es presumible que sean o escamosas o aciculares, si bien el follaje del *Ginkgo biloba* es aplanado y en forma de abanico. Todas las coníferas forman conos, aunque algunas variedades lo hacen muy recatadamente y, algunas veces, son difíciles de reconocer. Los conos del ginkgo parecen pequeñas ciruelas amarillas y los del tejo son rojos y carnosos.

A pesar de los caprichos de algunas variedades poco comunes, los jardineros medianamente avispados distinguen fácilmente una conífera del resto de plantas leñosas y su importancia como planta de jardín es reconocida por todos. Para que vuestro jardín tenga un aire de madurez os hará falta un árbol perennifolio resistente y, fuera de las coníferas, hay muy pocos. A este vasto grupo habréis de remitiros para encontrar la planta que deseáis ya que las hay de casi todas las formas, tamaños y colores. Volviendo a la jardinería en donde hemos comenzado este capítulo, la conífera que escojáis seguramente tendrá todas las características familiares antes citadas. Tanto si os la lleváis cultivada en maceta como con las raíces cubiertas, al plantarla conservad intacto el suelo que envuelve las raíces. Si la compráis con las raíces cubiertas plantadla cuando el suelo esté un poco templado, es decir en septiembre o en abril.

Será una planta resistente y de larga vida y su mantenimiento no podrá ser más sencillo. No hará falta estacarla, ni pulverizarla, ni desmocharla, ni rastrillar sus hojas. Tampoco será necesaria la poda, excepto en un caso: si en una variedad variegada o dorada apareciese una rama con el follaje completamente verde deberéis cortarla de inmediato.

Por tanto, si es una conífera, podéis confiar en que tendrá unas características determinadas, pero hay una de vital importancia que no podréis predecir: su velocidad de crecimiento y su talla definitiva. Al cabo de 10 años, esta pequeña conífera que habéis comprado puede convertirse en un ejemplar gigantesco, como ocurre en innumerables jardines de Gran Bretaña, o seguir con su frustrante talla enana

cuando esperábais tener un árbol majestuoso. Lo que os dará la clave para saber su ritmo de crecimiento, no es la talla que tenga la planta en la jardinería, sino su nombre. Puede crecer más de 1 m al año, como el ciprés de Leyland, o hacerlo sólo 3 ó 4 cm, como las coníferas enanas.

La mayoría de los aspectos relativos al crecimiento de las coníferas son sencillos, pero determinar su talla no lo es. Una conífera «enana» puede significar dos cosas muy distintas. Puede describir una variedad de crecimiento lento como *Chamaecyparis obtusa* «Nana Gracilis» que al cabo de 10 ó 15 años sólo tiene 60 cm de altura pero que va creciendo hasta que, después de muchos años, alcanza una talla final de más de 3 m. Es probable que el récord lo ostente *Pinus aristata* que tarda 1500 años en tener su talla definitiva. Además de las coníferas de crecimiento lento, hay unas pocas variedades de naturaleza enana que nunca llegan a sobrepasar los 60 cm.

Hoy en día el interés por las coníferas es mayor que nunca y van obteniéndose nuevas variedades. Podéis adquirir un ejemplar enano, de 30 cm, o una planta que con el tiempo llegue a alcanzar los 30 m; podéis elegir una variedad de porte columnar, o cónico o abierto, cuyo follaje sea azul, gris, amarillo, bronceado o simplemente verde. Encontraréis plantas que detestan la cal, como *Cryptomeria, Larix, Pinus* y *Taxodium* o variedades que son felices en suelos calcáreos, como algunos *Juniperus* y *Pinus*. Si vivís en una zona industrial y sea cual sea el tamaño de vuestra parcela, siempre encontraréis alguna conífera idónea y vuestro jardín no estará realmente completo sin ella. Las guías alfabéticas de las páginas siguientes describen sólo una pequeña selección de las numerosas formas disponibles.

Clave de la guía alfabética

Nombre latino		**P. abies 'Nidiformis'**
Talla final bajo condiciones de cultivo normales: ENANA 0,4-4,5 m MEDIA 4,5-15 m ALTA más de 15 m	ENANA Altura a los 10 años: 30 cm	No se parece en nada a un árbo dad; está más en consonanci nombre vulgar: picea en nido d Es un arbusto compacto, aplɑ arriba, con ramas horizontales.
	Talla a los 10 años de cultivo en condiciones normales	

ABIES   Abeto
P

El verdadero abeto es un árbol alto y cónico, que en el bosque o en los parques llega a tener 30 m de altura. El tronco, recto, no se ramifica y cuando es joven tiene una forma casi perfectamente simétrica. Las ramas inferiores no se desprenden hasta que el árbol tiene unos 30 años. Es el árbol de navidad clásico, pero por desgracia muy pocos de estos espléndidos especímenes son suficientemente pequeños para poderse plantar en un jardín normal. Necesitan un suelo húmedo y profundo: los suelos superficiales y el aire contaminado no les van. Los conos pueden ser verdes, marrones o purpúreos; generalmente no aparecen hasta que el árbol tiene varios años y suelen formarse en las ramas superiores, fuera del alcance de la vista.

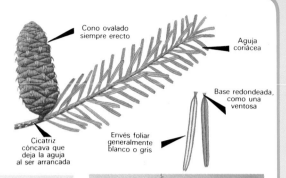

Cono ovalado siempre erecto

Aguja coriácea

Base redondeada, como una ventosa

Cicatriz cóncava que deja la aguja al ser arrancada

Envés foliar generalmente blanco o gris

A. balsamea 'Hudsonia'

ENANA
Altura a los 10 años:
30 cm

Es una variedad enana del abeto balsámico, de crecimiento lento y con un porte compacto, muy apropiado para el jardín rocoso. El follaje es aromático. Puede vivir en suelos calcáreos.

A. koreana

MEDIA
Altura a los 10 años:
1,8 m

El abeto de Corea es una buena elección. Las agujas de este pulcro árbol de crecimiento lento son verdeoscuras por el haz y blancas por el envés. Los conos, de color púrpura violeta, aparecen muy pronto.

A. grandis

ALTA
Altura a los 10 años:
3 m

El abeto gigante es el árbol más alto de Gran Bretaña y crece hasta unos 30-45 m. Las hojas se distribuyen en dos hileras a lo largo de la ramilla. Al estrujarlas liberan un fuerte aroma.

A. arizonica 'Compacta'

ENANA
Altura a los 10 años:
60 cm

Un árbol de jardín muy útil que no sobrepasa los 2 m. Porte cónico, denso, y follaje gris azulado. La corteza es blanda y suberosa.

A. pinsapo

ALTA
Altura a los 10 años:
2 m

El pinsapo o abeto español, es una conífera alta cuyas agujas, cortas y puntiagudas, cubren los tallos. Es el mejor abeto para suelos calcáreos. Escoged la variedad «Glauca» de follaje gris azulado.

A. delavayi forrestii

MEDIA
Altura a los 10 años:
1,8 m

Es una excelente conífera de jardín que puede llegar a tener 9 m de altura. Los brotes jóvenes son de color rojo herrumbroso, las hojas verdeoscuras y las yemas invernales completamente blancas. Los conos son negros.

ARAUCARIA

Pehuén
P

Los nombres vulgares de esta conífera indican su origen y su forma. El nombre de pino de Chile hace referencia a su lugar de origen, entre los indios araucanos de Chile y Argentina. También se le da el nombre de «rompecabezas de los monos» refiriéndose a la peculiar disposición de sus hojas, puntiagudas y estrechamente apretadas contra las ramas. Comprad siempre un ejemplar cultivado en contenedor y proporcionadle todo cuanto necesita: mucho sol, suelo franco y húmedo y abonadlo regularmente. Recordad que, con el tiempo, formará un árbol muy grande: en la época victoriana se plantaron demasiados pehuenes en jardines pequeños. Las ramas inferiores caen con la edad: esto ocurre rápidamente en lugares contaminados o sombríos.

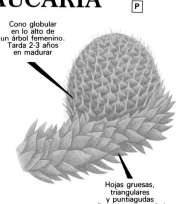

Cono globular en lo alto de un árbol femenino. Tarda 2-3 años en madurar

Hojas gruesas, triangulares y puntiagudas dispuestas en espiral alrededor del tallo

A. araucana

ALTA
Altura a los 10 años:
1,5 m

Al principio crece despacio, luego se desarrolla rápidamente hasta alcanzar una altura de 21 m o más. Es de porte abierto y sus ramas parecen gruesas cuerdas curvadas.

CEDRUS

Cedro
P

Un cedro adulto en medio de un parque espacioso es un espectáculo magnífico, con su macizo tronco sirviendo de soporte a las ramas dispuestas en capas superpuestas hasta alcanzar una altura de 24 m. Por desgracia la mayoría de variedades de cedro que venden las jardinerías son propias de este tipo de escenarios; en un jardín urbano estarían fuera de lugar. Por tanto debéis elegir con cuidado; existen variedades compactas y lloronas que no se os escaparán de las manos. Comprad siempre ejemplares cultivados en contenedor y plantadlos en un suelo permeable y a pleno sol. Al principio es de porte cónico.

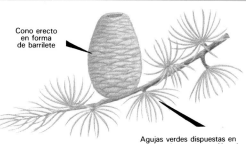

Cono erecto en forma de barrilete

Agujas verdes dispuestas en penachos sobre cortos pedúnculos.

C. atlantica 'Glauca'

C. deodara

C. libani

ALTA
Altura a los 10 años:
3 m

El cedro azul es una hermosa conífera que suele cultivarse como árbol singular en medio del césped, donde su follaje verdeazulado puede contemplarse en todo su esplendor. Después de plantarlo estacadlo firmemente. Si no se dispone de espacio suficiente es mejor escoger otro ya que es un árbol que escapa pronto a todo control. *C. atlantica* «Glauca Pendula», de porte llorón, y *C. atlantica* «Aurea», de follaje amarillo, son menos vigorosos.

ALTA
Altura a los 10 años:
3 m

El cedro del Himalaya es una graciosa conífera fácil de identificar por el porte llorón tanto de sus ramas como del vástago apical. Una vez afianzado, este cedro crece vigorosamente y puede sobrepasar los 24 m. No es adecuado para un jardín pequeño; si disponéis de un lugar resguardado podéis plantar *C. deodara* «Aurea», de talla mucho menor, que en primavera tiene el follaje dorado.

ALTA
Altura a los 10 años:
1,8 m

El cedro del Líbano no necesita ser descrito, está en los parques y jardines de todo el mundo. Aunque es de crecimiento lento, con el tiempo llega a tener una altura de más de 24 m por lo que no es adecuado para un jardín normal. Hay formas mucho menores, como *C. libani* «Comte de Dijon» o *C. brevifolia*, o también *C. libani* «Nana» o el cedro de porte llorón *C. libani* «Sargentii».

CHAMAECYPARIS

Falso ciprés

P

El *Chamaecyparis* es el perennifolio más popular en Gran Bretaña: en la más modesta de las jardinerías podrán ofreceros más de una docena de variedades distintas; en un vivero especializado encontraréis más de cien. Los hay de todas las formas, tamaños y colores del follaje: enanos para el jardín rocoso, compactos para el jardín pequeño y árboles grandes para plantar como especímenes singulares o para formar espesas pantallas. Aquí sólo podemos mostrar una pequeña selección de las variedades más famosas: existen otras muchas. Acordaros de comprobar cuál será su talla definitiva antes de comprar alguno. El antiguo nombre de *Cupressus* aún se emplea algunas veces, pero hay diferencias importantes entre ambos: las ramillas del *Chamaecyparis* son aplanadas, los conos diminutos y las plantas son más resistentes y más fáciles de trasplantar. Pero no gustan de emplazamientos expuestos al viento y necesitan un suelo permeable y húmedo.

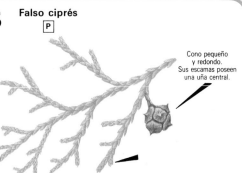

Cono pequeño y redondo. Sus escamas poseen una uña central.

C. lawsoniana 'Allumii'

MEDIA
Altura a los 10 años: 1,8 m

Es una variedad azul muy popular, compacta y con las ramas erectas cubiertas de ramillas aplanadas de follaje gris azulado. Es un excelente árbol singular para el césped y también es útil para erigir setos.

C. lawsoniana 'Columnaris'

MEDIA
Altura a los 10 años: 1,8 m

Es una de las mejores coníferas de porte columnar. Las ramas, verticales, forman una columna estrecha que hace que sea una planta excelente para el césped o para el arriate arbustivo. El follaje es gris azulado y la talla final de unos 7,6 m.

C. lawsoniana 'Ellwoodii'

ENANA
Altura a los 10 años: 1,5 m

Posiblemente «Ellwoodii» sea la variedad más popular del ciprés de Lawson. En invierno, su follaje verde grisáceo se vuelve azul acero. Este arbusto vertical de crecimiento lento es cultivado en macetas, en jardines rocosos y en arriates.

C. lawsoniana 'Ellwood's Gold'

ENANA
Altura a los 10 años: 1,2 m

Es una mutación de «Ellwoodii» al que se parece por su porte y su talla. Crece lentamente y los ápices de las ramillas verdes son amarillodorados. Con lo que producen un efecto muy vistoso. Es muy popular.

C. lawsoniana 'Minima Aurea'

ENANA
Altura a los 10 años: 30 cm

Es una de las mejores coníferas enanas. Su follaje estrechamente apretado contra las ramillas forma una pirámide redondeada de crecimiento muy lento, con una altura final de unos 1,2 m. Las hojas son de color amarillo fuerte.

C. lawsoniana 'Fletcheri'

MEDIA
Altura a los 10 años: 1,8 m

Es una variedad de porte columnar ancho, de follaje plumoso verde grisáceo. A veces se planta en el jardín rocoso aunque, en realidad, es demasiado alta para este fin. Plantadla en una maceta o formando setos. Puede recortarse en primavera.

CHAMAECYPARIS continuación

C. lawsoniana 'Minima Glauca'	C. lawsoniana 'Lane'	C. nootkatensis 'Pendula'

ENANA
Altura a los
10 años:
30 cm

Es un arbusto redondeado, con apretadas ramillas de follaje verde, que crece lentamente y suele plantarse en jardines rocosos y en pequeños arriates arbustivos. *C. lawsoniana* «Nana» es muy parecido y su talla final es de 0,9-1,2 m.

MEDIA
Altura a los
10 años:
1,8 m

Hay tres variedades doradas del ciprés de Lawson de talla media: «Lane», «Lutea» y «Stewartii». La más luminosa es «Lane», cuyas ramillas plumosas que emergen del árbol, cónico, están cubiertas de follaje dorado durante todo el año.

ALTA
Altura a los
10 años:
2,4 m

Es un árbol espectacular, la más péndula de todas las coníferas altas. De las ramas cuelgan largas ramillas a modo de cintas. Después de plantarlo, la rama principal debe ser dirigida verticalmente. El follaje es verde mate.

C. obtusa 'Nana Gracilis'	C. pisifera 'Boulevard'	C. pisifera 'Filifera Aurea'

ENANA
Altura a los
10 años:
60 cm

Es una conífera de jardín rocoso muy popular. Un arbusto compacto de ramillas dispuestas en forma de conchas que están cubiertas de un follaje oscuro y brillante. Crece lentamente y tarda muchos años en alcanzar su talla final de 3 m.

ENANA
Altura a los
10 años:
90 cm

Es una conífera enana fácil de distinguir por su porte cónico y su follaje plumoso, azul plateado en verano y azul purpúreo en invierno. Crece despacio, pero con el tiempo puede sobrepasar los 3 m.

ENANA
Altura a los
10 años:
90 cm

Al principio es un arbusto errático, de contorno indefinido, pero al cabo de un par de años forma una planta cónica, amplia, con ramas abiertas de las cuales cuelgan ramillas de follaje amarillo vivo. La variedad «Filifera» es verde.

Coníferas para setos

Chamaecyparis lawsoniana «Allumii»	gris azulada	mejor en suelo húmedo
Cupressocyparis leylandii	verde grisácea	alta, crecimiento rápido
Cupressocyparis leylandii «Castlewellan»	dorada	la variedad dorada de la anterior
Cupressus macrocarpa	verde intenso	no soporta una poda a fondo
Pinus nigra	verde oscura	excelente cortavientos
Pinus sylvestris	verde grisácea	excelente cortavientos
Taxus baccata	verde oscura	crecimiento lento
Thuja plicata	verde brillante	alta, crecimiento rápido

CRYPTOMERIA

Canalete (cedro japonés)
P

La *Cryptomeria* es parte integrante del paisaje japonés: crece en los parques y junto a los templos de todo el país. En su lugar de origen, este árbol majestuoso sobrepasa los 45 m por lo que es del todo inadecuado para los jardines medios europeos donde la variedad más popular es *C. japonica* «Elegans» que crece muy lentamente y tarda muchos años en alcanzar su talla definitiva de 9 m. Hay algunas variedades enanas, de las cuales, la más compacta es «Vilmoriniana» que a los 10 años sólo tiene 30 cm de altura y cuyo follaje, en invierno, se vuelve purpúreo rojizo. Todas las *Cryptomeria* gustan de un suelo ácido y húmedo y de mucho sol; si se produce una nevada intensa, el peso de la nieve puede dañar sus ramas.

Las hojas, aciculares, son largas y plumosas en la fase juvenil, cortas y fusiformes en la adulta

Cono redondo y pequeño. Las escamas tienen uñas curvadas

C. japonica 'Elegans'

MEDIA
Altura a los
10 años:
1,8 m

Las hojas adultas de *C. japonica* son pequeñas y fusiformes. La variedad «Elegans» conserva el follaje juvenil, plumoso y suave, durante toda su vida. Las hojas verdeparduscas de este árbol de porte arbustivo se vuelven bronceadorrojizas en invierno.

CUNNINGHAMIA

San-shu (abeto chino)
P

La mayor parte de las variedades descritas en este capítulo dedicado a las coníferas son famosas y fiables, pero *Cunninghamia* no es ni popular ni totalmente resistente. Para encontrar este abeto chino *(C. lanceolata)* habréis de dirigiros a un vivero especializado. Si os gustan las plantas que se salen de lo común, el abeto chino os ofrece un árbol raro y hermoso. Necesita un suelo ácido y un lugar muy soleado, al abrigo de los vientos fríos. Cuando es joven forma una pirámide de ramas revestidas de hojas lustrosas, de color verde vivo, dispuestas apretadamente dando al árbol el aspecto de un «rompecabezas para monos». Con la edad tiende a volverse sombrío y feo, ya que tanto las hojas como las ramas muertas permanecen sobre él.

Hojas estrechas, lanceoladas, de unos 5 cm de largo

Cono grande y redondo, con escamas puntiagudas

C. lanceolata

ALTA
Altura a los
10 años:
9 m

Es un árbol columnar que, si no se poda, puede alcanzar los 23 m de altura. Crece en todo tipo de suelos y de condiciones ambientales pero comprad siempre plantas pequeñas, máximo 90 cm. Los ejemplares altos tardan mucho en afianzarse. Al principio el ramaje es laxo.

CUPRESSOCYPARIS

Ciprés de Leyland
P

En 1888 se produjo un cruzamiento espontáneo entre el ciprés de Nootka y el ciprés de Lambert, o ciprés americano. Mr Leyland cultivó las plántulas resultantes y de ellas surgió *Cupressocyparis leylandii*. Sólo recientemente ha alcanzado el favor del público, y se le utiliza tanto para setos como para pantallas reemplazando a *Chamaecyparis lawsoniana* con ventaja ya que puede ser podado drásticamente, tolera los emplazamientos batidos por el viento y crece más deprisa que cualquier otra conífera (1,2 m al año). No obstante no es una planta de seto para todo uso, puesto que necesita tener una altura y una anchura mínima de 2,4 m por lo que, en un jardín pequeño, no puede competir con el seto de ligustro.

Cono redondo del tamaño de un guisante

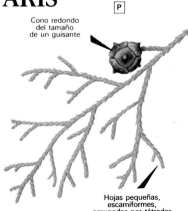

Hojas pequeñas, escamiformes, agrupadas por tétradas alrededor del tallo. Las ramillas son aplanadas como las de *Chamaecyparis*

C. leylandii

ALTA
Altura a los
10 años:
9 m

Es un árbol columnar que si no se poda puede alcanzar una altura de 23 m. Crece en todo tipo de suelos y condiciones pero cercioraros de poder comprar ejemplares pequeños, altura máxima 1 m. Los ejemplares altos tardan mucho en afianzarse. Al principio es de porte laxo, luego se hace denso y llorón.

CUPRESSUS

Ciprés
P

El verdadero ciprés es un árbol majestuoso y espléndido. Cualquier jardinero que haya trabajado en las regiones mediterráneas ha podido admirar las columnas verdeoscuras de los *C. sempervirens* recortándose contra el cielo. En los viveros especializados encontraréis algunas de sus variedades, como *C. sempervirens* «Stricta», pero todos estos cipreses se ven afectados por los inviernos rigurosos. Aquí se citan las variedades más resistentes, pero ninguna de ellas es tan fácil de cultivar como los *Chamaecyparis*. Son difíciles de trasplantar; plantad siempre un ejemplar pequeño que haya sido cultivado en maceta. No lo podéis y estacadlo firmemente durante los dos primeros años.

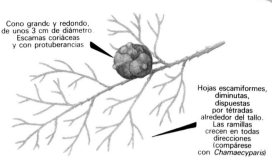

Cono grande y redondo, de unos 3 cm de diámetro. Escamas coriáceas y con protuberancias

Hojas escamiformes, diminutas, dispuestas por tétradas alrededor del tallo. Las ramillas crecen en todas direcciones (compárese con *Chamaecyparis*)

C. arizonica

MEDIA
Altura a los 10 años: 2 m

Los botánicos dicen que el ciprés de Méjico es *C. glabra*, pero los viveristas y los jardineros siguen denominándolo *C. arizonica*. Generalmente las variedades ofrecidas son «Conica» o «Pyramidalis», entre las que no existe gran diferencia. Son de porte cónico y de follaje gris azulado, con una bonita corteza purpúrea.

C. macrocarpa

ALTA
Altura a los 10 años: 4,5 m

El ciprés de Lambert, o ciprés americano *(C. macrocarpa)* fue muy popular en la época victoriana pero actualmente ha sido reemplazado por el ciprés de Leyland, mucho más resistente. Soporta bien el aire salitroso de las zonas costeras pero no puede con las tijeras de los jardineros, lo que significa que no sirve para setos. Con la edad pierde las ramas inferiores. No es aconsejable.

C. macrocarpa 'Goldcrest'

MEDIA
Altura a los 10 años: 2,5 m

Esta variedad cultivada del ciprés de Lambert fue obtenida hace menos de 40 años, y es el mejor ciprés que podéis plantar. Es más resistente y más compacto que su progenitor y no llega a sobrepasar los 7,5 m. Su característica más destacada es su follaje amarillo dorado; es un árbol cónico y estrecho que ilumina el jardín en invierno. Es esencial estacarlo y que tenga mucho sol.

GINKGO

Ginkgo
C

No hay nada en este árbol que pueda haceros pensar que es una conífera. El follaje no es ni pequeño ni acicular, las hojas, en forma de abanico, son grandes y de color verde claro al principio y luego, en otoño, antes de caer, amarillodoradas. No hay conos, en su lugar hay unos frutos pequeños, parecidos a las ciruelas. Sólo existe una especie, *G. biloba*, el único superviviente de una nutrida familia de árboles que existió hace 200 millones de años. Primero es cónico, luego se convierte en un árbol abierto muy bonito. Existen algunas variedades: la columnar «Fastigiata» y la péndula «Pendula». A pesar de su exótico aspecto, el ginkgo es fácil de cultivar y crece felizmente en cualquier suelo de jardín.

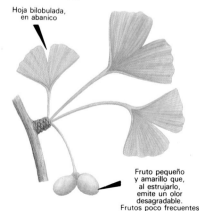

Hoja bilobulada, en abanico

Fruto pequeño y amarillo que, al estrujarlo, emite un olor desagradable. Frutos poco frecuentes

G. biloba

ALTA
Altura a los 10 años: 3 m

Es un árbol que al principio crece lentamente, pero luego puede alcanzar los 18 m o más. Muy adecuado para parques y jardines grandes. Conserva las ramas inferiores.

JUNIPERUS Enebro
P

Es un grupo de coníferas muy útiles con numerosas variedades de bajo porte que crecen desparramadas constituyendo excelentes coberteras. Estas plantas se cultivan en América desde hace mucho tiempo y actualmente se están introduciendo en Gran Bretaña. No todos los enebros son de crecimiento lento, hay arbustos de talla media y árboles altos. Todas las variedades son resistentes y toleran los suelos pobres. Crecen en suelos pedregosos y calcáreos y resisten la sequía mejor que la mayoría de coníferas. Los enebros se pueden podar; a mediados de verano podad a fondo los setos y recortad las variedades postradas. Al estrujarlas, las hojas son aromáticas; sobre una misma rama coexisten hojas jóvenes y adultas.

Cono parecido a una baya, del tamaño de un guisante. Las escamas están unidas y son carnosas; fragante al estrujarlo

Hojas adultas pequeñas y escamosas

Hojas jóvenes puntiagudas y fusiformes

J. communis 'Compressa'

ENANA
Altura a los 10 años: 30 cm

Si queréis un árbol columnar miniatura para el jardín rocoso plantad éste. Sus ramas verde grisáceas están densamente apretadas y, en su fase adulta, no sobrepasará los 60-90 cm.

J. communis 'Depressa Aurea'

ENANA
Altura a los 10 años: 30 cm

El enebro dorado canadiense es un arbusto espinoso, muy abierto, dorado en verano y bronceado en invierno. En realidad no es una planta postrada; un ejemplar viejo tiene unos 60 cm de altura.

J. chinensis 'Pyramidalis'

ENANA
Altura a los 10 años: 1,5 m

Es un enebro cónico, de crecimiento lento con follaje verde azulado que en su mayoría es juvenil. Muy adecuado si queréis un pequeño árbol singular. Puede estar catalogado como *J. excelsa* «Stricta».

J. horizontalis 'Glauca'

POSTRADA
Altura a los 10 años: 30 cm

Una planta de cobertera que produce ramas muy largas con los extremos como látigos. Forma una estera azul acero que se hace más espesa con el tiempo. Su máxima envergadura es de casi 3 m.

J. media 'Old Gold'

ENANA
Altura a los 10 años: 90 cm

Es una variedad obtenida recientemente, bastante similar a *J. media* «Pfitzerana Aurea»; se diferencia en que es más compacta y en que conserva su color dorado durante el invierno. Su envergadura final es de 2,4 m.

J. media 'Pfitzerana'

ENANA
Altura a los 10 años: 1,2 m

Es una de las coníferas más populares, con ramas robustas que se abren en un ángulo de 45° con los extremos colgando graciosamente. Muy desparramado, resiste la sombra. Una variedad excelente.

JUNIPERUS continuación

J. sabina tamariscifolia

J. squamata 'Meyeri'

J. virginiana 'Skyrocket'

POS-
TRADA
Altura a los
10 años:
30 cm

El enebro español, muy apreciado desde hace tiempo, tiene ramas horizontales cubiertas de follaje plumoso, verde grisáceo en su fase juvenil. En su madurez, la planta tiene unos 3 m de envergadura.

ENANA
Altura a los
10 años:
1,2 m

Las ramas ascendentes de este arbusto están cubiertas de hojas color azul acero, y sus ápices se doblan hacia abajo. Podadlo regularmente para evitar que aparezcan manchas amarronadas comenzando por la base.

MEDIA
Altura a los
10 años:
1,8 m

Es una de las coníferas más estrechas, con ramas erectas y follaje gris azulado. Con el tiempo puede sobrepasar los 4,5 m, un «lápiz» largo ideal como árbol singular para el césped.

Colores de las coníferas

La mayoría de las coníferas son verdes, pero varían desde el verde realmente oscuro de un tejo adulto al verde claro de un *Taxodium* joven. Algunas coníferas tienen un tinte azulado o grisáceo superpuesto al verde básico y otras son doradas o incluso totalmente amarillas.

**AZUL
VERDE AZULADO
GRIS AZULADO**
Abies arizonica «Compacta»
Abies pinsapo «Glauca»
Cedrus atlantica «Glauca»
Chamaecyparis lawsoniana «Allumii»
Chamaecyparis lawsoniana «Columnaris»
Chamaecyparis pisifera «Boulevard»
Cupressus arizonica
Juniperus chinensis «Pyramidalis»
Juniperus horizontalis «Glauca»
Juniperus squamata «Meyeri»
Juniperus virginiana «Skyrocket»
Picea pungens «Koster»
Pinus strobus «Nana»
Pinus wallichiana
Pseudotsuga menziesii «Fletcheri»
Sequoiadendron giganteum

**AMARILLO o
DORADO**
Cedrus atlantica «Aurea»
Cedrus deodara «Aurea»
Chamaecyparis lawsoniana «Ellwood's Gold»
Chamaecyparis lawsoniana «Lane»
Chamaecyparis lawsoniana «Lutea»
Chamaecyparis lawsoniana «Minima Aurea»
Chamaecyparis lawsoniana «Stewartii»
Chamaecyparis pisifera «Filifera Aurea»
Cupressus macrocarpa «Goldcrest»
Juniperus communis «Depressa Aurea»
Juniperus media «Old Gold»
Juniperus media «Pfitzerana Aurea»
Taxus baccata «Elegantissima»
Taxus baccata «Fastigiata Aureomarginata»
Taxus baccata «Semperaurea»
Taxus baccata «Standishii»
Thuja occidentalis «Rheingold»
Thuja orientalis «Aurea Nana»
Thuja orientalis «Rosedalis»
Thuja plicata «Zebrina»

VERDE GRISÁCEO
Chamaecyparis lawsoniana «Ellwoodii»
Chamaecyparis lawsoniana «Fletcheri»
Juniperus communis «Compressa»
Juniperus sabina tamariscifolia
Pinus sylvestris

LARIX

Alerce (pino negral)
[C]

El alerce es una de las pocas coníferas que pierden las hojas en invierno que es cuando os será más fácil identificarlo gracias a sus ramas nudosas. En primavera aparecen los penachos de hojas nuevas, de color verde brillante. Las flores femeninas, rojorrosadas, van seguidas de conos marrones. Hay varias especies de alerces: el alerce europeo o melis (*L. decidua*), el alerce japonés (*L. kaempferi*) y otras muchas. Todas son bonitas, árboles elegantes de ramas curvadas hacia abajo y hojas que se vuelven doradas en otoño. Pero ninguna de ellas es adecuada para un jardín de dimensiones medias: son árboles forestales de crecimiento rápido.

Cono ovoidal. Permanece sobre el árbol varios años

Hojas dispuesta en penachos en el extremo de cortos pedúnculos

Hojas aisladas en los ápices de las ramas

L. decidua

ALTA
Altura a los 10 años: 4,5 m

Al principio forma un árbol cónico, pero con los años pierde las ramas inferiores. Necesita luz, espacio y un suelo no calcáreo. Es un árbol forestal importante, al igual que el alerce híbrido.

LIBOCEDRUS

Libocedro de California
[P]

En su lugar de origen, los estados occidentales de Estados Unidos, es un árbol imponente que sobrepasa los 35 m de altura. La variedad cultivada de *L. decurrens* que se cultiva en los parques y jardines de Europa también es espectacular ya que su porte es más estrecho; es uno de los árboles más esbeltos y elegantes de nuestros árboles grandes. Al estrujar las hojas y al quemar la madera se desprende un olor a incienso y su crecimiento es suficientemente lento para que resulte una conífera excelente para el jardín. En los catálogos puede figurar bajo el nombre de *Calocedrus*.

Cono de 2,5 cm. Escamas marrones que se abren cuando el cono madura

Hojas pequeñas y escamosas que se adhieren al tallo, con los ápices curvados hacia fuera

L. decurrens

ALTA
Altura a los 10 años: 1,8 m

Al principio forma un cono amplio y, con el tiempo, se vuelve alto y columnar. Las ramas inferiores no desaparecen. «Aureovariegata» es una forma de crecimiento más lento con hojas salpicadas de amarillo.

METASEQUOIA

Metasecoya
[C]

La romántica historia de la metasecoya ha sido contada muchas veces. Este árbol prehistórico, que sólo era conocido a través de los fósiles, fue descubierto en las cercanías de un templo chino en 1941. En los jardines de Gran Bretaña apareció por primera vez en 1948 y los primeros ejemplares que se plantaron tienen en la actualidad 18 m de altura. Es un árbol de crecimiento rápido que forma un cono estrecho, que crece mejor en un suelo permeable y húmedo. En realidad sólo es adecuado para un parque, pero un ejemplar joven en un jardín de dimensiones medias es como tener un fósil viviente. En verano el follaje es verde claro y en otoño se vuelve anaranjado.

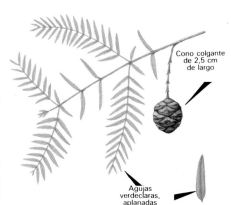

Cono colgante de 2,5 cm de largo

Agujas verdeclaras, aplanadas

M. glyptostroboides

ALTA
Altura a los 10 años: 4,5 m

Su follaje es plumoso. En invierno, tanto las hojas como las ramillas caen. En Europa no hay ningún ejemplar que haya alcanzado la madurez; se calcula que su talla final será de 30 m. Estrechamente emparentada con el Taxodium.

PICEA

Picea (falso abeto)

P

La mayoría de piceas parecen árboles de Navidad. De hecho, los árboles que compráis cada diciembre son, casi con toda seguridad, *P. abies*, la picea común o de Noruega. La picea típica es alta y cónica, con sus ramas claramente dispuestas en verticilos. Las agujas suelen ser rígidas y verdeoscuras y, para que el árbol conserve su forma simétrica casi no necesita poda. Por suerte para los jardineros, hay formas diversas, arbustivas y enanas, con follaje amarillo, gris, o azul. Son árboles muy apreciados porque toleran las condiciones pobres; así, pueden crecer en suelos empapados y fríos, aunque suelen ser más exigentes en su fase juvenil. Las heladas tardías pueden causarles daño, lo mismo que los suelos secos, calcáreos y superficiales.

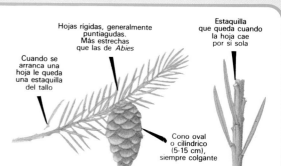

Hojas rígidas, generalmente puntiagudas. Más estrechas que las de *Abies*

Cuando se arranca una hoja le queda una estaquilla del tallo

Estaquilla que queda cuando la hoja cae por si sola

Cono oval o cilíndrico (5-15 cm), siempre colgante

P. abies

ALTA
Altura a los 10 años: 3 m

Es el encantador árbol de Navidad, que no es adecuado para el jardín. Hay muchas variedades de *P. abies* que son mejores, pero el mejor árbol de Navidad es *P. omorika*.

P. abies 'Nidiformis'

ENANA
Altura a los 10 años: 30 cm

No se parece en nada a un árbol de Navidad; está más en consonancia con su nombre vulgar: picea en nido de pájaro. Es un arbusto compacto, aplanado por arriba, con ramas horizontales.

P. brewerana

ALTA
Altura a los 10 años: 1,5 m

Posiblemente sea la más bonita de las piceas: un árbol alto y cónico de largas ramillas péndulas que le confieren un porte llorón. El follaje, brillante, es verde azulado.

P. glauca albertiana 'Conica'

ENANA
Altura a los 10 años: 60 cm

Es una de las coníferas de jardín mejores y más apreciadas; un cono perfecto que crece muy despacio hasta alcanzar una altura máxima de 1,8 m. En primavera, los ápices son de color verde brillante.

P. omorika

ALTA
Altura a los 10 años: 3 m

La picea de Servia os será de gran utilidad si lo que queréis es una picea cónica que puede llenar una gran parte del jardín. Los extremos de las ramas están curvados hacia arriba.

P. pungens 'Koster'

MEDIA
Altura a los 10 años: 1,8 m

Hay muchas variedades de la picea azul; la más popular es *P. pungens* «Koster», un árbol cónico que puede alcanzar los 7,5 m. Se caracteriza por su follaje azul plateado.

PINUS

Pino
P

Los pinos son parte integrante de nuestra campiña, y en los parques y jardines encontraremos el pino silvestre (o albar), el pino larício (o de Córcega), el pino negral y otros muchos. Al principio forman árboles cónicos o redondeados, pero cuando crecen suelen ser irregulares y con la copa aplanada. Estas especies son demasiado grandes para un jardín normal, pero existen variedades enanas y de crecimiento lento que pueden resultar muy adecuadas. Por desgracia, los viveros no os ofrecerán demasiadas: los pinos son menos populares que los cipreses, los enebros o las piceas. Plantar un pino en el jardín representa un cambio de decoración respecto a todas estas coníferas de mayor aceptación; las hojas son más grandes y el árbol o el arbusto puede crecer en un suelo arenoso y en un lugar abierto. Plantad un pino albar o un pino rodeno y tened presente que no soportan ni la sombra ni la contaminación.

Agujas estrechas, de 3-25 cm de longitud

Cono alargado, cónico o redondeado que permanece varios años sobre el árbol

Haces de 2-5 agujas

P. mugo 'Gnom'

ENANA
Altura a los
10 años:
60 cm

Es una excelente variedad del pino rodeno (o montano), que forma un montículo compacto y regular, idónea para el jardín rocoso. Las hojas, verdeoscuras, se agrupan por pares, y crece en todo tipo de suelos, incluido el calcáreo.

P. nigra

ALTA
Altura a los
10 años:
3 m

Es un árbol muy adecuado para un jardín grande donde haga falta un ejemplar alto. Sus hojas son verdeoscuras y, en zonas marítimas, forma excelentes cortavientos. Si queréis una forma enana de crecimiento lento, elegid «Hornibrookiana».

P. strobus 'Nana'

ENANA
Altura a los
10 años:
60 cm

Es la popular forma enana del pino canadiense (pino de Weymouth). Una planta desparramada de una altura final de unos 2 m. Su principal característica es el color del follaje: verdeazulado plateado.

P. sylvestris

ALTA
Altura a los
10 años:
3,5 m

Es un árbol bastante frecuente que puede sobrepasar los 24 m de altura. Es fácil identificarlo por su corteza rojiza y sus agujas retorcidas. Estas agujas están agrupadas por pares y son verdegrisáceas.

P. sylvestris 'Beuvronensis'

ENANA
Altura a los
10 años:
60 cm

Es una forma enana del pino silvestre, con una envergadura dos veces mayor a su altura. Es una planta densamente ramificada y compacta muy recomendable para el jardín rocoso.

P. wallichiana

ALTA
Altura a los
10 años:
3 m

El pino excelso es uno de los mejores pinos de gran talla. Conserva sus ramas inferiores y el follaje juvenil es verdeazulado. Puede estar catalogado como *P. griffithii*.

PSEUDOTSUGA

Abeto de Douglas (pino de Oregón)
P

El corpulento abeto de Douglas es uno de nuestros árboles más altos y se cultiva fundamentalmente como árbol forestal con fines madereros. El tronco es suberoso y tiene profundos surcos, las ramas inferiores están curvadas hacia arriba y su porte cónico, estrecho, llama poderosamente la atención. No cabe ni pensar en él para un jardín normal, pero puede plantarse para formar un seto alto ya que admite ser recortado. Las formas enanas son más adecuadas y vale la pena molestarse en buscarlas si bien no son moneda corriente. El *Pseudotsuga* puede ser confundido con los abetos a pesar de que existen diferencias notables: los conos penden de las ramas y las hojas, suaves, no tienen la base en forma de ventosa. Los ápices de crecimiento son fusiformes, como los de las hayas.

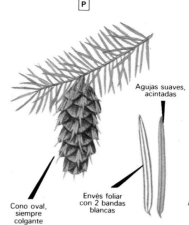

Agujas suaves, acintadas

Cono oval, siempre colgante

Envés foliar con 2 bandas blancas

P. menziesii 'Fletcheri'

ENANA
Altura a los 10 años:
60 cm

Es una forma del abeto de Douglas de crecimiento lento, no muy conocida pero muy adecuada para un jardín rocoso grande. En su fase adulta tiene la cima aplanada.

Coníferas para el jardín rocoso

Abies balsamea «Hudsonia»
Chamaecyparis lawsoniana «Ellwoodii»
Chamaecyparis lawsoniana «Minima Aurea»
Chamaecyparis lawsoniana «Minima Glauca»
Chamaecyparis obtusa «Nana Gracilis»
Juniperus communis «Compressa»
Picea glauca albertiana «Conica»
Pinus mugo «Gnom»
Pinus sylvestris «Beuvronensis»
Pseudotsuga menziesii «Fletcheri»
Thuja occidentalis «Hetz Midget»
Tsuga canadensis «Pendula»

Coníferas que cambian de color

Una de las pocas críticas que se hacen de las coníferas es que nunca cambian de color con lo que no se producen variaciones estacionales. No es del todo cierto, algunas coníferas perennifolias y todas las caducifolias presentan tintes otoñales.

Cryptomeria japonica «Elegans» P
(verde, cambiando a bronceado rojizo en invierno)
Cunninghamia lanceolata P
(verde, cambiando a marrón en otoño)
Ginkgo biloba C
(verde pálido, cambiando a dorado en otoño)
Larix decidua C
(verde, cambiando a dorado en otoño)
Metasequoia glyptostroboides C
(verde pálido, cambiando a dorado en otoño)
Taxodium distichum C
(verde pálido, cambiando a amarillo bronceado en otoño)
Thuja occidentalis «Rheingold» P
(oro viejo, cambiando a cobrizo en invierno)
Thuja orientalis «Aurea Nana» P
(dorado, cambiando a verde bronceado en invierno)
Thuja orientalis «Rosedalis» P
(dorado en primavera, verde en verano y purpúreo en otoño)

SCIADOPITYS

Pino sombrilla
P

A lo mejor os gustaría impresionar a vuestros amigos con una planta jamás vista. Si es así, escoged *Sciadopitys*, aunque tendréis que ir a comprarla a un vivero especializado. Sólo hay una especie *(S. verticillata)*, que es la única superviviente de un grupo de árboles que en otros tiempos fue muy nutrido. La disposición de las hojas es única: en número de diez a treinta forman verticilos como las varillas de una sombrilla; de ahí su nombre vulgar. No tiene ni la resistencia ni la tolerancia de la mayoría de las coníferas; no soporta los suelos superficiales y debe plantarse en un suelo no calcáreo y en un lugar resguardado a media sombra. Los conos, ovales, tienen unos 10 cm de longitud y son verdes al principio y marrones al madurar.

Hojas verticiladas, parecidas a las del pino

S. verticillata

MEDIA
Altura a los 10 años:
90 cm

Es un árbol de crecimiento extremadamente lento que en 50 ó 60 años alcanza una altura de sólo 9 m. Las agujas, de 12 cm de largo, son brillantes, y el árbol adulto forma un cono ancho.

SEQUOIA
Secoya de California (secoya roja)
P

Todo lo que hace referencia a la secoya de California *(S. sempervirens)* resulta sorprendente. Las que viven en su lugar de origen, las regiones occidentales de EE.UU., son los árboles más altos del mundo, y el que ostenta el récord de altura tiene 111,55 m. Algunas tienen más de 2000 años, pero esto no implica que todo en ellas haya de ser ni lo más viejo ni lo más grande. Los conos suelen ser pequeños, de menos de 2,5 cm de diámetro y, si las taláis a ras de suelo, emiten nuevos brotes, lo que es inhabitual en las coníferas. Obviamente son árboles para grandes parques donde puedan ser admirados su porte columnar y sus ramas péndulas, cosa impensable en un jardín. Sin embargo hay formas enanas: estas variedades pequeñas comienzan creciendo poco a poco pero, si no se podan anualmente, pronto se convierten en árboles altos.

Cono globular que se forma en el extremo de la rama

Envés foliar con 2 bandas de color verde claro

Aguja puntiaguda de 1,7 cm de longitud

S. sempervirens 'Adpressa'

ENANA
Altura a los 10 años: 1,2 m

En los catálogos, esta variedad enana de la secoya roja, puede figurar como «Albospica». Crece lentamente y los ápices de crecimiento son blancocremosos. Podadla regularmente para evitar la reversión.

SEQUOIADENDRON
Secoya gigante (secoya wellingtoniana)
P

Al igual que la secoya roja, este árbol es muy interesante. Su nombre científico proviene de un indio, Sequoyah, que jamás llegó a verlo, y su nombre vulgar deriva del duque de Wellington, que tampoco lo vio nunca. La secoya gigante *(S. giganteum)* es el ser vivo mayor del mundo ya que, aunque es de menor talla que la secoya roja, su perímetro es mayor; imaginaros un árbol de 24 m de circunferencia. En california hay ejemplares que tienen unos 3000 años, pero en Inglaterra se plantó el primero hace menos de 150 años. Desde entonces ha sido plantada por todo el país en muchos jardines de grandes dimensiones por lo que este árbol columnar de ramas curvadas es bastante familiar. Existe una variedad de menor talla, «Pygmaeum», pero, en general, la secoya gigante es un árbol para admirar, no para plantar.

Hojas fusiformes, pequeñas

Cono oval, de unos 8 cm de longitud

S. giganteum

ALTA
Altura a los 10 años: 5,5 m

Es un árbol majestuoso, muy apropiado para grandes extensiones, pero no para jardines normales. Existe una variedad columnar mucho más pequeña, con ramas péndulas *(Pendulum)*.

TAXODIUM
Ciprés de los pantanos
C

El ciprés de los pantanos es un árbol bonito y elegante que en su fase juvenil es cónico, pero luego se vuelve redondeado. Su delicado follaje plumoso es verde brillante en verano y en otoño, antes de caerse, se vuelve amarillo bronceado. La principal característica de *Taxodium* es que puede vivir en suelos empapados por lo que, si tenéis un suelo así, ésta habrá de ser vuestra conífera. No obstante, la humedad no es esencial: vive en cualquier suelo franco, no calcáreo. En los viveros especializados podréis adquirir diversas variedades de *Taxodium*, pero sólo hay una especie común, *T. distichum*, un árbol excelente para plantar junto a un estanque, aunque necesita mucho espacio y mucho sol.

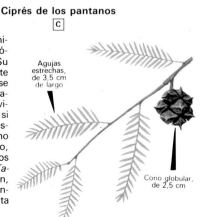

Agujas estrechas, de 3,5 cm de largo

Cono globular, de 2,5 cm

T. distichum

ALTA
Altura a los 10 años: 4,5 m

Es un árbol grande de follaje tipo helecho y corteza fibrosa y rojiza. Puede alcanzar los 30 m de altura; en zonas húmedas, las raíces de los cipreses adultos producen unas protuberancias subterráneas.

TAXUS

Tejo
P

Es una conífera de crecimiento lento que tradicionalmente se utiliza para erigir setos y para plantar en los cementerios. El follaje suele ser verde negruzco. Existen diversas variedades ideales para setos así como follajes de otros colores y otras aplicaciones. Hay variedades doradas y el porte puede variar desde las formas postradas hasta árboles columnares de 12 m. El tejo es menos exigente que otras coníferas y vive a la sombra sin que la atmósfera contaminada le represente problema alguno, si bien no gusta de suelos poco permeables. Casi todas las variedades son de crecimiento lento, especialmente al principio, pero tienen una vida muy larga. Las flores masculinas y las femeninas se forman sobre árboles distintos y es necesario hacer una advertencia: las hojas y las semillas son venenosas.

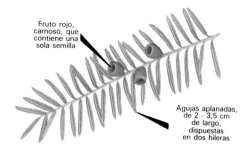

Fruto rojo, carnoso, que contiene una sola semilla

Agujas aplanadas, de 2 - 3,5 cm de largo, dispuestas en dos hileras

T. baccata

MEDIA
Altura a los 10 años: 1,8 m

El tejo común es una conífera de origen europeo que desde hace cientos de años viene plantándose en los jardines ya sea formando árboles que pueden alcanzar los 12 m de altura.

T. baccata 'Fastigiata'

MEDIA
Altura a los 10 años: 1,5 m

El tejo irlandés al principio forma una columna delgada que con el tiempo se ensancha un poco. Las hojas son verdenegruzcas y su altura final es de unos 4,5 m.

T. baccata 'Fastigiata Aureomarginata'

MEDIA
Altura a los 10 años: 1,5 m

El tejo irlandés dorado es la versión coloreada del famoso «Fastigiata». Las hojas tienen los bordes amarillos; en invierno el árbol presenta un tinte dorado mate. *T. baccata* «Standishii» es una versión de menor talla.

T. baccata 'Repandens'

POS-
TRADA
Altura a los 10 años: 30 cm

Es un tejo de porte bajo que puede emplearse como cobertera, llegando a cubrir una extensión de más de 3 m. Las ramas, largas, tienen los ápices inclinados hacia el suelo. Al sol o a la sombra.

T. baccata 'Elegantissima'

ENANA
Altura a los 10 años: 1,2 m

Es el tejo dorado más popular, una versión enana del tejo común, de follaje juvenil completamente amarillo que luego pasa a ser verde con los márgenes amarillos.

T. baccata 'Semperaurea'

ENANA
Altura a los 10 años: 60 cm

Es el tejo dorado más llamativo; un arbusto muy abierto, con ramas ascendentes que cada primavera se visten de brillantes hojas amarillas. Es la planta masculina y no forma bayas.

THUJA

Tuya (árbol de la vida)

P

Cono pequeño y alargado. Al madurar, las escamas se doblan hacia afuera

La tuya se confunde fácilmente con el *Chamaecyparis*: ambos tienen las ramas cubiertas de pequeñas hojas escamiformes y presentan gran variación de tallas y de coloración del follaje. Para diferenciarlas, estrujad una de sus hojas: las de la tuya son aromáticas. Otra diferencia es que las ramas de la tuya, en invierno, suelen tener zonas amarronadas, pero la manera más sencilla es observando los conos: los de la tuya son alargados, con los ápices de las escamas vueltos hacia fuera. Los conos de *Chamaecyparis* son bastante distintos, véase página 83. Todas las tuyas son fáciles de cultivar, aunque no toleran los suelos poco permeables. Pueden vivir a la sombra, aunque las variedades amarillas necesitan mucho sol. Al igual que los Chamaecyparis, muchas variedades forman excelentes setos.

Hojas pequeñas, escamiformes, dispuestas por tétradas alrededor del tallo. Las ramillas se agrupan en ramas aplanadas como las de Chamaecyparis.

T. occidentalis 'Hetz Midget'

ENANA
Altura a los 10 años: 22 cm

Es una de las coníferas más pequeñas. Forma un globo pequeño, verde oscuro, muy apropiado para un jardín acuático o un pequeño jardín rocoso. Crece extremadamente despacio: una verdadera miniatura.

T. occidentalis 'Rheingold'

ENANA
Altura a los 10 años: 90 cm

Es un arbusto redondeado o cónico, muy popular, que se caracteriza por su follaje estival de color oro viejo que en invierno se vuelve cobrizo. Es muy recomendable para plantar entre los brezos.

T. orientalis 'Aurea Nana'

ENANA
Altura a los 10 años: 60 cm

Un arbusto ovalado con un compacto ramaje vertical. En verano es amarillo dorado y se vuelve verde bronceado en invierno. Es un excelente arbusto singular gracias a su forma bien definida.

T. orientalis 'Rosedalis'

ENANA
Altura a los 10 años: 60 cm

Es una variedad nueva, una forma enana de porte oval, cuyo follaje juvenil, suave, en primavera es amarillo dorado, en verano se vuelve verde pálido y en otoño purpúreo.

T. plicata

ALTA
Altura a los 10 años: 4,8 m

El llamado cedro rojo del Pacífico es una de las tuyas de mayor talla, un árbol piramidal para plantar en solitario en un jardín grande o para recortar formando un seto alto. Las hojas, brillantes, se disponen sobre ramillas péndulas.

T. plicata 'Zebrina'

ALTA
Altura a los 10 años: 3,5 m

Por su forma es parecida a *T. plicata* pero crece más despacio y su follaje es verde con rayas amarillocremosas. A finales de primavera, toda la planta es dorada. Es un excelente árbol singular para un vasto césped.

TSUGA

Tsuga
P

Las tsugas forman conos amplios que se caracterizan por su elegancia y por sus ramillas arqueadas. En Gran Bretaña se cultivan dos especies, la tsuga del Pacífico (T. heterophylla) y la del Canadá (T. canadensis). Ambas son coníferas altas y elegantes, demasiado grandes para un jardín, si bien, afortunadamente, existen diversas variedades cultivadas de T. canadensis suficientemente compactas para plantar en una pequeña parcela. «Bennett» es un arbusto semipostrado que no sobrepasa los 90 cm; «Cole», que se adhiere al suelo, es aún más baja. La variedad de jardín más popular es «Pendula», que se describe a la derecha. Todas estas formas son fáciles de cultivar, y pueden crecer en suelos calcáreos y a la sombra.

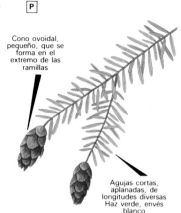

Cono ovoidal, pequeño, que se forma en el extremo de las ramillas

Agujas cortas, aplanadas, de longitudes diversas Haz verde, envés blanco

T. canadensis 'Pendula'

ENANA
Altura a los 10 años: 60 cm

Es un montículo abierto, de ramillas superpuestas y colgantes. Plantadla en un jardín rocoso grande donde las ramas puedan caer en cascada sobre las rocas; llega a tener una envergadura de más de 4,5 m.

Portes de las coníferas

PIRAMIDAL o CÓNICO
Abies arizonica «Compacta»
Abies delavayi forrestii
Abies grandis
Abies koreana
Cedrus libani
Chamaecyparis lawsoniana «Allumii»
Chamaecyparis lawsoniana «Ellwoodii»
Chamaecyparis lawsoniana «Ellwood's Gold»
Chamaecyparis lawsoniana «Fletcheri»
Chamaecyparis lawsoniana «Lane»
Chamaecyparis lawsoniana «Lutea»
Chamaecyparis lawsoniana «Minima Aurea»
Chamaecyparis lawsoniana «Stewartii»
Chamaecyparis pisifera «Boulevard»
Cunninghamia lanceolata
Cupressocyparis leylandii
Cupressus arizonica
Cupressus macrocarpa
Cupressus macrocarpa «Goldcrest»
Juniperus chinensis «Pyramidalis»
Libocedrus decurrens
Metasequoia glyptostroboides
Picea abies
Picea glauca albertiana «Conica»
Picea omorika
Picea pungens «Koster»
Pinus nigra
Pseudotsuga menziesii
Sciadopitys verticillata
Sequoia sempervirens
Sequoiadendron giganteum
Taxodium distichum
Thuja plicata
Thuja plicata «Zebrina»
Tsuga canadensis
Tsuga heterophylla

COLUMNAR
Chamaecyparis lawsoniana «Columnaris»
Cupressocyparis leylandii
Ginkgo biloba «Fastigiata»
Juniperus communis «Compressa»
Juniperus virginiana «Skyrocket»
Libocedrus decurrens (viejo)
Taxus baccata «Fastigiata»
Taxus baccata «Fastigiata Aureomarginata»
Taxus baccata «Standishii»

ABIERTO
Juniperus communis «Depressa Aurea»
Juniperus horizontalis «Glauca»
Juniperus media «Old Gold»
Juniperus media «Pfitzerana»
Juniperus media «Pfitzerana Aurea»
Juniperus sabina tamariscifolia
Taxus baccata «Repandens»
Tsuga canadensis «Bennett»

GLOBULAR o ARBUSTIVO
Abies balsamea «Hudsonia»
Cedrus libani «Nana»
Chamaecyparis lawsoniana «Minima Glauca»
Chamaecyparis lawsoniana «Nana»
Chamaecyparis obtusa «Nana Gracilis»
Chamaecyparis pisifera «Filifera»
Cryptomeria japonica «Elegans»
Juniperus squamata «Meyeri»
Picea abies «Nidiformis»
Pinus mugo «Gnom»
Pinus strobus «Nana»
Pinus sylvestris «Beuvronensis»
Pseudotsuga menziesii «Fletcheri»
Sequoia sempervirens «Adpressa»
Taxus baccata
Taxus baccata «Elegantissima»
Taxus baccata «Semperaurea»
Thuja occidentalis «Hetz Midget»
Thuja occidentalis «Rheingold»
Thuja orientalis «Aurea Nana»
Thuja orientalis «Rosedalis»

LLORÓN o PÉNDULO
Cedrus atlantica «Glauca Pendula»
Cedrus libani «Sargentii»
Chamaecyparis nootkatensis «Pendula»
Ginkgo biloba «Pendula»
Picea breweriana
Sequoiadendron giganteum «Pendulum»
Tsuga canadensis «Pendula»

CAPÍTULO 6

ADQUISICIÓN Y PLANTACIÓN

Hoy en día, el precio de los árboles y arbustos es considerablemente más alto que hace unos años, pero su duración es mucho mayor. Si procedéis adecuadamente a la hora de comprarlos y de plantarlos, ahorraréis dinero y problemas.

Actualmente, hay diversos sistemas para comprar las plantas y éstas pueden tener cuatro presentaciones distintas; cada sistema de compra y cada presentación tiene sus ventajas y sus desventajas.

En cuanto tengáis el árbol o arbusto en casa, plantadlo tan pronto os sea posible y hacedlo correctamente; no se trata simplemente de cavar un hoyo y meterlo en él. Leed este capítulo antes de empezar... ¡no lo hagáis después para ver en qué os habéis equivocado!

Fuentes de suministro

VENTAS POR CORREO

Pese al auge de los «garden center» en los últimos años, los famosos viveros que venden por correo siguen teniendo gran importancia en el suministro de las plantas. Las reglas fundamentales son: dirigirse siempre a una firma conocida o recomendada y hacer el pedido lo más pronto posible.

Ventajas

• Muchos de los viveros que venden por correo editan excelentes catálogos que os permitirán elegir árboles y arbustos desde vuestro hogar. Antes de hacer el pedido, estudiad atentamente cada una de las plantas elegidas y aseguraos de poder satisfacer sus necesidades.

• Podréis adquirir no sólo las variedades comunes sino también las raras y exóticas. Algunos viveros están especializados en determinados grupos de plantas, como rododendros o brezos; encontraréis su dirección en la sección de anuncios de las revistas de jardinería.

• Tal como dicen en sus anuncios, los viveros están cerca, justo donde se encuentre el buzón más próximo a vuestra casa. Si no os podéis desplazar hasta una jardinería importante, ésta es una gran ventaja.

Inconvenientes

• No podéis ver lo que compráis por lo que la calidad debéis darla por supuesta.

• No podéis llevaros a casa vuestra compra, lo que significa que las plantas pueden llegaros cuando el tiempo no permita plantarlas o cuando estéis demasiado atareados para hacerlo.

• Más de una vez se habrán agotado las existencias de alguna de las plantas que hayáis elegido y no os enteraréis hasta algún tiempo después de haber hecho vuestro pedido.

• Los costes del transporte de las plantas en maceta o empaquetadas son elevados.

• Al ser transportadas, las plantas pueden sufrir ciertos trastornos. En la compra por correo es extremadamente importante efectuar la plantación lo más pronto posible.

Si algo va mal

Si alguna planta, o varias, se os mueren y estáis seguros de que no ha sido por vuestra culpa, escribid a la empresa explicando lo que ha ocurrido. Muchos viveros, si creen que vuestra queja es justa, os devolverán el dinero.

OFERTAS

En los periódicos con frecuencia aparecen «grandes ofertas» de plantas «maravillosas». Algunas veces son buenas ofertas, pero este tipo de anuncios deben mirarse con cierta prevención. Sobre todo, no os toméis al pie de la letra ciertas descripciones deslumbrantes: «floración continuada», «una gran sábana amarilla» y «en un año, un seto impenetrable» son promesas, pero no realidades.

Ventajas

• Si debéis llenar una gran extensión de terreno y disponéis de poco dinero, comprar plantas en oferta es un procedimiento barato para conseguirlo. Generalmente las plantas en oferta son formas comunes que se caracterizan por su resistencia y su vigor. En muchos jardines de nueva plantación los arbustos básicos han sido adquiridos en su totalidad, o en parte, por este procedimiento.

Inconvenientes

• Las gangas no existen. Si las plantas en oferta son muy baratas, mucho más baratas que las que podéis comprar en vuestra jardinería, es casi seguro que hay una razón para ello. Es posible que los árboles y arbustos no sean más que pequeños esquejes enraizados que tardarán mucho tiempo en tener un aspecto presentable, o que sean cepas de calidad inferior a la normal.

Si algo va mal

Si las plantas se mueren y estáis seguros de que no ha sido por vuestra culpa, escribid a la empresa. Si al recibir el pedido comprobáis que las plantas están muertas o gravemente enfermas, o que no son las que habíais encargado, reclamad enérgicamente y enviad una copia de vuestra reclamación al periódico que publicó el anuncio. Sin embargo, si las plantas están sanas pero son mucho más pequeñas de lo que esperábais no tenéis de qué quejaros... era una oferta «rebajada».

Fuentes de suministro continuación

CENTROS DE JARDINERÍA

Girar una visita a la jardinería local se ha convertido en uno de los grandes placeres del aficionado a las plantas. Podéis vagar por ella y contemplar los árboles y los arbustos, en la certeza de que, casi en todas las épocas del año, podréis elegir un ejemplar cultivado en maceta y plantarlo en vuestro jardín. Elegir una planta es fácil, pero llevársela a casa ya es otra cosa: no dobléis ni retorzáis nunca los tallos para meterla en el coche; será mejor que pidáis que os la manden. Recordad también que, metida en el maletero, la planta puede asarse y si la colocáis dentro del coche, junto a una ventanilla, al correr, el aire puede quemarla. Comprar los árboles y arbustos directamente en la jardinería es lo más seguro, pero, con todo, hay algunas reglas básicas a seguir. Id a la jardinería al comienzo de la época de plantación, cuando las existencias son mayores, e intentad hacerlo entre semana para evitar las aglomeraciones del fin de semana. No os dejéis guiar por vuestros impulsos a menos que conozcáis las plantas; es mucho mejor hacer una lista y comprar los mejores ejemplares que encontréis. Elegir una buena cepa es todo un arte; en las páginas 99 - 100 encontraréis la clave. Si veis alguna planta que os llama la atención pero que no está en vuestra lista, tomad nota de su nombre y, al llegar a casa, estudiad si hay sitio para ella en vuestro jardín.

Ventajas

• Podéis ver exactamente lo que estáis comprando. Siempre que sea posible haced vuestra elección cuando la planta esté en su máximo esplendor: los arbustos florecientes cuando estén en flor, los arbustos con bayas cuando tengan frutos, etc.

• Podéis adquirir una planta cultivada en contenedor y plantarla directamente. Si la planta que deseáis no está en existencias podéis elegir alguna otra de inmediato.

• En la mayoría de los casos podréis llevaros las plantas a casa, sin demoras, sin gastos de transporte.

• Siempre encontraréis quien os aconseje, pero comprobad el consejo en las guías alfabéticas.

Inconvenientes

• Las variedades existentes suelen ser las más populares; no podéis esperar que una jardinería tenga una amplia gama de rarezas que seguramente no vendería.

• Las jardinerías suelen estar en las afueras de las ciudades lo que significa que pueden resultaros inaccesibles.

• El número de ejemplares disponibles de cada variedad suele ser limitado por lo que si queréis hacer una plantación masiva o erigir un seto muy largo deberéis hacer vuestro pedido por correo a un vivero importante.

• Las principales existencias a la venta, las plantas cultivadas en contenedor, generalmente son caras.

Si algo va mal

Si una o varias plantas se os mueren y estáis seguros de que no ha sido por vuestra culpa, llevadla a la jardinería y explicad lo que ha ocurrido. Necesitaréis un justificante de vuestra compra: guardad siempre el tiquet de caja cuando compréis plantas. Si la jardinería es miembro de la Asociación internacional de jardinerías (veréis el distintivo a la entrada) ésta garantiza el cambio de cualquier árbol o arbusto cultivado en contenedor que haya muerto en el plazo de seis meses después de la compra, siempre que haya sido cuidado adecuadamente.

GRANDES ESTABLECIMIENTOS

En muchos grandes almacenes, desde otoño hasta comienzos de primavera, podéis comprar las variedades de arbustos más populares. En las ferreterías, floristerías, verdulerías y supermercados encontraréis plantas con las raíces al descubierto empaquetadas en bolsas de politeno, etiquetadas a todo color con sus nombres.

Ventajas

• Podéis elegir un arbusto sin tener que desplazaros especialmente a la jardinería; mucha gente adquirió su Forsythia y su lila al mismo tiempo que su ropa blanca y sus filetes de pescado. Las plantas empaquetadas son baratas por lo que podréis comprar muchas variedades comunes a un módico precio.

Inconvenientes

• La calefacción de las tiendas puede marchitar las plantas o hacer que broten prematuramente. Si compráis las plantas en este tipo de establecimiento debéis elegirlas con cuidado. Una buena norma es hacer la compra al comienzo de la época de plantación.

• La selección es muy limitada, sólo hay existencias de las variedades que tienen mayor salida, esto es, de las más populares.

Si algo sale mal

No existen reglas generales a seguir. Podéis intentar reclamar en el establecimiento, pero la respuesta dependerá de la política que siga la dirección. La mayor parte de los dependientes de un gran departamento comercial saben muy poco de las plantas que venden y no cabe esperar que atiendan vuestra reclamación con conocimiento de causa.

Tipos de material para plantar

PLANTA CULTIVADA EN CONTENEDOR

Se denomina árbol o arbusto cultivado en contenedor a aquella planta que, habiendo sido obtenida de semilla, esqueje o injerto, ha crecido siempre en una maceta hasta pasar al contenedor de plástico, de metal o de barro en que la encontráis a la venta. No debería ser una planta que se hubiera desarraigado del suelo para ser metida en el contenedor justo antes de ponerla a la venta. Por desgracia, esto es lo que ocurre muchas veces y tal tipo de plantas, al ser trasplantadas, suelen fracasar o morir. Realizad siempre la prueba n.º 1 que se describe a continuación.

Luego, comprobad que la planta sea sana y robusta mirando el número de tallos y la densidad del follaje. La presencia de flores y de capullos os indicará que la planta ha alcanzado su talla de floración, pero el número de flores no indica necesariamente la calidad del árbol o arbusto. Mirad si hay raíces que atraviesen el contenedor; esto puede ser una buena o una mala señal, según cual sea su tamaño y su posición.

La planta cultivada en contenedor tiene una gran ventaja; puede ser plantada en cualquier época del año siempre que el suelo esté en condiciones. Sin embargo, no es un sistema a toda prueba de cultivar árboles y arbustos; si no acertáis al escogerlos o al plantarlos tendréis problemas.

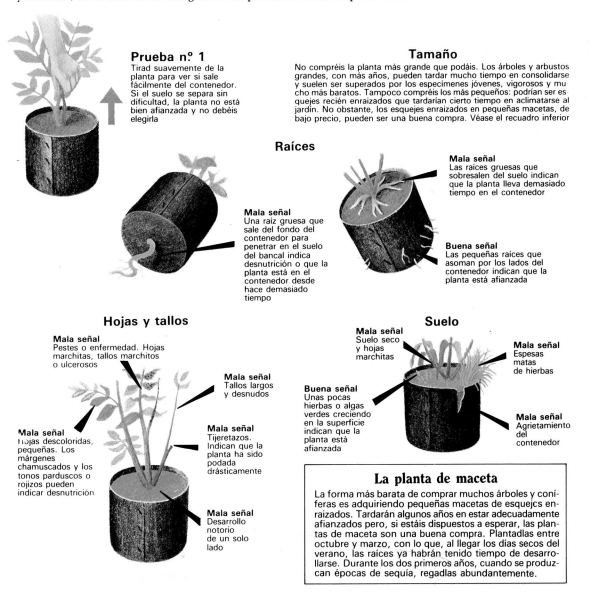

Prueba n.º 1
Tirad suavemente de la planta para ver si sale fácilmente del contenedor. Si el suelo se separa sin dificultad, la planta no está bien afianzada y no debéis elegirla

Tamaño
No compréis la planta más grande que podáis. Los árboles y arbustos grandes, con más años, pueden tardar mucho tiempo en consolidarse y suelen ser superados por los especímenes jóvenes, vigorosos y mucho más baratos. Tampoco compréis los más pequeños: podrían ser esquejes recién enraizados que tardarían cierto tiempo en aclimatarse al jardín. No obstante, los esquejes enraizados en pequeñas macetas, de bajo precio, pueden ser una buena compra. Véase el recuadro inferior

Raíces

Mala señal
Una raíz gruesa que sale del fondo del contenedor para penetrar en el suelo del bancal indica desnutrición o que la planta está en el contenedor desde hace demasiado tiempo

Mala señal
Las raíces gruesas que sobresalen del suelo indican que la planta lleva demasiado tiempo en el contenedor

Buena señal
Las pequeñas raíces que asoman por los lados del contenedor indican que la planta está afianzada

Hojas y tallos

Mala señal
Pestes o enfermedad. Hojas marchitas, tallos marchitos o ulcerosos

Mala señal
Tallos largos y desnudos

Mala señal
Hojas descoloridas, pequeñas. Los márgenes chamuscados y los tonos parduscos o rojizos pueden indicar desnutrición

Mala señal
Tijeretazos. Indican que la planta ha sido podada drásticamente

Mala señal
Desarrollo notorio de un solo lado

Suelo

Mala señal
Suelo seco y hojas marchitas

Mala señal
Espesas matas de hierbas

Buena señal
Unas pocas hierbas o algas verdes creciendo en la superficie indican que la planta está afianzada

Mala señal
Agrietamiento del contenedor

La planta de maceta
La forma más barata de comprar muchos árboles y coníferas es adquiriendo pequeñas macetas de esquejes enraizados. Tardarán algunos años en estar adecuadamente afianzados pero, si estáis dispuestos a esperar, las plantas de maceta son una buena compra. Plantadlas entre octubre y marzo, con lo que, al llegar los días secos del verano, las raíces ya habrán tenido tiempo de desarrollarse. Durante los dos primeros años, cuando se produzcan épocas de sequía, regadlas abundantemente.

Tipos de material para plantar *continuación*

PLANTA CON LAS RAÍCES DESNUDAS

Las plantas con las raíces al descubierto han sido desarraigadas en el vivero y luego transportadas sin suelo. Para evitar que se sequen, las raíces se envuelven en algún material húmedo, como la turba.

La plantación se realiza durante el período de reposo y debe terminarse antes de que las yemas foliares comiencen a desarrollarse. En muchos jardines la época mejor es desde mediados de octubre hasta finales de noviembre. En lugares fríos y húmedos y en suelos densos y arcillosos es preferible hacerlo en marzo. Las plantas con las raíces al descubierto son más baratas que las cultivadas en contenedor y no es cierto que siempre les cueste más aclimatarse. Algunos arbustos se afianzan más fácilmente si se plantan con las raíces desnudas.

PLANTA EMPAQUETADA

En las ferreterías, supermercados y grandes almacenes la forma normal de vender los arbustos es empaquetados. Son plantas de raíces desnudas envueltas en turba húmeda y el conjunto metido en una bolsa de politeno y/o en una caja. En el envoltorio hay las instrucciones para plantarlas y una fotografía de las plantas en flor. La comodidad de la tienda es a la vez una ventaja y un inconveniente: facilita la compra pero, si hace calor, lejos de los bancales fríos de la jardinería, se produce un desarrollo prematuro.

Mala señal
Yemas foliares comenzando a abrirse

Mala señal
Tallos agrietados o enfermos

Mala señal
Pequeñas raíces blancas que crecen entre la turba húmeda

Buena señal
Sistema radicular bien desarrollado con raíces en todas direcciones

Mala señal
Yemas foliares comenzando a abrirse

Mala señal
Tallos agrietados o enfermos

Mala señal
Pequeñas raíces blancas que crecen entre la turba húmeda

PLANTAS CON LAS RAÍCES CUBIERTAS

Los árboles y arbustos perennifolios, coníferas incluidas, suelen venderse con las raíces cubiertas. Para ello, una vez desarraigados, se deja intacto el suelo que rodea las raíces y se envuelve apretadamente este cepellón con tela de saco, red de nilón o lámina de politeno. El cepellón debe ser firme y relativamente grande y no debe cercarse. Este tipo de plantas han de transportarse siempre sujetándolas por debajo; no las cojáis por el tronco como si éste fuera un asa. En la jardinería podéis encontrar coníferas de varias tallas presentadas de esta manera. La norma es comprar ejemplares jóvenes de las coníferas de talla grande; se afianzarán más de prisa que los viejos. En el caso de coníferas enanas, podéis comprar plantas adultas.

Mala señal
Crecimiento asimétrico, grandes zonas de follaje marrón

Buena señal
Si la planta es perennifolia, las ramas deben ser gruesas y estar cubiertas de hojas sanas

Mala señal
Raíces que crecen horizontalmente alrededor del tronco, en la parte superior del cepellón de suelo. Podréis palpar estas raíces a través de la envoltura

Mala señal
Suelo seco o cepellón de suelo roto

Época del año

PLANTAS CULTIVADAS EN CONTENEDOR

JUL	AGOS	SEPT	OCT	NOV	DIC	ENE	FEB	MAR	ABR	MAYO	JUN

PERENNIFOLIOS CON RAÍCES CUBIERTAS

PLANTAS CON RAÍCES DESNUDAS Y PLANTAS EMPAQUETADAS

PERENNIFOLIOS CON RAÍCES CUBIERTAS

Las condiciones del suelo son tan importantes como el calendario. El suelo no debe estar ni helado ni encharcado. Estrujad un puñado de tierra; debe estar suficientemente húmeda para que quede hecha una bola y a la vez suficientemente seca para que se descomponga al tirarla contra una superficie dura.

Acondicionamiento del suelo

Por más caro que sea el árbol o el arbusto que hayáis comprado sólo crecerá en la medida que el suelo lo permita. Los suelos que de por sí son ideales son pocos, pero casi todos pueden ser convertidos en un buen alojamiento para las plantas trabajándolos un poco con la laya (especialmente en jardines arcillosos) y añadiéndoles humus (especialmente en suelos arenosos). Los suelos calcáreos pueden ser un problema.

DOBLE CAVA: es un procedimiento recomendable para airear el suelo y desmenuzar el subsuelo. La primera fase consiste en cavar una zanja de unos 50 cm de ancho por 30 de profundidad a un lado del arriate y transportar el suelo al otro lado. Con la horquilla, incorporar turba o compost a la zanja dejada por A y rellenarla con el suelo de la porción B y así sucesivamente hasta tener una última zanja que se rellenará con el suelo de la primera. No saquéis las piedras pequeñas ya que resultan beneficiosas en épocas de sequía. Trabajad la capa superior del suelo con la horquilla, incorporándole harina de huesos a razón de 100 g por metro cuadrado, y antes de efectuar la plantación dejad que el terreno se asiente durante algunas semanas. Si el suelo es muy superficial y el subsuelo es denso y arcilloso, lo más sencillo es no cavarlo y cultivar los arbustos en un bancal elevado mediante la adición de una gruesa capa de suelo.

Acondicionamiento de las plantas

PLANTAS DE RAÍCES DESNUDAS Y PLANTAS EMPAQUETADAS

SI VAIS A TARDAR 3 Ó 4 DÍAS EN PLANTARLAS. Dejad las plantas en un sótano, garaje o granero, fresco, pero donde no hiele. No toquéis la turba que rodea las raíces. Mojadla si está seca.

SI VAIS A TARDAR MÁS DE 3 Ó 4 DÍAS EN PLANTAR-LAS. Cavad una zanja en V y «escorad» las plantas sobre uno de sus lados, formando una sola fila. Cubrid las raíces y la parte inferior de los tallos con el suelo y compactadla con los pies. Marcad las plantas con etiquetas duraderas; las etiquetas de papel que llevan de origen pueden pudrirse.

CUANDO VAYÁIS A PLANTARLAS. Desempaquetadlas cuidadosamente y cubrid las raíces con el material de embalaje, tela de saco, etc. Luego preparad las plantas como muestra el diagrama adjunto.

Eliminad todas las hojas y flores marchitas

Eliminad los tallos marchitos o anormalmente delgados.

Si las raíces están secas o los tallos están agrietados, sumergid las raíces en un cubo de agua durante unas 2 horas. Antes de la plantación, las raíces nunca deben secarse; mantenedlas tapadas hasta que estéis a punto de colocar la planta en el correspondiente hoyo

Cortad las raíces dañadas o las que sean demasiado largas hasta una longitud de unos 30 cm.

PLANTAS EMPAQUETADAS

Las plantas empaquetadas pueden esperar algunas semanas a ser plantadas siempre que el cepellón de suelo se mantenga húmedo

Si vais a tardar en plantarlas, para evitar que la planta se venga abajo, atad el tronco a un soporte

No quitéis la cubierta en este estadio.

Mantened húmedo el cepellón del suelo hasta que vayáis a plantarla.
Si vais a tardar mucho, cubridlo con turba, compost o suelo húmedo

PLANTAS DE MACETA

Las plantas cultivadas en maceta pueden guardarse varias semanas siempre que el suelo se mantenga húmedo

Si vais a tardar en plantarlo y se trata de un árbol o de un arbusto grande cargado de hojas, sujetad el tallo a un soporte para evitar que la planta se venga abajo cuando sople el viento

Mantened húmedas las raíces regando el suelo hasta el momento de plantarlo

Plantación

PLANTAS DE RAÍCES DESNUDAS Y PLANTAS EMPAQUETADAS

Lo primero que hay que hacer es marcar con cañas los puntos de plantación para comprobar que las plantas estarán convenientemente distan-
ciadas entre sí. Luego, cavad el hoyo correspondiente a cada árbol o
arbusto. El error más frecuente es cavar un hoyo demasiado hondo y demasiado estrecho. Para calcular la profundidad, guiaros por la señal que
el suelo ha dejado en el tronco de cada planta.

Mezcla para la plantación

Preparad la mezcla para la plantación en una carretilla un día en que
el suelo esté bastante seco y des-
menuzable: 1 parte de suelo, 1 parte
de turba húmeda y 3 puñados de
harina de huesos por carga. Guardad esta mezcla en un cobertizo o
garaje hasta que vayáis a comenzar la plantación.

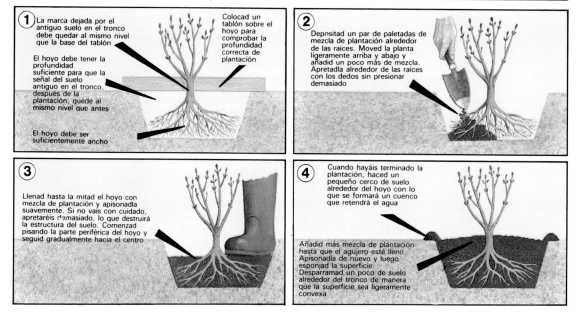

PLANTAS CON RAÍCES CUBIERTAS Y PLANTAS DE CONTENEDOR

No creáis que las plantas cultivadas en contenedor son muy fáciles de plantar. Si el suelo que rodea el cepellón de origen no es el adecuado, las raíces no crecerán. Esto significa que no basta con cavar un hoyo, sacar
la planta del contenedor, meterla en el hoyo y rellenarlo con el suelo.

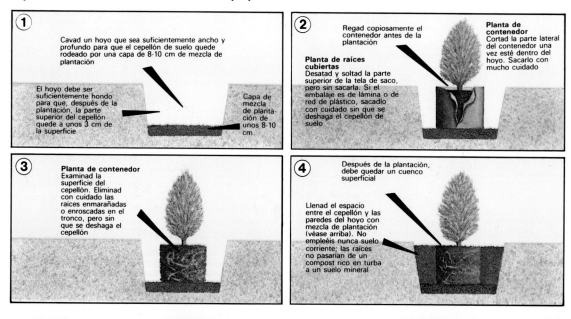

Estacado

Los vientos fuertes pueden abatir un árbol o un arbusto alto y fusiforme si sus raíces no son capaces de anclarlo firmemente en el terreno. Un ejemplar recién plantado no posee este anclaje por lo que puede ser desarraigado fácilmente. Para que esto no ocurra es necesario estacarlo, algo que debe hacerse al mismo tiempo de la plantación, no después cuando el daño ya está hecho

ÁRBOLES CON LAS RAÍCES DESNUDAS

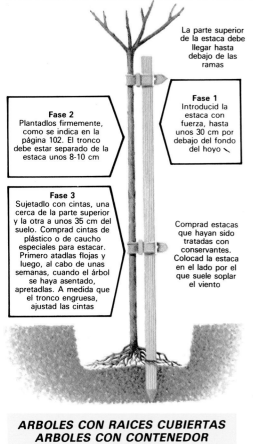

La parte superior de la estaca debe llegar hasta debajo de las ramas

Fase 1
Introducid la estaca con fuerza, hasta unos 30 cm por debajo del fondo del hoyo

Fase 2
Plantadlos firmemente, como se indica en la página 102. El tronco debe estar separado de la estaca unos 8-10 cm

Fase 3
Sujetadlo con cintas, una cerca de la parte superior y la otra a unos 35 cm del suelo. Comprad cintas de plástico o de caucho especiales para estacar. Primero atadlas flojas y luego, al cabo de unas semanas, cuando el árbol se haya asentado, apretadlas. A medida que el tronco engruesa, ajustad las cintas

Comprad estacas que hayan sido tratadas con conservantes. Colocad la estaca en el lado por el que suele soplar el viento

ARBOLES CON RAICES CUBIERTAS ARBOLES CON CONTENEDOR

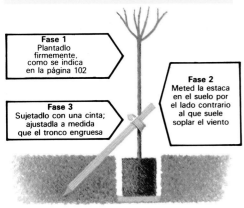

Fase 1
Plantadlo firmemente, como se indica en la página 102

Fase 2
Meted la estaca en el suelo por el lado contrario al que suele soplar el viento

Fase 3
Sujetadlo con una cinta; ajustadla a medida que el tronco engruesa

Distancia

En los libros especializados en rosales siempre figura una guía de la distancia correcta a que deben plantarse los diversos tipos, pero en los libros de arbustos este tema generalmente permanece ignorado, lo cual no deja de ser extraño, ya que plantar demasiado apretadamente es uno de los errores más frecuentes en el jardín arbustivo.

Es fácil adivinar por qué la gente planta demasiado apretadamente. Las plantas adquiridas en la jardinería o en el vivero suelen ser pequeñas y resulta difícil imaginarlas tal como serán en su madurez. Pero *llegarán* a la madurez y, si las habéis plantado muy juntas, sólo os quedarán dos alternativas: arrancar algunos arbustos (que es lo más sensato pero lo menos corriente) o podarlos a fondo cada año, con lo que destruiréis gran parte de su belleza.

Lo mejor es comenzar correctamente:

Distancia recomendada entre dos plantas

Arbustos — Sumad la talla máxima de A y la de B (consultad la guía alfabética). Dividid la suma por 3

Árboles (excepto las variedades columnares) — Sumad la talla máxima de A y la de B (consultad la guía alfabética). Dividid la suma por 2

Al plantar a esta distancia el arriate se ve despoblado y feo. Podéis plantar algo más cerca, pero tampoco resultará. Una solución es plantar cierto número de arbustos «de relleno» entre los árboles y arbustos elegidos para tenerlos permanentemente. Estos arbustos «de relleno», como *Forsythia, Ribes, Spiraea, Mahonia,* etc., pueden adquirirse a bajo precio en las «ofertas» y pronto producirán un buen efecto. A medida que los arbustos permanentes crezcan y necesiten más espacio, deberéis ir arrancando los «de relleno». Otra solución es llenar el espacio que queda entre los arbustos con bulbos, plantas anuales, herbáceas perennes y plantas de cobertera. Sea cual fuere el plan que sigáis, el resultado será mucho mejor que la aglomeración de arbustos que se ve en innumerables jardines.

Después de la plantación

El mantenimiento es tan importante como la plantación. Una vez el nuevo árbol o arbusto esté en su lugar, debe ser regado copiosamente. Cortad las ramas de los arbustos adquiridos con las raíces al descubierto hasta unos dos tercios de su longitud.

Los perennifolios son problemáticos. Si los plantáis en otoño, puede producirse un amarronamiento invernal. Protejed los ejemplares escogidos con una pantalla hecha de lámina de politeno. Al llegar la primavera, cuando el día sea caluroso, pulverizad las hojas con agua y aplicad una capa de acolchado alrededor de los tallos.

Hasta unos dos años después de la plantación, no dejéis que crezcan hierbas a menos de 30 cm de la base de los árboles.

CAPÍTULO 7
CUIDADO DE LOS ÁRBOLES Y ARBUSTOS

Una de las principales razones del continuo incremento de la popularidad de los árboles y arbustos es que son plantas que ahorran trabajo. Con ellos, el jardinero puede olvidarse de la plantación anual y la previa preparación del suelo, de los abonados y las pulverizaciones regulares, de la trasplantación otoñal y de otras muchas labores. Para muchos de nosotros se trata sólo de eliminar las ramas indeseadas, de cavar y de regar.

Los árboles y arbustos no necesitan mucho más. Mantenerlos a raya y podarlos para que produzcan flores en abundancia significa cortarlos en la época adecuada y de la forma adecuada. También es importante acolcharlos y dirigirlos. Desde luego, los árboles y arbustos *son* plantas que ahorran trabajo, pero ahorrar demasiado trabajo eludiendo realizar tareas esenciales puede significar un acúmulo de trabajo extra.

PODA

El propósito de la poda es triple. En primer lugar, responde a la necesidad de eliminar el leño de baja calidad, como son los vástagos débiles, las ramas muertas o enfermas y los tallos dañados. Luego, sirve para dar forma al árbol o arbusto; aquí se trata de eliminar leño bueno pero indeseado, de manera que el vigor de la planta se manifieste en donde queramos. Finalmente, los árboles y arbustos se podan para regular la calidad y cantidad de las flores a lo largo del tiempo.

Para lograr estos propósitos generalmente es necesario podar cada año. Algunos puede que no necesiten ser podados, otros, para conservar su belleza, necesitarán una poda drástica. Existen unas cuantas normas generales que damos a continuación, pero hay una norma fundamental: *consultad las guías alfabéticas y seguid las instrucciones dadas para cada planta.*

MOLDEADO INFORMAL
Es la poda adecuada a las plantas singulares y a los árboles y arbustos del arriate. Se trata de conservar su forma natural; podría llamarse poda de aclarado

MOLDEADO CLÁSICO
Es la poda utilizada en la topiaria y en el recorte de setos. Se trata de conservar una forma artificial pero vistosa; es la poda de desmochado

Herramientas para podar

TIJERAS DE DOBLE FILO
Si las cuidáis, cortarán limpiamente durante muchos años. Debéis realizar el corte mediante la parte central del filo: diámetro máximo 1,5 - 2 cm

TIJERAS DE JARDINERO
Se necesitan para recortar los setos y asear el arriate. Deben ser de buena calidad y estar bien montadas; mantenedlas limpias, secas y afiladas

GUANTES
Necesarios para proteger las manos de púas y espinas. Deben ser gruesos y flexibles

SIERRA DE PODAR
Muy útil si tenéis que cortar tallos de más de 1,5 cm de diámetro

PODADORA DE MANGO LARGO
Para tallos de 1,5 - 4 cm de diámetro. Muchos jardineros, para cortar tallos gruesos, la prefieren a la sierra de podar. Esencial para árboles y grandes arbustos

RECORTADOR ELÉCTRICO DE SETOS
Para hacer el trabajo duro al recortar los setos; si tenéis que mantener a raya un seto largo, es una buena adquisición

CUCHILLO DE PODAR
Util para pulir los cortes hechos con la sierra. Excelente para podar ramas delgadas, pero sólo si sabéis usarlo

Tipos de poda

DESMOCHADO

Se eliminan los extremos de las ramas. Con ello se estimula el desarrollo de las yemas de crecimiento inferiores.

A la larga se obtiene un arbusto más pequeño y más denso que el que no se poda.

Tipos especiales de desmochado

RECORTADO

Con las tijeras o con el recortador eléctrico se eliminan los ápices de crecimiento y una pequeña parte de las ramas. Esta técnica se emplea para la topiaria y para conservar la forma de los setos.

PINZADO

Pinzándolos con los dedos se eliminan los ápices de crecimiento uno a uno. Esta técnica se utiliza para conseguir que las plantas pequeñas se hagan más densas.

ACLARADO

Se cortan ramas enteras a ras del tronco principal. Con ello las ramas restantes se vuelven más vigorosas.

A la larga se obtiene un arbusto más alto y más abierto que el que no se poda.

Tipo especial de aclarado

PODA LATERAL

Es la eliminación de una rama grande cortándola a ras del tronco del árbol. Si creéis que no podréis hacerlo, llamad a un experto.

❷ Cortad hacia abajo para separar la parte principal de la rama

❶ Aserrad ligeramente la parte inferior de la rama a unos 10 cm del tronco

Aserrad el muñón: haced el corte casi a ras del tronco

Pulid los bordes con un cuchillo de podar. Pintad la superficie del corte con masilla de injertar

Tipos de madera

Yema lateral

Yema terminal

LEÑO VIEJO

LEÑO DEL TERCER AÑO (ramas formadas dos años antes)

LEÑO NUEVO

LEÑO DEL PRIMER AÑO ramas formadas este año

LEÑO VIEJO

LEÑO DEL SEGUNDO AÑO ramas formadas el año anterior

La poda anual paso a paso

PASO 1	**Época adecuada.** Es esencial que la poda se efectúe en la fase adecuada del desarrollo del árbol o del arbusto; si se poda a fondo fuera de época puede producirse la pérdida de toda una temporada de floración y, algunas veces, incluso la muerte de la planta. Lo mejor es consultar las características de cada árbol y arbusto en las guías alfabéticas; las temporadas que se indican a continuación son sólo una norma general y hay excepciones: Árboles y arbustos caducifolios que florecen antes de finales de mayo — En cuanto haya terminado la floración, no os retraséis Árboles y arbustos caducifolios que florecen después de finales de mayo — Entre enero y marzo, no esperéis a que comience a desarrollarse Cerezos florecientes — A finales del verano Perennifolios de hoja ancha — Mayo Coníferas — Otoño
PASO 2	**Cortad el leño muerto.** En algunos árboles y arbustos es frecuente que, bajo la espesa cima formada por las ramas superiores, las ramas inferiores mueran. Cortadlas justo por donde salen del tronco o de otra rama.
PASO 3	**Cortad el leño enfermo y el dañado.** Debéis cortar todas las ramas que hayan sido dañadas por el viento o por la nieve y todo leño gravemente enfermo o ulceroso. La superficie del corte no debe presentar manchas marrones.
PASO 4	**Cortad el leño débil y el sobrecargado.** Podad todos los tallos demasiado delgados y débiles, luego alejaros y observad el entretejido de las ramas. Si veis que hay una maraña de tallos entrecruzados en el centro del arbusto, aclarad parte del leño viejo para que el arbusto quede más abierto, con lo que mejorará su vigor y su apariencia.
PASO 5	**Eliminad los chupones.** En las plantas injertadas, el crecimiento de chupones a partir de los portainjertos las debilita y, si no se eliminan, las plantas silvestres pueden anular las injertadas. Algunos arbustos que crecen sobre sus propias raíces también emiten chupones, que también deben ser desarraigados si queréis que la planta no se salga de sus límites. Si no se eliminan los chupones, en pocos años tendréis un matorral.
PASO 6	**Cortad las ramas sobrantes.** Una vez más alejaros y observad la planta. ¿Hay alguna rama mal situada? ¿Se está volviendo invasiva? ¿Los tallos, cuelgan sobre el camino? Recordad que las ramas demasiado largas deben atajarse cada año; no las dejéis hasta que sea necesaria una operación de cirugía mayor.
PASO 7	**Poda (si hace falta) para obtener una floración abundante.** Muchos árboles y arbustos florecientes (pero no todos) necesitan una poda para producir numerosos tallos florecientes. Para cada una de las plantas, consultad las guías alfabéticas. Las normas siguientes son sólo una guía general y hay excepciones: Árboles y arbustos caducifolios que florecen antes de finales de mayo. Ejemplos: Ribes, Forsythia, Philadelphus, jazmín de floración infernal, Weigela y Deutzia — Las flores son producidas por el leño viejo. Cortad todas las ramas que hayan dado flores; en muchos casos esto implica cortarlas hasta cerca del punto de unión con el tronco. Nacerán nuevas y vigorosas ramas que al año siguiente producirán flores. Árboles y arbustos caducifolios que florecen después de finales de mayo. Ejemplos: Fúcsia, Potentilla, Tamarix, Buddleia davidii — Las flores aparecen sobre el leño joven. Podad a fondo todo el leño viejo. Nacerán nuevas y vigorosas ramas que producirán flores ese mismo año. Cerezos florecientes — No necesitan poda. Perennifolios de hoja ancha — No necesitan poda. En algunos de estos arbustos, como Buxus, Rhododendron y Santolina, se poda drásticamente para regenerar las matas de ramas inferiores desnudas y muy largas. Coníferas — No necesita poda

El corte de la poda

Corte sesgado
├ 6 mm

Yema en reposo

Todos los cortes deben ser limpios; pulid todas las desigualdades. Es esencial que las tijeras estén afiladas: apretadlas, no desgajéis las ramas. Los cortes de más de 2 cm de diámetro deben ser pintados con masilla de injertar para protegerlos del agua y del hielo. Al podar no se puede evitar hacer mal algunos cortes por lo que, sobre algunas nuevas ramas, se formarán muñones de leño viejo. Cortad esos muñones a medida que crezcan.

Poda de setos
Para podar los setos de nueva plantación y los ya consolidados hay algunas normas especiales, véase página 114.

Acolchado

El acolchado consiste en depositar una gruesa capa de materia orgánica sobre la superficie del suelo que rodea las plantas. Al acolchar árboles y arbustos se introducen cinco mejoras:

- Durante los días secos del verano, el suelo se mantiene húmedo.
- Se reducen considerablemente las malas hierbas.
- Al aportar turba, se mejora la estructura del suelo.
- Determinados materiales de acolchado son, al mismo tiempo, fertilizantes.
- En invierno, disminuye la penetración del frío en el suelo.

Los materiales apropiados para acolchar son la turba húmeda, un buen compost de jardín, el estiércol descompuesto, el biohumus y la tierra de hojas. También suelen recomendarse, y se emplean, los recortes del césped, pero debemos hacer una advertencia: depositad de vez en cuando una capa delgada de recortes y mezcladlos; no los utilicéis si contienen malas hierbas o si se ha aplicado un herbicida al césped.

La época normal para acolchar es a finales de abril o comienzos de mayo. El éxito depende de si se ha preparado adecuadamente el suelo antes de depositar la alfombra orgánica. Sacad los residuos y los hierbajos y luego, si la superficie está seca, regad. Extended una capa de unos 5-8 cm alrededor del tronco, pero sin tocarlo. Las azaleas, magnolias y camelias responden particularmente bien al acolchado.

Protección invernal

Generalmente, la nieve y las heladas que se producen durante un invierno normal no suelen causar daños en los árboles y arbustos del jardín, pero si sobreviene un invierno anormalmente crudo puede producir grandes pérdidas. Los ejemplares recién plantados, especialmente si son perennifolios delicados, deben protegerse del frío. Podéis levantar una pantalla de plástico (cercioraos de que la parte inferior esté bien sujeta al suelo para evitar la sequía) o colocad una gran bolsa de plástico sobre cada ejemplar cuando preveáis que las noches van a ser muy frías.

Las plantas ya afianzadas son más resistentes a las heladas que las de nueva plantación, pero son más susceptibles a otro enemigo invernal, la nieve. Las ramas de las grandes coníferas pueden romperse a causa del peso de la nieve depositada sobre ellas. Si se prevén nevadas copiosas, vale la pena atar las ramas de las coníferas selectas con cuerdas.

Azadonado

El propósito principal del azadonado es eliminar las malas hierbas que, como la grama del norte, no quedan sofocadas con el acolchado. Para ello es necesario azadonar regularmente de manera que se desarraiguen los hierbajos. Azadonad hasta unos 3 cm de profundidad, si no podríais dañar las raíces superficiales del arbusto. La antigua creencia de que azadonando se conservaba la humedad no tiene vigencia; no os molestéis en hacerlo con este fin.

Abonado

Como todos los seres vivos, los árboles y los arbustos necesitan alimento. La producción de tallos, hojas y raíces representa una merma de las reservas de nitrógeno, fosfato, potasio y otros nutrientes del suelo, pero, generalmente, no hace falta abonarlo. El sistema radicular, en continua expansión, de una planta ya consolidada puede llegar a hacer mella en los nutrientes del suelo y hay algunos momentos en que es recomendable aplicar fertilizantes.

- Un árbol o arbusto recién transplantado no ha tenido tiempo de desarrollar un sistema radicular extenso. Por tanto, deberíais incorporar un fertilizante de acción retardada al suelo que rodea las escasas raíces. Lo mejor es añadir harina de huesos a la mezcla para la plantación (véase página 102).

- Al llegar la primavera, mucha gente aplica fertilizante alrededor de sus árboles y arbustos, pero hay ocasiones en que el abonado radicular no es efectivo, como en los suelos superficiales y empobrecidos, en casos de sequía prolongada, etc. Entonces debéis emplear la técnica del abonado foliar consistente en pulverizar las hojas con fertilizante diluido tipo Zeltifoliage: los nutrientes son absorbidos rápidamente y se incorporan a la savia circulante y la planta responde de inmediato aumentando su actividad radicular. No aboméis los árboles ni los arbustos después del mes de julio.

- Los arbustos que forman grandes inflorescencias y/o los que florecen durante largo tiempo, como los rosales y las lilas, deben ser abonados cada año. Emplead un fertilizante específico de rosales.

Dirigir y sostener

Dirigir no es lo mismo que sostener. Sostener implica colocar una varilla, una estaca o una estructura a la que puedan sujetarse los tallos débiles, dirigir es fijar las ramas en la posición adecuada para que la planta adquiera el porte deseado, aunque no sea natural.

Es posible que, al crecer, el árbol sobrepase su estaca pero que aún necesite de un soporte. En este caso se coloca un collar en la parte media del tronco y se fija al suelo mediante tres alambres gruesos. Algunos arbustos de tallos laxos y desparramados, al cabo de unos años, necesitan cierto tipo de soporte. Si la planta no está junto a un muro o una estructura, utilizad tres o más estacas con una banda que las sujete por arriba; no os conforméis con sujetarla a un solo poste.

Muchos árboles, especialmente los de porte llorón, para evitar que formen una maraña de ramas, deben dirigirse desde el principio. Seleccionad la rama que va a constituirse en tronco y atadla a una estaca vertical; cortad todas las ramas laterales bajas. A la altura deseada, dejad que esta rama principal se bifurque para que se forme la copa; con ello obtendréis un árbol estándar con un tronco que os llegue a la cintura (estándar bajo), a los hombros (estándar medio) o a la cabeza (estándar). Incluso una trepadora como la Wisteria puede ser dirigida de este modo.

Las plantas trepadoras, para que se mantengan sujetas al soporte y para que crezcan en la dirección deseada, deben dirigirse desde el principio. Esto no significa que todos los tallos hayan de guiarse verticalmente; su efecto puede resultar mucho más espectacular si los guiáis en ángulo (en abanico) u horizontalmente (en espaldera).

Flor cortada

Uno de los placeres que ofrece el jardín es poder cortar algunas flores y ramas para la decoración del hogar. Este tipo de poda primaveral o estival no suele causar ningún daño, pero tiene sus normas. Durante el primer año de estancia en vuestro jardín, la planta necesita de todos sus tallos y sus hojas verdes por lo que no debéis cortar demasiadas flores ni despojarla de muchas hojas.

Descabezar

Ciertamente es casi imposible eliminar las flores marchitas de la mayor parte de árboles y arbustos, pero hay algunas variedades florecientes que deben ser descabezadas. Los racimos de los rosales de té híbridos y de los Floribunda deben cortarse en cuanto se marchitan y las flores de los rododendros deben desprenderse cuidadosamente con los dedos índice y pulgar; tened cuidado de no dañar los capullos de debajo. Cortad las inflorescencias de las lilas una vez marchitas.

Riego

Durante los dos primeros años de la vida de un árbol o un arbusto en vuestro jardín, cuando a finales de primavera o en verano se produzca un período de sequía, será necesario que lo reguéis copiosamente. En cuanto la planta se haya afianzado el riego ya no deberá ser tan frecuente puesto que, por lo general, cuando las plantas anuales y las hortalizas comienzan a flaquear los árboles y los arbustos aún se conservan verdes y lozanos.

No obstante, la necesidad de agua debe tenerse en cuenta. Si el tiempo es seco, observad los puntos problemáticos: las trepadoras que crecen junto a la casa, los arbustos de maceta y todas las plantas que viven en un suelo muy arenoso necesitarán riego. Además están las plantas de raíces superficiales que, incluso si el suelo es bueno, tendrán sed en cuanto lleguen los calores estivales. Los abedules y los rododendros son ejemplos bien conocidos de plantas que sufren con la sequía, pero hay otras más.

Si os decidís a regar, hacedlo en abundancia; un salpicado hace más mal que bien. Como norma, emplead 4 l por cada arbusto pequeño y 12 l por cada arbusto grande. A veces se utiliza una regadera, pero, a menos que el jardín sea muy pequeño, es mucho mejor regar con una manguera. Acordaros de regar despacio cerca de la base de la planta.

Un buen método es regar mediante una manguera perforada extendida sobre el suelo cerca de los arbustos. En América emplean una técnica fácil y rápida consistente en formar un cerco de suelo alrededor de cada arbusto y llenarlo de agua con una manguera.

CAPÍTULO 8
AUMENTO DE LAS EXISTENCIAS

Las razones fundamentales para que obtengáis en vuestro jardín nuevos árboles y arbustos son tres. La primera es la satisfacción que produce tener plantas caseras en las que sólo vosotros habéis intervenido. La segunda es que no existe otro sistema para reproducir determinada variedad admirable que no podéis adquirir en ningún vivero y la última, pero no por ello la menos importante, es la sencilla razón de ahorrar dinero.

No todos los árboles y arbustos pueden reproducirse en casa y la facilidad con que pueden obtenerse plantas nuevas varía desde lo que es un juego de niños hasta lo casi imposible. Hay varias técnicas: en la guía alfabética se cita la más adecuada para cada planta. Todo jardinero debe poner a prueba su habilidad para acodar, dividir o esquejar las plantas; no hay nada que perder y sí mucho que ganar.

DIVISIÓN

Algunos arbustos pequeños forman matas que pueden desarraigarse y dividirse en varias porciones con raíces como las herbáceas perennes. Cada una de las secciones se debe plantar y regar copiosamente.

Mejor época: comienzos de invierno
Ejemplos: Ceratostigma Espliego
Daboecia Vinca

Muchos arbustos se extienden mediante chupones, que son brotes que surgen de una raíz o un tallo subterráneo. Uno de los métodos de reproducción más fácil consiste en desgajar estos chupones y plantarlos.

Mejor época: a comienzos de invierno para los caducifolios, en abril o septiembre para los perennifolios.
Ejemplos: Bambú Mahonia
Cornus alba Pernettya
Avellano Rhus typhina
Kerria Symphoricarpos

ACODO

Los arbustos de tallos flexibles pueden reproducirse fácilmente por acodo. Algunas plantas, como los rododendros y las magnolias, producen espontáneamente nuevas plantas mediante este sistema. Para acodar un arbusto o una planta trepadora se estaca un tallo dentro del suelo y se deja unido a la planta madre hasta que se han formado raíces en la parte inferior del tallo acodado. Esto puede tardar de 6 a 12 meses.

Mejor época: primavera u otoño
Ejemplos: Berberis Madreselva
Camelia Japonica
Clemátide Lila
Forsythia Magnolia
Brezo Rododendro

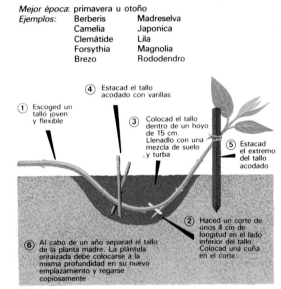

④ Estacad el tallo acodado con varillas

① Escoged un talló joven y flexible

③ Colocad el tallo dentro de un hoyo de 15 cm. Llenadlo con una mezcla de suelo y turba

⑤ Estacad el extremo del tallo acodado

② Haced un corte de unos 4 cm de longitud en el lado inferior del tallo. Colocad una cuña en el corte

⑥ Al cabo de un año separad el tallo de la planta madre. La plántula enraizada debe colocarse a la misma profundidad en su nuevo emplazamiento y regarse copiosamente

Desgajad el chupón con la mayor cantidad de raíces posible. Plantadlo a la misma profundidad. Regadlo copiosamente ②

① Cortad el suelo alrededor del chupón con una laya

SIEMBRA DE SEMILLAS

La siembra de semillas es el método empleado normalmente para obtener hortalizas y flores, pero no se utiliza demasiado para reproducir árboles y arbustos en casa. La germinación no siempre es viable; algunas semillas tardan muchos meses en germinar y otras necesitan estar expuestas a un tiempo frío durante meses antes de comenzar a desarrollarse Pueden pasar varios años antes de que las plántulas sean suficientemente grandes para resultar decorativas y muchas variedades no producen semillas. A pesar de estos inconvenientes, algunos arbustos pueden obtenerse por semillas:

Ejemplos: Cistus Genista Leycesteria
Clerodendron Hippophae Potentilla

La mejor época es la primavera. Llenad una maceta con compost para semillas y esquejes, esponjadlo con los dedos y regadlo ligeramente. Sembrad las semillas bien esparcidas; si son suficientemente grandes depositadlas a mano, bien espaciadas. Las grandes, cubridlas con una capa de compost; las pequeñas, no. Colocad una bolsa de politeno sobre el contenedor y sujetadla con una goma elástica.

Colocad la maceta en un lugar sombreado, a una temperatura de 18-21 °C. Tan pronto hayan germinado las semillas, trasladadla a un lugar iluminado, pero sin que le dé el sol. Sacad la bolsa, mantened húmeda la superficie y girad la maceta de vez en cuando para evitar un crecimiento asimétrico. Tan pronto como las plántulas sean suficientemente grandes para manejarlas, trasplantadlas a macetas pequeñas llenas de compost de macetas.

ESQUEJES

Esquejes otoñales al aire libre

Muchos árboles y arbustos se reproducen por esquejes, y los esquejes de leño duro que se plantan al exterior a finales de otoño son los más fáciles de obtener. Por desgracia, el número de variedades raras que pueden reproducirse por este sistema es menor que el de las que se reproducen por esquejes bajo cristal en verano.

Mejor época: noviembre

Ejemplos:

Aucuba	Forsythia	Philadelphus	Salix
Buddleia	Madreselva	Populus	Sambucus
Buxus	Jazmín	Potentilla	Symphori-
Cornus	Kerria	Ligustro	carpos
Deutzia	Laburnum	Ribes	Spiraea
			Weigela

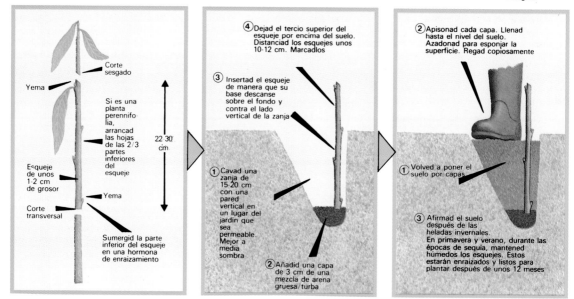

Corte sesgado

Yema

Si es una planta perennifolia, arrancad las hojas de las 2/3 partes inferiores del esqueje

22-30 cm

Esqueje de unos 1-2 cm de grosor

Yema

Corte transversal

Sumergid la parte inferior del esqueje en una hormona de enraizamiento

④ Dejad el tercio superior del esqueje por encima del suelo. Distanciad los esquejes unos 10-12 cm. Marcadlos

③ Insertad el esqueje de manera que su base descanse sobre el fondo y contra el lado vertical de la zanja

① Cavad una zanja de 15-20 cm con una pared vertical en un lugar del jardín que sea permeable. Mejor a media sombra

② Añadid una capa de 3 cm de una mezcla de arena gruesa/turba

② Apisonad cada capa. Llenad hasta el nivel del suelo. Azadonad para esponjar la superficie. Regad copiosamente

① Volved a poner el suelo por capas

③ Afirmad el suelo después de las heladas invernales. En primavera y verano, durante las épocas de sequía, mantened húmedos los esquejes. Estos estarán enraizados y listos para plantar después de unos 12 meses

Esquejes estivales bajo cristal

El método más importante de reproducir árboles y arbustos es tomando esquejes semimaduros en verano. Para ello se suelen escoger los tallos laterales vigorosos y los esquejes deben ser tiernos y verdes por el ápice, pero algo rígidos por la base. Sin darles tiempo a secarse, se plantan rápidamente y se cubren con una cubierta de plástico o de cristal.

Mejor época: julio y agosto

Ejemplos:

Berberis	Daphne	Laurus	Santolina
Buddleia	Escallonia	Lila	Senecio
Ceanothus	Euonymus	Pernettya	Skimmia
Cistus	Hebe	Pieris	Spiraea
Cotoneaster	Madreselva	Potentilla	Viburnum
Cytisus	Hydrangea	Rododendro	Weigela

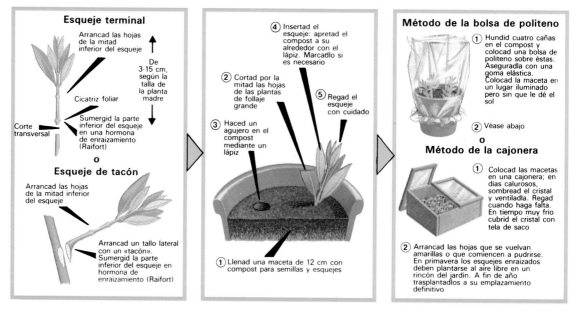

Esqueje terminal

Arrancad las hojas de la mitad inferior del esqueje

De 3-15 cm, según la talla de la planta madre

Cicatriz foliar

Corte transversal

Sumergid la parte inferior del esqueje en una hormona de enraizamiento (Raifort)

o

Esqueje de tacón

Arrancad las hojas de la mitad inferior del esqueje

Arrancad un tallo lateral con un «tacón». Sumergid la parte inferior del esqueje en hormona de enraizamiento (Raifort)

④ Insertad el esqueje: apretad el compost a su alrededor con el lápiz. Marcadlo si es necesario

② Cortad por la mitad las hojas de las plantas de follaje grande

③ Haced un agujero en el compost mediante un lápiz

⑤ Regad el esqueje con cuidado

① Llenad una maceta de 12 cm con compost para semillas y esquejes

Método de la bolsa de politeno

① Hundid cuatro cañas en el compost y colocad una bolsa de politeno sobre éstas. Aseguradla con una goma elástica. Colocad la maceta en un lugar iluminado pero sin que le dé el sol

② Véase abajo

o

Método de la cajonera

① Colocad las macetas en una cajonera; en días calurosos, sombread el cristal y ventiladla. Regad cuando haga falta. En tiempo muy frío cubrid el cristal con tela de saco

② Arrancad las hojas que se vuelvan amarillas o que comiencen a pudrirse. En primavera los esquejes enraizados deben plantarse al aire libre en un rincón del jardín. A fin de año trasplantadlos a su emplazamiento definitivo

CAPÍTULO 9
EMPLEO DE ÁRBOLES Y ARBUSTOS

La palabra «arbusto» evoca la visión de una planta de abundante follaje y floración primaveral o estival, para la parte posterior del arriate. Una «trepadora» es una planta para tapizar las paredes que flanquean la puerta de entrada y un «árbol» es una piedra angular, grande y verde, para un lugar del jardín alejado de la casa. En todas estas visiones estereotipadas hay algo de verdad, pero existen otras muchas aplicaciones para los cientos de árboles, arbustos, trepadoras y coníferas que actualmente están a nuestra disposición.

Tenemos plantas con que cubrir el suelo para hacer menos dura la continua batalla que hemos de librar contra las malas hierbas, y también tenemos plantas que pueden modificar el ambiente del jardín, disminuyendo el ruido, protegiendo las plantas más delicadas en invierno, proporcionándonos intimidad, etc. Los árboles y arbustos pueden ocultar objetos desagradables, crear focos de interés y suministrarnos flores y ramas para la decoración de interiores durante todo el año.

Plantas singulares

Un árbol o arbusto singular es una planta que se cultiva para que crezca a su aire, sin que se interfiera con otras plantas a su alrededor. En el arriate, los tallos desnudos de un arbusto descuidado pueden quedar ocultos por las demás plantas y el aspecto desaliñado de algunos arbustos cuando no están en flor puede pasar desapercibido gracias al bello espectáculo que ofrecen las plantas vecinas. Pero una planta singular debe valerse por sí misma. Su misión es actuar de foco, añadiendo interés a la escena y desviando la atención de otros objetos menos atractivos. Para que desempeñe el papel que se le ha asignado, es necesario que a la hora de elegirlo y de cuidarlo nos atengamos a ciertas normas especiales.

• Escoged un árbol o arbusto que merezca ser admirado durante todo el año, o al menos durante la mayor parte del mismo. Es imprescindible que tenga un follaje bonito y un porte agradable; sería de desear que fuese perennifolio, pero no es esencial. Desde luego, el hecho de que ofrezca un buen espectáculo floral es algo importante, pero un árbol singular no debe ser elegido sólo por esta característica. En muchos árboles singulares el color no lo aportan las flores, sino las hojas, las bayas o la corteza.

• Escoged la talla y el porte adecuados. Un árbol pequeño en medio de un vasto césped queda fuera de lugar. Un árbol grande en un césped muy reducido no sólo queda fuera de lugar; puede incluso anular todos vuestros desvelos en el jardín, y también los de vuestros vecinos en el suyo, privando al suelo del sol, el agua y los nutrientes. Por regla general, cuanto más pequeño sea un jardín, y cuanto más alto sea el ejemplar que elijáis, más delgado deberá ser su porte.

• Es especialmente importante que tenga un mantenimiento adecuado. Al podarlo, seguid las normas que se dan en este libro: si no lo podáis, en pocos años puede convertirse en un arbusto o un árbol desvaído e improductivo. Si se trata de un caducifolio floreciente, abonadlo anualmente y pulverizadlo con un pesticida en caso necesario.

Elección de una planta singular

Son muchas las plantas que cumplen los requisitos expuestos anteriormente y la planta que elijáis debe ser la que más os agrade. A modo de guía, la lista siguiente incluye árboles y arbustos singulares que han sido especialmente recomendados y cultivados.

Porte llorón
- Betula pendula «Youngii»
- Laburnum anagyroides «Pendulum»
- Prunus «Kiku-shidare Sakura»
- Salix chrysocoma

Porte columnar
- Chamaecyparis lawsoniana «Columnaris»
- Juniperus virginiana «Skyrocket»
- Populus nigra «Italica»
- Prunus «Amanogawa»
- Taxus baccata «Fastigiata Aureomarginata»

Follaje rojo/purpúreo
- Acer palmatum «Atropurpureum»
- Fagus sylvatica «Purpurea»
- Malus «Profusion»

Follaje dorado/amarillo
- Catalpa bignonioides «Aurea»
- Chamaecyparis lawsoniana «Stewartii»
- Gleditsia triacanthos «Sunburst»
- Robinia pseudoacacia «Frisia»
- Sambucus racemosa «Plumosa Aurea»
- Thuja occidentalis «Rheingold»

Follaje variegado
- Elaeagnus pungens «Maculata»
- Ilex altaclarensis «Golden King»
- Liriodendron tulipifera «Aureomarginatum»
- Yucca filamentosa «Variegata»

Follaje verde azulado
- Cedrus atlantica «Glauca»
- Chamaecyparis pisifera «Boulevard»
- Picea pungens «Koster»

Miscelánea
- Aesculus hippocastanum
- Amelanchier canadensis
- Aralia elata
- Corylus avellana «Contorta»
- Eucryphia nymansensis
- Ginkgo biloba
- Laburnum watereri «Vossii»
- Magnolia soulangiana
- Pieris formosa
- Rhododendron, especies de
- Rhus typhina
- Sorbus aucuparia

Plantas de cobertera

Un arbusto de cobertera es una planta de porte bajo y desparramado que forma una estera hojosa y espesa. Son plantas que se cultivan con un propósito bien definido: cubrir el terreno con una alfombra verde o coloreada y evitar las malas hierbas. No obstante, la frontera entre planta de cobertera y arbusto enano no está tan bien definida. En este libro el término «cobertera» se aplica únicamente a los arbustos desparramados cuya altura final no sobrepase los 90 cm.

Las plantas de cobertera tienen múltiples aplicaciones: proporcionan verdor entre los arbustos altos y los árboles, ocultan los tocones y las tapas de registro, delimitan los arriates arbustivos, cubren las paredes bajas y tapizan los bancales.
No destruyen los yerbajos; antes de plantar los arbustos de cobertera debe eliminarse hasta la más pequeña porción de raíz de mala hierba perenne.

Elección de una planta de cobertera

Hay tres factores a considerar: la altura de la planta (que puede variar entre unos pocos centímetros y 90 cm), el tipo de suelo (algunas detestan los suelos calcáreos) y el emplazamiento (elegid formas que toleren la sombra para plantar bajo los arbustos y formas que gusten del sol para tapizar los bancales abiertos).

Berberis candidula	Hypericum calycinum	Prunus laurocerasus «Otto Luyken»
Calluna, especies de	Juniperus horizontalis	Santolina chamaecyparissus
Cotoneaster horizontalis	Juniperus media	Senecio greyi
Erica, especies de	Lavandula, especies de	Taxus baccata «Repandens»
Euonymus radicans	Pachysandra terminalis	Viburnum davidii
Hedera, especies de	Pernettya mucronata	Vinca, especies de

Plantas de maceta

Los árboles y arbustos cultivados en contenedores también tienen cabida en el jardín. Un arbusto lleno de color añade interés al patio, al balcón o a la pared de la casa cuando no es posible plantarlos directamente en el suelo. Con una *Yucca* o un *Cordyline* se consigue un toque tropical y es frecuente ver un boj o un laurel guiados y recortados meticulosamente.

Lo primero es elegir el contenedor apropiado. Lo tradicional es una maceta de madera, pero hay otros muchos tipos entre los que escoger: metal, piedra, arcilla, plástico, fibra de vidrio, etc. Lo esencial es que tengan un agujero de drenaje, o varios. El contenedor debe colocarse sobre unos soportes para que el agua fluya libremente y, en el fondo de aquél se deposita una capa de unos 3 cm de cascajos. Luego se llena con compost de suelo (no con suelo normal) o, si el peso es problema, con un compost de turba. Plantad el arbusto firmemente y estacadlo si es necesario. En climas secos es imprescindible regarlo con regularidad.

Elección de una planta de maceta

Hay varios tipos de plantas de maceta. En primer lugar están muchos arbustos corriente y coníferas compactas que harán el mismo efecto que hacen en pleno jardín. En segundo lugar, podéis elegir una de las variedades que resisten una poda frecuente y cultivarla en forma de arbusto geométrico. Luego, tenéis las plantas exóticas delicadas, como los naranjos, que durante los meses de invierno deberán ser trasladados a cubierto.

Arundinaria viridistriata	Hydrangea paniculata «Grandiflora» (estándar)
Berberis, especies de	Juniperus chinensis «Pyramidalis»
Buxus sempervirens	Juniperus media «Old Gold»
Caragana arborescens «Pendula» (estándar)	Juniperus squamata «Meyeri»
Chamaecyparis lawsoniana «Ellwoodii»	Laurus nobilis
Chamaecyparis pisifera «Boulevard»	Palmeras
Cotoneaster salicifolius (estándar)	Prunus cistena (estándar)
Euonymus radicans «Silver Queen»	Rhododendron, especies de
Fatsia japonica	Viburnum carlesii (estándar)
Forsythia «Lynwood» (estándar)	Yucca filamentosa

Plantas para rocalla

En invierno, el jardín rocoso sigue estando lleno de vida gracias a las coníferas y los arbustos y, durante todo el año, distribuidos aquí y allá, ya sea en forma de columnas, de pequeñas matas, o de alfombras coloreadas, añaden interés a las sábanas de flores y de follaje verde que forman las plantas rocosas corrientes.

Sin duda las formas de brezo de follaje coloreado son extremadamente útiles, pero la mayor parte de los arbustos del jardín rocoso son formas miniatura de plantas grandes como el sauce, Spiraea, Hypericum y Philadelphus.

Es vital que la selección sea meticulosa. En algunas tiendas, venden pequeños esquejes enraizados de coníferas como «coníferas rocosas» cuando en realidad son formas juveniles de variedades de talla normal.

Elección de una planta de rocalla

Hay muchos arbustos (véase página 14) y coníferas (véase página 92) adecuados para el jardín rocoso. Para evitar que se vuelvan demasiado invasivos puede ser necesario recortarlos de vez en cuando.

Arriate arbustivo

riate arbustivo

iate monogenérico

El arriate arbustivo es una zona que ha sido plantada con arbustos y algún que otro árbol y que debe contemplarse desde la parte frontal.

En el jardín, los arbustos tienen distintos usos, pero tradicionalmente su sitio está en el arriate arbustivo, que ocupa uno de los lados del jardín, en el que se planta gran variedad de arbustos para que formen un conjunto verde y armónico.

Verdor y armonía. Éstos eran los rasgos esenciales de los arriates arbustivos de la época victoriana. El ligustro, la aucuba, el boj y el tejo formaban una monótona banda de perennifolios de 2 m de anchura y aún actualmente veréis muchos de estos anticuados arriates.

Sin embargo, un arriate arbustivo debe ser algo mucho más interesante, y el secreto está en plantarlo correctamente desde el principio. Se trata de conseguir un efecto armónico: al fondo arbustos altos, tal vez con algunos árboles, en medio arbustos medianos, y luego, en la parte frontal, arbustos bajos, enanos y de cobertera. Estas instrucciones no deben seguirse al pie de la letra; en realidad no se trata de obtener un arriate de pendiente regular y uniforme en toda su amplitud. Romped de vez en cuando el plano inclinado mediante una planta columnar o cónica de talla media plantada cerca de la parte delantera.

Comenzad por plantar la hilera posterior: es la zona que importa más que sea correcta. Muchos arriates arbustivos, además de ser decorativos, desempeñan otro papel, como actuar de cortavientos o crear intimidad. La norma general es elegir plantas cuya altura máxima sea la requerida para este cometido secundario, pero sin que la sobrepasen. Para un arriate normal esto significa elegir, para la hilera posterior, plantas de unos 1,8-2,5 m, con arbustos y árboles más altos aquí y allá.

Una vez decididas las plantas del fondo, elegid las más pequeñas para la parte frontal. No plantéis nunca hileras rectas. La distancia entre las plantas viene determinada por el tamaño que tendrán en su madurez, no por el que tienen los ejemplares recién comprados (véase la guía de la página 103).

Hay cientos de arbustos entre los que elegir. Vuestro objetivo ha de ser la variedad; en cualquier época del año, al dirigir la vista al arriate, debéis ver una agradable mezcla de formas y colores. Para más información general sobre la selección de las plantas leed el apartado siguiente sobre el arriate mixto y luego consultad las guías alfabéticas.

Una forma especial de arriate arbustivo es el arriate monogenérico; los favoritos son el arriate de brezos y el de rododendros. No intentéis plantar un arriate monogenérico sin haber comprobado la idoneidad del suelo de que disponéis plantando unos cuantos ejemplares. Una gran extensión de una sola variedad resulta espléndida, pero puede ser monótona. Lo mejor es plantar las variedades por grupos que contrasten agradablemente entre sí.

Arriate mixto

iate mixto

rdín selvático

Un arriate mixto es una zona plantada con arbustos y otras plantas, como rosales, herbáceas perennes, bulbos, etc., que debe contemplarse desde la parte frontal.

La mayor parte de jardines no pueden permitirse el lujo de tener un arriate dedicado enteramente a arbustos y árboles y por esto el arriate mixto es mucho más frecuente. Las normas generales son las mismas pero en el arriate mixto hay bolsas o lagunas en las que se cultivan plantas no leñosas.

La estructura básica la proporcionan los arbustos y algunos árboles que deben seleccionarse cuidadosamente. En primer lugar, se trata de que el arriate sea bonito todo el año; esto implica que durante todos los meses debe haber follaje y color. Para asegurar este follaje necesitaréis tanto arbustos perennifolios como caducifolios. Para conseguir color necesitáis flores, pero hay otros sistemas de iluminar el arriate. Disponéis de las variedades de follaje coloreado, de las que forman bayas y de las de corteza coloreada. El color dominante debe ser el verde, pero, en cada estación, ha de haber otros colores que no debéis confiar sólo a las flores.

En segundo lugar, las formas deben ser variadas; un arriate formado enteramente por arbustos redondeados suele ser bastante monótono. Utilizad variedades lloronas y de cobertera, y plantad coníferas de formas diversas.

En medio de esta estructura de árboles y arbustos se cultivan las otras plantas. Aseguraos de que la bolsa o laguna es suficientemente grande para obtener el efecto deseado. Podéis plantar bulbos y herbáceas perennes como Iris, Hemerocallis, margaritas, etc. No olvidéis los rosales; tanto las variedades arbustivas, para la parte posterior del arriate, como los rosales de té híbridos y los Floribunda para dar color durante todo el verano al centro y la parte delantera. Y luego están las anuales, potencialmente voluminosas y vistosas, pero generalmente crecen mal a la espesa sombra proyectada por los arbustos circundantes.

Una forma especial de arriate arbustivo es el **jardín selvático.** En él lo que dominan no son los arbustos sino los árboles y más que una zona para admirar es una zona por donde pasear. Si disponéis de una zona boscosa, en vez de desbrozarla, intentad convertirla en un jardín selvático. Cortad los árboles de espesa sombra dejando los que proyectan un ligero sombreado. Bajo éstos, plantad rododendros, *Hypericum,* helechos, camelias y otras formas que toleren la sombra.

Setos

Un seto formal es una hilera continua de árboles o arbustos en la que ha desaparecido la individuali-
dad de cada planta. Un seto informal es una hilera de árboles o arbustos en la que se conserva en
su totalidad, o en parte, la forma natural de las plantas. A diferencia de las vallas o las pantallas de
plantas de cobertera, un seto no precisa soporte, o muy poco.

En la mayoría de jardines, los setos sirven para marcar los límites y para proporcionar cierta intimidad y protección. Pero pueden desempeñar otros papeles: pueden separar una zona del jardín de otra, ocultar objetos desagradables, resguardar del viento, etc. Para elegir correctamente el material a plantar es esencial tener en cuenta
la función que ha de ejercer, como lo es la altura deseada y el que haya de ser formal o informal. Las ventajas
de un seto alto y espeso son manifiestas, pero no os olvidéis de los inconvenientes. Su sombra puede ser un
problema para las plantas vecinas, lo mismo que los nutrientes del suelo y el riego.

Poda y recorte

Poda inicial. En la base de un seto formal, denso, es esencial que haya gran número de tallos y para ello es necesario
podar a fondo después de la plantación. Las plantas adquiridas con las raíces al descubierto deben podarse a la mitad
de su altura y las de maceta a unos 2/3 de su altura original.
Durante el primer año de su estancia en el jardín no volváis
a podarlas.

Poda del segundo año. Entre mayo y agosto recortad ligeramente el seto unas cuatro veces. No dejéis de podarlo, aunque no haya alcanzado la altura necesaria; la poda del
segundo año tiene como finalidad aumentar la densidad y
crear la forma deseada antes de que alcance la altura definitiva.

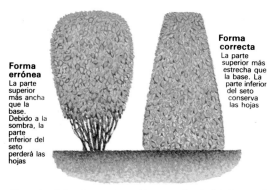

**Forma
errónea**
La parte
superior
más ancha
que la
base.
Debido a la
sombra, la
parte
inferior del
seto
perderá las
hojas

**Forma
correcta**
La parte
superior más
estrecha que
la base. La
parte inferior
del seto
conserva
las hojas

Recorte del seto maduro. Una vez el seto ha alcanzado
la altura deseada, debe ser recortado entre mayo y agosto
y siempre que empiece a perder la forma. Esto puede significar un solo recorte al año o tener que cortarlo cada 6 semanas para lograr un boj o un ligustro impecable.

Las herramientas adecuadas son las tijeras de jardín o el recortador eléctrico de setos. Colocad un plástico en el suelo,
con ello os será más fácil recoger los recortes. Cortad un poco
por encima del último corte, dejando un centímetro de nuevo tallo. Con esto se mejora la densidad del seto y se evitan
las manchas de tallos desnudos.

Plantación de un seto normal

Lo primero es decidir el emplazamiento de la línea de plantación y esto no es tan fácil como parece. A la hora de plantar, creeréis que el sitio correcto es al borde de la acera o
a lo largo de la valla del vecino, pero al cabo de unos pocos
años podréis tener serios problemas de allanamiento de mo-
rada o de invasión de la calle. Una vez decidida la línea de
plantación, cavad una zanja de unos 90 cm de anchura. Seguid las normas de preparación del suelo de la página 101.

Seto sencillo
se recomienda cuando
la economía es un factor
vital y no hace falta
una pantalla rápida.

Seto doble
se recomienda para
arbustos fusiformes
como el ligustro,
y cuando se necesita
una pantalla alta
lo más pronto posible.

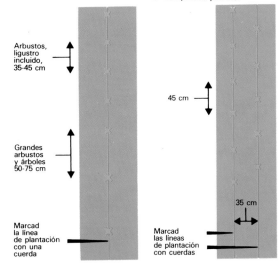

Arbustos,
ligustro
incluido,
35-45 cm

45 cm

Grandes
arbustos
y árboles
50-75 cm

35 cm

Marcad
la línea
de plantación
con una
cuerda

Marcad
las líneas
de plantación
con cuerdas

Plantadlo tal como ha sido indicado en la página 102. Una
vez plantado, tirad un alambre a lo largo de las jóvenes plantas y sujetadlas a él con cuerdas. Al podar o recortar acordaros de este alambre. Durante el primer año regad con
frecuencia.

Elección de un seto

Generalmente se planta una sola variedad, pero esto no siempre es deseable. Para
conseguir un seto lleno de color, se pueden mezclar las formas verdes de acebo
o de ligustro con formas variegadas y el haya de follaje verde puede mezclarse con
la variedad de follaje purpúreo.

Si queréis un seto formal, de espeso follaje, para tener intimidad, elegid un seto
tradicional (véase página 115). Algunos de estos setos forman flores y bayas pero,
generalmente, se cultivan por su follaje y su impenetrabilidad. Si no necesitáis un
aspecto formal podéis erigir un seto floreciente, que suele ser informal, ya que al
recortarlo con frecuencia disminuye o desaparece el espectáculo floral. Para separar zonas del jardín necesitaréis un seto bajo hecho de arbustos que no sobrepasen los 90 cm de altura o tendréis que podarlos regularmente para evitar que esto
ocurra.

El seto tradicional – formal y denso

CARPINUS (Carpe)
Similar al haya, pero mucho menos frecuente. En muchos casos conserva sus hojas muertas igual que su rival, y tiene la ventaja adicional de crecer bien en suelos densos y húmedos. El carpe alcanza rápidamente una altura de unos 3 m.

CRATAEGUS (Espino)
Es el seto más frecuente en el campo, pero no es recomendable para el jardín. Es vigoroso, de rápido crecimiento y forma una barrera impenetrable, pero su aspecto es bastante enmarañado. Generalmente, se recomienda plantarlo formando un seto mixto con haya, ligustro, acebo o carpe.

CUPRESSOCYPARIS (Ciprés)
C. leylandii (el ciprés de Leyland) es el seto de crecimiento más rápido: en 5 ó 6 años puede alcanzar una altura de 3 m. Las plantas jóvenes son fusiformes; durante los primeros años mantenedlas estacadas y recortadlas regularmente. El seto adulto debe recortarse dos veces al año.

FAGUS (Haya)
Es caducifolio, pero las hojas marrones permanecen en el arbusto durante el invierno. Tanto la variedad de follaje verde como la de follaje purpúreo pueden ser recortadas para formar un seto alto, clásico, excelente como cortavientos. El haya tolera los suelos calcáreos y los emplazamientos abiertos. Recortad el seto en agosto. La poda a fondo debe hacerse en febrero.

ILEX (Acebo)
Forma un seto excelente tanto al sol como a la sombra. Una barrera segura y espesa llena de color cuando aparecen las bayas o en el caso de que se haya elegido una variedad variegada. Mezclad las formas masculinas con las femeninas para poder tener frutos. Recortadlo con tijeras de podar.

LIGUSTRUM (Ligustro)
Pese a ser poco apreciado, el ligustro forma un seto de crecimiento rápido que medra en suelos pobres y en condiciones difíciles. Elegid una variedad de *L. ovalifolium*. Suele conservar las hojas en invierno. Es imprescindible que las plantas nuevas sean podadas a fondo. El principal inconveniente es que son pocas las plantas que pueden crecer junto a él.

PRUNUS (Laurel)
Para erigir setos se suelen emplear dos especies: *P. laurocerasus* (el laurel cerezo) y *P. lusitanica* (el laurel portugués). Ambos forman elegantes setos altos, de follaje brillante y denso, pero no plantéis un seto de laurel a menos que dispongáis de mucho espacio. A ser posible, podadlo con tijeras de podar.

TAXUS (Tejo)
No debéis desecharlo pensando en los ejemplares casi negros que habéis visto en los cementerios; actualmente podéis disponer de variedades doradas de *T. baccata*. El tejo forma un excelente seto espeso que puede mantenerse bastante estrecho. El inconveniente es que habréis de esperar bastantes años para tener un buen seto.

El seto floreciente – informal y coloreado

BERBERIS (Agracejo)
B. stenophylla forma un espléndido seto informal. Sus delgadas ramas arqueadas están revestidas de hojas perennes. Las flores, amarillas, aparecen en primavera y en cuanto se marchitan el seto debe ser podado. Si no se recortan las plantas, aparecerán las bayas.

ESCALLONIA (Escalonia)
El perennifolio *E. macrantha* forma un seto muy frecuente en las regiones litorales ya que tolera el aire salitroso. En junio aparecen las flores rojas. Recortadlo tan pronto como las flores se marchiten para forzar una segunda floración. Muere si se producen intensas heladas.

LONICERA (Madreselva)
L. nitida (la madreselva china) es muy utilizada. Las hojas, parecidas a las del boj, son brillantes y las flores son pequeñas, pero van seguidas de grandes bayas negras. Generalmente requiere un buen soporte.

PYRACANTHA (Pyracantha)
P. coccinea puede utilizarse para erigir setos, pero la más adecuada es *P. rogersiana*, con hojas pequeñas y bayas abundantes. Crece sin dificultad en suelos calcáreos y en lugares abiertos. Después de la floración podadlo ligeramente.

ROSA (Rosal)
Algunos rosales arbustivos y unos pocos Floribunda vigorosos forman setos excelentes, pero habrán de ser informales ya que los rosales no resisten una poda frecuente. Si queréis un seto fronterizo que os proteja, elegid *R. rugosa*.

SPIRAEA (Spiraea)
Generalmente la *Spiraea* que se emplea para setos es *S. vanhouttei*, cuyas ramas arqueadas sostienen hojas lobuladas de bellas coloraciones otoñales. Las flores, blancas, se abren en mayo. También puede utilizarse *S. thunbergii*. Ambas especies deben recortarse cuando las flores se marchitan.

El seto bajo – aseado y compacto

BERBERIS (Agracejo)
Existe una forma enana, muy vistosa, *B. thunbergii atropurpurea* «Nana», que forma un seto formal, compacto, de unos 45 cm de altura. Plantadlo en un lugar soleado para que las hojas rojizas tengan más brillo. Es caducifolio y debe recortarse después de la caída de las hojas.

BUXUS (Boj)
Los setos de boj se emplean desde hace siglos para dividir los parterres y delimitar los senderos. *B. sempervirens* puede ser recortado regularmente para que forme un seto bajo formal.

LAVANDULA (Espliego)
Un excelente seto aromático que no necesita ser descrito. En cuanto las flores se marchitan los tallos deben ser cortados, pero deberéis esperar hasta abril para podarlo dándole forma. Existen bastantes variedades: la de flores más azules es «Hidcote».

PRUNUS (enano, carmesí)
P. cistena es una variedad enana de hojas cobrizas que forma un seto formal de unos 90 cm de altura. El follaje juvenil es rojo sangre y las flores se abren en primavera. Recortadlo cuando se hayan marchitado las flores. Si el espacio disponible lo permite, puede alcanzar los 1,2 - 1,5 m.

ROSMARINUS (Romero)
Al igual que el espliego, este arbusto aromático se emplea para setos, pero es menos frecuente. No es del todo resistente y no crece en suelos poco permeables. En primavera, a lo largo de los tallos, aparecen las flores, pequeñas. Recortad el seto cuando estas flores se hayan marchitado.

SANTOLINA (Abrótano hembra)
Un seto distinto, *S. chamaecyparissus* «Nana», tiene un follaje verde plateado y, entre junio y agosto, forma flores amarillas. Crece hasta unos 30 cm y debe ser recortado en abril. Después de la floración cortad las flores marchitas.

Plantas de revestimiento

Una planta de revestimiento es aquélla que puede cultivarse junto a una pared o una estructura plana para que haga bonito.

Son muchas las plantas que pueden utilizarse con este propósito, y algunas de ellas son plantas trepadoras (véase capítulo 4). Si queréis tener poco trabajo y la pared tiene las condiciones necesarias, cultivad una planta de naturaleza trepadora que no requerirá ni alambres ni estructuras de soporte. Elegid *Hedera, Hydrangea petiolaris* o *Parthenocissus.*

Otras plantas trepadoras necesitarán algún tipo de soporte al que agarrarse. Además, hay un grupo de arbustos de ramas laxas que suelen plantarse adosadas a las paredes y a las pantallas, pero es necesario sujetarlas a alambre o estacas por medio de cintas. Ejemplos

Ceanothus (variedades perennifolias)	Jasminum nudiflorum
Cotoneaster salicifolius	Kerria japonica «Pleniflora»
Forsythia suspensa	Rosal (variedades trepadoras y erráticas)

Si cultiváis arbustos o plantas trepadoras junto a un muro, plantadlas a más de 45 cm del mismo. Regad copiosamente las plantas durante el primer año. El soporte puede consistir en alambres (véase abajo), en un enrejado de madera o en una red de alambre plastificado. Siempre que se emplea madera debe tratarse previamente con una sustancia protectora (no creosota) y esperar varias semanas a utilizarla.

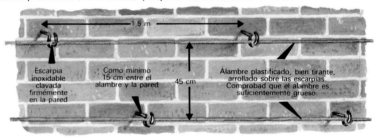

Algunas plantas de pared, como *Hedera* y *Polygonum baldschuanicum,* son extremadamente resistentes y su necesidad de sol es limitada; esto significa que crecerán sin dificultad en una pared orientada al norte. Otras son menos resistentes o requieren mucho sol, y por tanto necesitan una pared orientada al sur o al oeste. Ejemplos:

Actinidia	Ceanothus	Solanum
Campsis	Passiflora	Wisteria

Algunos arbustos, pese a no ser verdaderas plantas trepadoras ni plantas de tallos laxos, pueden cultivarse como plantas de pared. Hay plantas arbustivas o arbustos de cobertera que, si crecen junto a un muro, adoptan un porte vertical. Ejemplos:

Chaenomeles	Garrya elliptica
Cotoneaster horizontalis	Pyracantha

Plantas pantalla

Una planta-pantalla es la que se cultiva primordialmente para proteger el jardín de algo indeseado, como una vista desagradable, el ruido o el viento.

No tiene objeto cultivar una planta que cubra poco junto a un objeto desagradable por el simple hecho de que sus flores sean bonitas; debéis concentrar vuestra atención en la cosa que tratáis de ocultar.

Una buena planta-pantalla debe tener dos cualidades fundamentales: debe ser densa y preferiblemente perennifolia y debe crecer rápidamente. La principal misión de estas plantas es ocultar vistas desagradables, como viejos cobertizos, montones de estiércol, los jardines vecinos, árboles muertos, etc. El procedimiento más frecuente de privar la vista es plantar una hilera de perennifolios o semiperennifolios de crecimiento rápido, como *Chamaecyparis lawsoniana, Cupressocyparis leylandii* o ligustro. A veces el problema consiste en un objeto y no en una vista desagradable; entonces el procedimiento es plantar una planta-pantalla junto al objeto en cuestión o adosada a unos alambres dispuestos sobre el mismo. Para este propósito son muy adecuadas *Hederas, Vitis* y *Parthenocissus,* pero la de crecimiento más rápido es la vid rusa (*Polygonum baldschuanicum*).

En los lugares abiertos el seto de plantas-pantalla sirve como cortavientos. Desde luego, es esencial que tenga una altura y una anchura suficientes, pero también lo es que sea abierto. Una pared de follaje espeso produce turbulencias; un porte menos compacto absorbe el viento. La anchura de la zona protegida por el seto es seis veces la altura de éste.

Una pared ancha de plantas-pantalla puede reducir significativamente el ruido del tráfico, de las fábricas vecinas, etc. Las plantas más efectivas son *Carpinus, Fagus, Populus, Ilex, Rhododendron, Cupressocyparis leylandii* y *Thuja plicata.* Una franja estrecha de árboles prácticamente no consigue disminuir el ruido.

CAPÍTULO 10
ENFERMEDADES DE LAS PLANTAS

La etapa en que las plantas leñosas corren mayor riesgo es la que va desde que se planta hasta que está bien afianzada. Los árboles y arbustos caducifolios, si han sido plantados correctamente, no deben tener ningún problema de adaptación al jardín, pero durante el primer año deberéis regarlos siempre que se produzca un período de sequía.

Los perennifolios pueden tener más problemas y las coníferas recién plantadas, si después de una noche fría están expuestas a los vientos secos y al intenso sol del amanecer, pueden resultar dañadas y desarrollar un amarronamiento foliar.

Siempre que sea suficientemente resistente a las condiciones ambientales imperantes y tolere el suelo en que está, toda planta ya afianzada suele vivir una existencia sana y dilatada. Cuando las cosas van mal es más probable que sea debido a un error ambiental que al efecto de una peste o enfermedad específica, si bien los estragos producidos por la enfermedad holandesa del olmo demuestran que, al igual que cualquier ser vivo, un árbol es susceptible de ser atacado por los parásitos.

Es probable que vuestro jardín no os dé demasiados problemas y el propósito de este capítulo es presentar los síntomas y dictar las medidas de control oportunas.

Cómo reducir el riesgo de problemas en el jardín

- **Elegid sabiamente.** Cercioraros de que las plantas que habéis escogido no son demasiado delicadas para las condiciones climáticas de la zona, y comprobad que puedan ser satisfechas sus necesidades de suelo y de luz.

- **Comprad plantas sanas.** Es esencial que tengan muchas raíces y sólidos tallos (véase página 100). No compréis coníferas que tengan grandes manchas amarronadas; rechazad las plantas cultivadas en contenedor que se extraen fácilmente del mismo.

- **Acondicionad el terreno.** Un árbol o arbusto plantado en un suelo poco permeable es probable que sufra podredumbre de las raíces.

- **Plantad en el lugar apropiado y del modo apropiado.** Con ello reduciréis el riesgo de problemas debido a la sequía, a un desarrollo radicular deficiente, al encharcamiento, a las quebraduras por el viento, a los daños de las heladas y a deficiencias lumínicas. Estacad si hace falta.

- **Evitad el amontonamiento.** No plantéis demasiado densamente ya que esto favorece el mildiu y otras enfermedades.

- **Inspeccionar las plantas con frecuencia.** Detectad los problemas desde un principio, cuando se puede eliminar una oruga ocasional y los primeros efectos de la enfermedad pueden ser controlados mediante pulverizaciones de fungicidas.

- **Si es necesario, proteged las plantas del frío.** Cuando el invierno es riguroso, tanto la nieve como las heladas pueden producir grandes daños.

- **Si es necesario, pulverizad las plantas.** A diferencia de los rosales y las hortalizas, los árboles y arbustos no suelen necesitar ser pulverizados. Algunos pueden necesitar una pulverización preventiva anual: contra el enrollamiento de la hoja del melocotonero en los cerezos florecientes, por ejemplo. Sin embargo, generalmente, la pulverización sólo debe realizarse cuando amenaza un problema importante, como la súbita aparición de una plaga de pulgones o de orugas.

Por qué se mueren los árboles y arbustos

Todo arbusto o árbol que haya sido plantado tal como se indica en este libro debe vivir y florecer durante muchos años. Su muerte casi con toda seguridad será debida a una de las causas siguientes:

Mala calidad del material plantado

Mal acondicionamiento del terreno

Plantación poco firme de las plantas con raíces al descubierto

Desmenuzamiento del cepellón de suelo de las plantas de maceta o de las de raíces protegidas

Quebradura por el viento especialmente en emplazamientos abiertos. En estos sitios es imprescindible estacar los ejemplares altos.

Suelo encharcado alrededor de las raíces debido a escasa permeabilidad.

Daños invernales y chamuscado primaveral (véanse págs. 107 y 121)

Sequía de las raíces al plantar la planta o durante su primer año

Una de las pestes o enfermedades fatales: marchitamiento descendente, mal del plomo, chamuscado, marchitamiento de la clemátide, agárico, enfermedad holandesa del olmo, cancro o podredumbre parda.

Daños producidos por herbicidas. Es una causa poco frecuente de la muerte, pero algunos herbicidas generales, como el clorato sódico, pueden tener fatales consecuencias si penetran en el suelo que rodea las raíces

Problemas en hojas, tallos y flores

Las hojas y los tallos de las plantas leñosas pueden ser atacados por las pestes y las enfermedades, pero normalmente sin graves consecuencias. Los daños producidos por los agujeros debidos a los gorgojos, los escarabajos y las orugas son nimios y la mayoría de enfermedades no son destructoras sino deformadoras. Las orugas devoradoras de hojas, como la falena del grosellero, son una molestia ocasional y los pulgones pueden ser un problema. También hay algunas enfermedades que deben ser tomadas en serio: estad alerta contra el chamuscado foliar, el mal del plomo, el marchitamiento de la clemátide y el enrollamiento foliar del melocotonero.

EROSIONES FOLIARES

Entre el mes de mayo y finales de verano los árboles del jardín se ven atacados por varias especies de escarabajos que erosionan las hojas. Tienen unos 5 mm de longitud, son de color verde, azul o marrón y, más que agujerear las hojas, lo que hacen es dejarlas en su esqueleto. Las plantas más susceptibles son el álamo, el sauce y el olmo, pero los daños no suelen ser graves. Si es necesario pulverizadlos con un pesticida.

TORTRIX

Son pequeñas orugas marrones o verdes que causan el arrollamiento de las hojas uniéndolas por los bordes con delgados hilos sedosos. Luego se instalan en su interior y devoran los limbos dejando agujeros irregulares. Suelen atacar en mayo o junio. Arrancad y destruid las hojas dañadas; si es necesario pulverizad con un buen acaricida o nematicida.

MUESCAS FOLIARES

En el borde de las hojas de algunos árboles y arbustos aparecen unas muescas semicirculares producidas por unas pequeñas abejas. Los rosales son sus principales huéspedes, aunque también pueden atacar los codesos, los ligustros y las lilas. Las plantas no se resienten por lo que no es necesario ningún tratamiento.

ESCARABAJO FROTADOR

El escarabajo frotador de huerta (3 cm de largo) y el de jardín (1,2 cm de largo) se alimentan de las hojas de muchos arbustos y árboles, en mayo y junio. Si son muy abundantes pulverizad las hojas con un pesticida. Las larvas de estos escarabajos viven en el suelo y constituyen una grave peste, devorando las raíces de las hortalizas, de los arbustos y de las flores.

TIÑA

La tiña es producida por unas orugas que tejen unos hilos sedosos formando como unas tiendas de campaña en cuyo interior se alojan para devorar el follaje. Lo más práctico es sacar las orugas y quemarlas. Si no, pulverizad con Fenitrothion en cuanto comiencen a tejer las primeras tiendas.

ORUGA DE LIBREA

ORUGA DE COLA PARDA

ORUGA HILANDERA

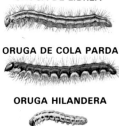

GORGOJO DE LA VID

gorgojos de 1,2 cm

Estos pequeños gorgojos producen unas muescas irregulares o en forma de U en los bordes de las hojas de diversos arbustos. Atacan sobre todo a los rododendros, pero también a las camelias, las clemátides y las azaleas. Si son muy abundantes pulverizad las plantas y el suelo con Endosulfan.

ORUGAS

Las orugas devoradoras de hojas producen más estragos en los árboles y arbustos que en las flores, pudiendo llegar a causar una defoliación grave, por lo que lo mejor es pulverizar las plantas como medida preventiva en cuanto se detectan las primeras orugas y sus consecuencias. Emplead un insecticida persistente como el Fenotrothion o el Endosulfan.

ORUGA DE CABEZA HIRSUTA

Es una oruga peluda, de unos 7 cm de longitud, que puede defoliar árboles como el roble, el olmo, el tilo y el nogal. Generalmente forma grandes colonias.

ORUGA DE OJOS DE LINCE

Es una oruga lampiña, espectacular, de unos 7,5 cm de longitud, que ataca los sauces y los álamos.

FALENA DEL GROSELLERO

Oruga «agrimensora» negra y amarilla, de unos 3,5 cm de longitud, que puede defoliar diversos arbustos.

FALENA DEFOLIADORA

Oruga «agrimensora» lampiña, de unos 3 cm de largo, que, en primavera, ataca a una amplia gama de árboles.

FALENA INVERNAL

Oruga «agrimensora» verde que devora las hojas y puede arrollarlas unas con otras.

ORUGA EMPENACHADA

Oruga coloreada, de unos 2,5 cm de largo, que de mayo a agosto, devora las hojas.

DEFICIENCIA MINERAL

n cambio anormal del color de las hojas suele
dicar la falta de uno de los elementos esencia-
s. Pulverizad las hojas con un abono foliar
mo Zeltifoliage. Si los síntomas de deficiencia
e hierro o magnesio son graves regad el suelo
e rodea la base de los troncos con un com-
uesto secuestrado. En primavera aplicad Grow-
ore al suelo y rastrilladlo.

DEFICIENCIA DE NITRÓGENO
Colores rojizos y amarillos

DEFICIENCIA DE POTASIO
Abrasado del borde foliar

DEFICIENCIA DE MAGNESIO
Limbo marrón entre los nervios

DEFICIENCIA DE HIERRO
Limbo amarillo entre los nervios

OÍDIO

n las hojas de muchos arbustos, si son
uy espesos y el suelo está seco, apa-
cen unas manchas blancas, pulveru-
ntas. El oídio es frecuente en la
lahonia, la clemátide, el espino, el
auce y el euónimo. Al primer síntoma
e la enfermedad pulverizad con Ben-
te. Repetid una semana después. Si
o pulverizáis cortad las ramas enfer-
as en otoño.

ROYA

En las hojas de muchos árboles y
arbustos aparecen unas manchas
abultadas, amarillas o marrones. La
roya, a veces, es un problema en los
Berberis, los sauces, las *Mahonia*, las
coníferas y los abedules. Cortad y
quemad las hojas enfermas. No suele
ser necesario pulverizarlas; puede
emplearse Maneb o Mancozeb cada
quince días. Aplicad Fersal para
devolverles su vigor.

MINADOR FOLIAR

n el interior de las hojas se forman lar-
as galerías o vesículas irregulares de-
idas a pequeños gorgojos que devoran
 limbo. El acebo es especialmente
usceptible. También se encuentran
ojas vesiculosas o minadas en el ligus-
o, la madreselva, la azalea, la lila y el
bedul. Al ataque de estos insectos
fecta especialmente al desarrollo de la
anta, por tanto, algunas veces, es ne-
esario pulverizar con Endosulfan.

FILOXERAS DE LAS GIMNOSPERMAS

Son diminutos insectos, tipo pulgón,
que atacan las coníferas pudiendo dañar gravemente los árboles jóvenes. Si
son muy abundantes, pulverizad con
Malathion en abril y de nuevo tres meses después. En verano, el envés de las
hojas queda tapizado de montículos de
«lana» blanca. También pueden producir agallas; arrancad las hojas y que-
madlas.

NECROSIS APICAL

s una enfermedad grave. Comienza
or los ápices y progresa lentamente
acia la base. Las causas pueden ser
arias, incluido el cancro. Si no se de-
cta ninguna enfermedad es probable
ue sea debida al anegamiento del
. Cortad el leño dañado y pintad el
rte con Kankerdood. Abonad con
ersal u otro. Mejorad el drenaje.

PULGÓN LANÍGERO

Las colonias de pulgones viven en las
ramas, segregando una «lana» cérea,
blanca, que los protege. Su presencia
no es demasiado perjudicial, pero ori-
ginan unas agallas suberosas que son
el lugar de acceso de las esporas del
cáncer. Cepillad la «lana» con un cepi-
llo de dientes impregnado en alcohol
metílico. También podéis pulverizar con
Endosulfan.

PÉRDIDA DE LA VARIEGACIÓN

uchos arbustos tienen hojas con di-
ujos en verde y amarillo (variegadas)
en verde, amarillo y rojo («tricolor»).
uando hay mucha sombra las zonas
rdes van extendiéndose y la variega-
ón disminuye. Incluso a pleno sol el
busto, a menudo, tiende a revertir a
 forma exclusivamente verde. Elimi-
ad estos brotes inmediatamente.

ESCOBA DE BRUJA

En el tronco y en las ramas principales
del abedul, el cerezo y las coníferas
aparecen con frecuencia unos apreta-
dos grupos de tallos. Generalmente los
produce un hongo, pero puede ser un
virus o un cambio en la estructura del
ápice de crecimiento. Estos «nidos» no
causan ningún daño, pero podéis cortarlos y pintar las heridas con Kankerdood.

AGALLAS

tos abultamientos pueden aparecer en todo tipo de plantas pero son
ás frecuentes en árboles y arbustos. Son debidos a la reacción de la
anta frente a la irritación producida por insectos u hongos. En algunos
sos son grandes y coloreados por lo que incluso resultan decorativos.
 agalla de bolsa y la agalla de petaca son producidas por pulgones, la
alla en piña americana de las coníferas es debida a las filoxeras de las
mnospermas, las del roble y de otros muchos árboles son producidas
r avispas, las agallas de las hojas del tilo son debidas a los ácaros y
 de la azalea es originada por un hongo. Por lo general la planta no
fre ningún daño. Si hacen feo, cortad la parte enferma y quemadla.

Manzana
del roble

Agalla
foliar
del tilo

Agalla de
la azalea

Problemas en hojas, tallos y flores

continuación

Es una grave enfermedad de los cerezos ornamentales que puede atacar otros arbustos como el codeso, el sauce y el espino. Las esporas penetran por una herida y el primer síntoma es que las hojas se vuelven plateadas. Luego los brotes se marchitan y el leño también se tiñe. Cortad las ramas dañadas a unos 15 cm por debajo del nivel de la infección. Pintad con Kankerdood. Si en el tronco aparecen hongos en forma de ménsula, arrancad el árbol.

FALSO MAL DEL PLOMO

Es una enfermedad frecuente que, a primera vista, se parece al mal del plomo. Las hojas son plateadas, pero este síntoma se aprecia en todo el árbol y no va avanzando progresivamente hacia abajo. Si cortáis una rama veréis que el leño no está teñido como ocurre en el mal del plomo. La causa del falso mal del plomo es la escasez de nutrientes o un riego irregular. Abonad con frecuencia con Fersal y aplicad un acolchado orgánico en primavera.

GORGOJO FOLIAR

Gorgoj.
de
5 mm

En junio y julio, en las hojas del abedul y de otros árboles pueden aparecer gran número de gorgojos de color verde metálico o marrón que producen agujeros irregulares en las hojas aunque no suele ser necesaria ninguna medida de control ya que se van al cabo de unos días. Si hace falta, pulverizadlos con Fenotrothion o Endosulfan.

ABOLLADURA FOLIAR DEL MELOCOTONERO

En las hojas se forman grandes vesículas rojizas. Además de hacer feo, es una grave enfermedad que produce la caída de las hojas jóvenes y debilita todo el árbol. El hongo invierna en la corteza y entre las escamas de las yemas, no en las hojas caídas. Pulverizad con Maneb o Mancozeb a mediados de febrero, de nuevo dos semanas después y luego justo antes de la caída de las hojas.

Por qué los árboles y arbustos no florecen

Un árbol o arbusto floreciente que no florezca siempre es un problema. Las posibles causas son muchas. La lista siguiente os dirá qué ha fallado en vuestro caso.

- DEMASIADA SOMBRA. Muchos arbustos florecientes necesitan mucho sol y si la iluminación no es suficiente, producirán hojas pero no flores. Consultad la guía alfabética. Si necesitan mucho sol tendréis que podar el follaje circundante o cambiar la planta de sitio.
- IMPACIENCIA. Es bastante normal que algunos árboles y arbustos tarden varios años en empezar a florecer. Por ejemplo Wisteria, Magnolia y Yucca.
- DEFICIENCIA DE POTASIO. Si empleáis un fertilizante rico en nitrógeno y pobre en potasio estimularéis la formación de hojas pero podéis inhibir la floración. Emplead un fertilizante rico en potasio.
- SEQUÍA DE LAS RAÍCES. La sequía retrasa la floración y también puede producir la caída de los capullos y de las flores. La sequía suele ser la causa de una escasa producción de bayas. Si en verano se produce un largo período de sequía al año siguiente la floración puede ser escasa.
- PODA ERRÓNEA. Si se realiza una poda drástica en una época inadecuada es muy probable que se formen ramas no florecientes.
- CAPULLOS DAÑADOS POR LAS HELADAS. Los capullos y las flores de muchos arbustos pueden morir a causa de las heladas de finales de primavera.

CRIBADO FOLIAR

En el laurel y el cerezo floreciente, algunas veces, aparecen unas manchas marrones que, a medida que la hoja se abre, se desprenden dejando el limbo salpicado de agujeros. Dado que sólo aparecen en los árboles débiles, favoreced su robustecimiento pulverizándolos con Fersal durante el verano.

PÁJAROS

En invierno y primavera los pájaros destrozan los capullos de los árboles y arbustos ornamentales. Éste es un problema de difícil solución ya que las redes protectoras son de escasa utilidad. Las principales víctimas son los *Forsythia* y los cerezos ornamentales y los principales atacantes son los pinzones reales. Los herrerillos devoran insectos, no capullos. Pulverizad las plantas con algún producto disuasor de pájaros.

FUEGO BACTERIANO

Es una grave enfermedad que ataca a los arbustos de la familia de los rosales. Los vástagos afectados se marchitan y mueren. El síntoma más característico es la presencia de hojas marchitas, marrones, que no se desprenden. La enfermedad se propaga al tallo y la planta muere. En primavera, los cancros viejos rezuman. La ley obliga a notificar al Ministerio de Agricultura la aparición de esta enfermedad.

TIZÓN

Los capullos infectados de los rododendros se vuelven marrones y quedan cubiertos de micelios negros de hongos, pero no se pudren y continúan firmemente adheridos al arbusto. Arrancad y quemad los capullos enfermos. No los confundáis con los capullos dañados por las heladas, que son lisos y se desprenden fácilmente. Como medida preventiva, pulverizad las plantas en agosto con Endosulfan para matar los pulgones portadores de la enfermedad.

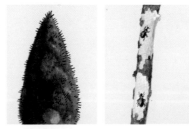

GORGOJO MARRÓN

Son gorgojos de 5 mm de longitud que perforan la corteza de los tallos leñosos. Esta peste destruye los brotes de las camelias y los rododendros y produce serios daños en las coníferas jóvenes. Es difícil de combatir: azadonad el suelo circundante y pulverizad suelo y planta con Fenitrothion o Endosulfan. Alternativamente, envolved el tallo principal con una cinta engrasada de Boltac.

CLOROSIS

Muchos arbustos, como el rododendro, la azalea, la camelia, el *Ceanothus* y la hortensia, si el suelo es calcáreo, presentan hojas de color verde claro o amarillo. Esta clorosis es inducida por el calcio y puede prevenirse incorporando turba al suelo y aplicando un compuesto secuestrado. La clorosis de las hojas inferiores suele ser debida a falta de drenaje.

MANCHAS FOLIARES

Esta enfermedad ataca a muchos arbustos. La causa suele ser una infección fúngica y la enfermedad recibe distintos nombres específicos: antracnosis del sicómoro, antracnosis del sauce, etc. Pulverizad con compuestos cúpricos o con Maneb o Mancozeb, pero es una enfermedad difícil de controlar. En algunos arbustos, como el rododendro o el rosal, la causa puede ser la falta de drenaje del suelo.

CHINCHE DE CAMPO

Chinche activo.
50 mm

El primer indicio del ataque de este insecto es la aparición de manchas foliares pardorrojizas. A medida que la hoja crece, las manchas se desgarran dejando unos agujeros irregulares de bordes marrones. El follaje enfermo suele quedar fruncido y deformado. Pulverizad con Fenitrothion o Endosulfan.

CHAMUSCADO INVERNAL

Si el invierno es riguroso, muchos árboles y arbustos corren peligro, especialmente si son delicados o están recién plantados. Pueden verse afectados de varias maneras: el anegamiento del suelo en una temporada anormalmente húmeda puede pudrir las raíces; las temperaturas inferiores al punto de congelación causan manchas foliares marrones, generalmente en el ápice, y las nevadas copiosas pueden quebrar las ramas de los perennifolios.

MARCHITAMIENTO DE LA CLEMÁTIDE

Es una enfermedad que afecta especialmente a las plantas jóvenes de las variedades de clemátide de flores grandes. Los brotes se marchitan y pronto se colapsan y mueren. Cortad los brotes afectados; a menudo la planta rebrota por la base. Pulverizadlos con Benlate. Al plantarlas, cercioraros de que 3-5 cm del tallo quedan por encima del nivel del suelo.

ARAÑA ROJA

Si las hojas presentan un insano color bronceado mirad si en el envés hay unos diminutos bichitos tipo araña. Un síntoma claro es la presencia de finas hebras sedosas. En los árboles y arbustos de hoja ancha la culpable es la arañuela peluda. En las coníferas la enfermedad es debida a la arañuela de las coníferas. Si el tiempo caluroso se prolonga, estos animales chupadores de savia pueden resultar muy perjudiciales y es necesario pulverizarlos. Aplicad Malathion.

SEQUEDAD

En épocas de sequía prolongada las reservas hídricas del suelo disminuyen considerablemente. El primer síntoma es el marchitamiento foliar que, al principio, si se riega, es reversible. La etapa siguiente es el amarronamiento del follaje y la caída de las hojas que, especialmente en los perennifolios, es muy grave, incluso fatal. Regad antes de que aparezcan los primeros síntomas y mejorad la capacidad de retención de agua del suelo antes de efectuar la plantación.

CHINCHE DEL RODODENDRO

Son unos pequeños insectos marrones, brillantes, de alas de encaje, que se encuentran en el envés de las hojas del rododendro. El follaje se vuelve moteado por el haz y pardorrojizo por el envés. Los márgenes foliares se curvan hacia abajo. En mayo o junio, al primer indicio, pulverizad copiosamente con Malathion. Repetid el tratamiento al cabo de un mes.

AGOSTAMIENTO PRIMAVERAL

El agostamiento primaveral es uno de los problemas más frecuentes pero menos conocidos. Después de un período de frío, si el tiempo es soleado, en lugar de favorecer el desarrollo de los perennifolios, hace que se vuelvan marrones o que mueran. Esto es debido a la sequía inducida por el frío, el sol y los vientos secos estimulan la pérdida de agua por las hojas, pero las raíces aún no están en actividad y no pueden reemplazar esta pérdida, por lo que las hojas se marchitan y se secan. En primavera, rociad con agua los perennifolios recién plantados y protegedlos de las heladas y de los vientos de levante.

PULGONES

Los áfidos pueden atacar numerosos árboles y arbustos; el jején es más selectivo, pero tanto el cerezo ornamental como el viburno, la madreselva y el euónimo pueden verse invadidos. Los pulgones pueden producir serios daños: las hojas se decoloran y se cubren de ampollas, los brotes se deforman y toda la planta queda cubierta de una sustancia pegajosa. Pulverizad con Endosulfan antes de que las colonias de pulgones sean demasiado grandes.

Problemas de la corteza

La corteza de los árboles y los arbustos puede sufrir el ataque de diversas plagas y enfermedades. A diferencia de los problemas que afectan a las hojas, que han sido descritos en las páginas anteriores, la mayor parte de estos parásitos pueden causar serios daños. La enfermedad holandesa del olmo, las flotas, la podredumbre parda y el minador rojo de los troncos son asesinos potenciales.

MINADOR ROJO

Es una oruga perforadora del leño que puede vivir en el árbol durante años. Es más perjudicial que el minador amarillo, que actúa de forma similar. Pueden reunirse varias orugas formando una red de túneles en el tronco o en las ramas que acaba por matar el árbol. Si lo detectáis, cortad y quemad la rama afectada.

CÁNCER CORALINO DEL LEÑO

En la superficie de las ramas afectadas aparecen unas manchas rosadas, prominentes. El leño muerto es el sustrato de cultivo del hongo y sus esporas, dispersadas por el viento, infectan los árboles a través de los cortes de la poda y de las heridas. No dejéis el leño muerto en el suelo. Cortad todas las ramas muertas y pintad siempre los cortes de poda con Kankerdood para protegerlos.

BARRENILLOS

Algunos tipos de barrenillo atacan los árboles ornamentales, incluyendo el terrible barrenillo del olmo que transmite el hongo causante de la enfermedad holandesa del olmo. Perforan el corazón del árbol o excavan túneles por debajo de la corteza. Muchos barrenillos se ceban en árboles de salud precaria por lo que lo mejor es cuidar de que sus condiciones de crecimiento sean óptimas. Eliminad las ramas dañadas.

CANCRO BACTERIANO

Los cancros son aplanados y pueden pasar desapercibidos, pero, en los cerezos, su efecto es grave. Las ramas atacadas producen pocas hojas y mueren pronto. Del cancro rezuma una sustancia gomosa y las hojas se cubren de manchas de bordes pálidos. Cortad las ramas enfermas y pintad los cortes con Kankerdood. En agosto, septiembre y octubre pulverizad los árboles con compuestos cúpricos.

COCHINILLA

Algunos tipos de cochinilla se ceban en las ramas, pero su ciclo vital suele ser idéntico. Los adultos pasan toda su vida en un lugar del tallo, protegidos por una cubierta dura. Chupan la savia causando el amarillamiento de las hojas y la pérdida de vigor. Algunas atacan a una amplia gama de plantas leñosas, como la cochinilla parda, la de concha de mejillón y la de concha de ostra. Otras son específicas, como la cochinilla del haya, que produce manchas algodonosas, y la cochinilla del tejo. La cochinilla del sauce tiene el aspecto de un encalado. Si sólo hay unas cuantas, eliminadlas con un trapo impregnado de agua jabonosa. Si son muy abundantes, pulverizad con Endosulfan en mayo.

AGÁRICO

El agárico (flotas, podredumbre de la raíz o armillaria) es una de las causas de la muerte de árboles y arbustos. Bajo la corteza del tronco, cerca del suelo, se forma un abanico de micelios blancos. Sobre las raíces aparecen unos filamentos negros como «cordones de zapato». En otoño, en la base del árbol, se forman grupos de setas, o flotas.

AGRIETAMIENTO DE LA CORTEZA

En cualquier época del año, la corteza puede agrietarse. Esto suele ser debido a las heladas. La base de los troncos de los rododendros frecuentemente se agrieta de este modo. También es imputable a condiciones de cultivo deficientes. Cortad todo el leño enfermo y pintad con Kankerdood. Abonad y acolchad la planta para que recupere su vigor.

CANCRO

Es un término genérico que designa una zona infectada de la corteza. El cancro suele ser agrietado y hundido y, si llega a rodear la rama, ésta muere. Los responsables son distintas clases de bacterias y hongos; algunos atacan a varios árboles, otros son específicos (cancro del álamo, cancro del alerce, etc.). Cortad los cancros grandes para limpiar el leño y pintad los cortes con Kankerdood.

ENFERMEDAD HOLANDESA DEL OLMO

El primer síntoma de la enfermedad es el amarillamiento del follaje en verano. Las hojas se vuelven marrones pero siguen colgando del árbol. Los brotes de las ramas muertas tienen el ápice curvado en forma de gancho. Cortad las ramas enfermas y pintad los cortes con Kankerdood. Si el árbol está infectado en su totalidad, arrancadlo y quemadlo. No lo dejéis nunca sobre el suelo.

PODREDUMBRE PARDA

La podredumbre parda *(Fomes annosus)* es una grave enfermedad de las coníferas. Los demás árboles no suelen ser atacados. Los primeros síntomas de la infección son el amarillamiento y marchitamiento foliar. El árbol decae rápidamente y termina por morir. En la base del tronco pueden aparecer unas setas en forma de ménsula. Arrancad y quemad el árbol; no dejéis el tocón. No plantéis otra conífera en el mismo lugar.

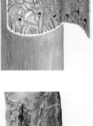

Cochinilla del haya   Cochinilla del tejo   Cochinilla del sauce

CAPÍTULO 11

DICCIONARIO DEL CULTIVADOR DE ÁRBOLES Y ARBUSTOS

A

ABONO FOLIAR Fertilizante que se pulveriza sobre las hojas y es absorbido directamente por las mismas.

ACOLCHADO Capa de materia orgánica que se dispone alrededor de los tallos. Véase página 107.

AHUSADA, FUSIFORME Hoja estrecha y puntiaguda.

ALTERNAS Hojas o yemas que salen, alternativamente, de uno y otro lado del tallo. Comparar con opuestas.

AMENTO Ristra de flores masculinas o femeninas que carecen de pétalos coloreados.

ANTERA Parte de la flor que produce el polen. Es la parte superior del estambre.

ARMADO Provisto de fuertes espinas.

ASERRADO Con dientes tipo sierra.

ÁSPERO De tacto rugoso.

AURÍCULA Excrecencia en forma de oreja.

AXILA Ángulo formado por la cara superior del pecíolo foliar y el tallo.

B

BARBUDO Que tiene pelos largos o rígidos.

BAYA Fruto carnoso que contiene una o varias semillas.

BISEXUAL, HERMAFRODITA Flor dotada de órganos masculinos y femeninos - Compárese con dioica y monoica.

BOLSA FRÍA Zona en la que, en invierno, queda atrapado el aire frío poniendo en grave peligro las plantas delicadas que crecen en ella.

BRÁCTEA Hoja modificada que se encuentra en la base de una flor.

BROTE BASAL Brote que sale del cuello o corona de la planta.

C

CADUCIFOLIA Planta que pierde sus hojas al final de cada temporada.

CALCÁREO Suelo yesoso o calizo.

CALCÍFUGA Planta que no puede vivir en un suelo alcalino.

CÁLIZ Verticilo de sépalos que protege el capullo de la flor.

CALLO Cicatriz que se forma en el corte de poda o en la base de un esqueje.

CÁMBIUM Capa delgada de células vivas existente entre la corteza y el leño.

CANCRO Zona enferma y descolorida del tallo.

CAPULLO Es una flor que aún no se ha abierto.

CLOROSIS Amarillamiento o emblanquecimiento anormal de las hojas debido a la falta de clorofila.

COMPOST Dos significados: Material descompuesto, animal o vegetal, que se incorpora al suelo o mezcla para macetas o para enraizar esquejes formada por turba («compost sin suelo») o por suelo esterilizado («compost franco») y otros materiales como arena, cal y fertilizantes.

COMPUESTA Hoja formada por varios folíolos.

COPA, CIMA Ramaje formado en la parte superior del tronco de una planta estándar.

COROLA Verticilo de pétalos situado en el interior del cáliz de la flor.

CRUCE Descendiente resultante de la polinización cruzada.

CULTIVAR Forma abreviada de «variedad cultivada». Es una variedad no espontánea obtenida en cultivo. Estrictamente hablando, todas las variedades modernas son cultivars, pero en este libro se utiliza el término «variedad».

CH

CHUPÓN Vástago que surge del portainjertos.

D

DESMOCHADO Eliminación de las flores marchitas.

DIOICA Planta que tiene o sólo flores masculinas o sólo flores femeninas. Compárese con monoica.

DOBLE Flor dotada de más de un verticilo de pétalos.

E

ENDURECIMIENTO Proceso mediante el cual una planta que ha sido cultivada en condiciones ambientales controladas se aclimata gradualmente al ambiente que deberá soportar al pasarla al exterior.

ENRAIZAR Resultado favorable de la reproducción por esquejes. Los esquejes «enraizan», los injertos «prenden».

ENTERA Hoja no dividida ni aserrada.

ENTRENUDO Parte del tallo comprendida entre dos nudos.

ESCORAR Forma de plantar temporalmente un árbol o un arbusto nuevo en espera de que las condiciones climáticas sean las apropiadas para su plantación definitiva.

ESCUDETE Nombre con que se designa el injerto de yema sobre un patrón.

ESPECIE Plantas genéticamente similares que al autofecundarse dan lugar a otras plantas idénticas.

ESPIGA Inflorescencia de flores sésiles dispuestas a lo largo de un pedúnculo central.

ESPOLÓN Dos significados: apéndice tubular de una flor o vástago muy corto que no aumenta de diámetro y que forma hojas.

ESQUEJE Trozo de tallo desgajado de una planta que se utiliza para la propagación de ésta.

ESTAMBRE Órgano masculino de la flor, formado por el filamento y la antera.

Estándar Es un árbol o un arbusto dirigido, con un solo tronco vertical desprovisto de ramas hasta una altura de 1,5-2 m. En los semiestándar esta altura es de 1,2-1,5 m y en los estándar bajos es de 0,9-1,2 m.

ESTIGMA Parte del órgano femenino de la flor que captura el polen.

ESTILO Parte del órgano femenino de la flor que conecta el estigma con el óvulo.

ESTÍPULA Pequeña excrecencia en la base del pecíolo.

ESTOLÓN Tallo rastrero o subterráneo en cuyo extremo se forma una nueva planta.

ESTRELLADO En forma de estrella.

EXUDACIÓN Pérdida de savia de los tejidos vegetales.

F

FASCICULAR, FIBROSO Sistema radicular formado por numerosas raíces pequeñas en vez de una raíz pivotante y varias raíces secundarias.

FASTIGIADA Planta con ramas erectas y juntas.

FECUNDACIÓN, FERTILIZACIÓN Depósito del polen sobre el estigma para inducir la formación de semillas. Es un paso muy importante de la hibridación.

FERTILIZACIÓN, FECUNDACIÓN Depósito del polen sobre el estigma para inducir la formación de semillas. Es un paso muy importante de la hibridación.

FIBROSO, FASCICULAR Sistema radicular formado por numerosas raíces pequeñas en vez de una raíz pivotante y varias raíces secundarias.

FILAMENTO Pedúnculo que sostiene la antera. Es la parte inferior del estambre.

FLORECILLA Cada una de las pequeñas flores que componen una inflorescencia.

FOLÍOLO Cada una de las partes de una hoja compuesta.

FOLLAJE ADULTO Hojas de las ramas adultas, de forma y tamaño distintos de los del follaje juvenil.

FOLLAJE JUVENIL Hojas jóvenes que difieren en forma y tamaño del follaje adulto.

FRUTO Conjunto formado por la semilla y la estructura que la soporta o la contiene.

FUNGICIDA Producto químico empleado para combatir las enfermedades producidas por hongos.

FUSIFORME, AHUSADA Hoja estrecha y puntiaguda.

G

GLABRO Liso, sin pelos.

GLAUCO Cubierto de una capa cérea o pulverulenta.

GÉNERO Grupo de plantas estrechamente emparentadas que comprende una o varias especies.

H

HERMAFRODITA, BISEXUAL Flor dotada de órganos masculinos y femeninos - Compárese con dioica y monoica.

HÍBRIDO Planta cuyos progenitores son genéticamente distintos. Los progenitores pueden ser distintos cultivars, variedades o especies.

HIRSUTO Cubierto de pelos gruesos o rígidos.

HONGO Forma primitiva de vida vegetal que es la causa más frecuente de las enfermedades infecciosas, por ejemplo, el mildiu y la roya.

I

INFLORESCENCIA Parte de la planta que produce flores; conjunto de flores agrupadas de una planta.

INJERTO Operación de unir el tallo o la yema de una planta sobre el tallo de otra denominada patrón.

INORGÁNICO Producto químico o fertilizante que no ha sido obtenido de ningún ser vivo.

INSECTICIDA Producto químico utilizado para combatir las pestes producidas por insectos.

INVÓLUCRO Verticilo de brácteas que rodea una flor o un grupo de flores.

L

LANCEOLADO En forma de lanza.

LEÑO NUEVO Vástago producido durante el año en curso.

LEÑO VIEJO Vástago producido antes del año en curso.

LIGA DULCE Secreción azucarada y pegajosa que depositan sobre las hojas y los tallos algunos insectos como los pulgones y la mosca blanca.

LIXIVIADO Arrastre de las sustancias químicas del suelo producido por la lluvia o por el riego.

LÓBULO Porción redondeada que sobresale del margen foliar.

M

MACOLLO Árbol cuyas ramas han sido cortadas repetidamente a ras del tronco.

MÉDULA Material esponjoso del centro del tallo.

MONOICA Planta que tiene tanto las flores masculinas como las femeninas.

MUÑÓN Porción del tallo que queda por encima de una yema cuando se poda.

MUTACIÓN Cambio súbito en la estructura genética de una planta que da lugar a una nueva característica que es hereditaria.

N

NATIVA Especie que crece espontáneamente en una zona y que no ha sido introducida por el hombre.

NÉCTAR Substancia dulce segregada por algunas flores para atraer los insectos.

NEUTRO Ni ácido ni alcalino - pH 6,5 -7,3.

NUDO Nivel del tallo en el cual se inserta una hoja o una yema.

NUEZ Fruto seco, con una sola semilla, que no se abre al madurar.

O

OJO Parte central de una flor sencilla o semidoble de color netamente distinto del resto de la flor.

OPUESTAS Hojas o yemas dispuestas por pares a lo largo del tallo. Compárese con alternas.

ORGÁNICO Producto químico o fertilizante que han sido obtenidos a partir de un ser que ha estado vivo.

ÓVULO Parte del órgano femenino de la flor que se convierte en semilla después de la fecundación.

P

PANÍCULO Inflorescencia formada por numerosas flores dispuestas en el extremo de pequeños pedúnculos ramificados.

PÁTINA Capa delgada pulverulenta o cérea.

PECÍOLO Pedúnculo foliar.

PEDICELO Pedúnculo floral.

PEDÚNCULO FLORAL Tallo, o pedicelo, que sostiene la flor.

PERENNIFOLIA Planta que conserva sus hojas activas en invierno.

PÉRGOLA Estructura arqueada empleada como soporte de las plantas trepadoras.

PERÍODO DE REPOSO Tiempo durante el que la planta deja espontáneamente de crecer debido a las bajas temperaturas y a las pocas horas diarias de luz.

PÉTALO Cada una de las porciones de la corola. Normalmente es la parte más vistosa de la flor.

pH Medida de la acidez y la alcalinidad. pH menor de 6,5 indica acidez, pH superior a 7,3 indica alcalinidad.

PINNADA Hoja formada por una serie de folíolos dispuestos a ambos lados de un eje central.

PISTILO Órgano femenino de la flor compuesto de óvulo, estilo y estigma.

PODA Eliminación de partes de la planta para mejorar su aspecto.

PODA DRÁSTICA Poda mediante la que se elimina gran parte de la planta.

POLEN Polvo amarillo producido por las anteras. Es el elemento masculino que fecunda el óvulo.

POLINIZACIÓN Depósito del polen sobre el estigma de la flor.

PORTAINJERTOS Porción de una planta sobre la que se injerta parte de otra planta dando lugar a una variedad cultivada.

POSTRADO Que crece pegado al suelo.

PRENDER Resultado favorable de la reproducción por injerto. Los injertos «prenden», los esquejes «enraizan».

PROPAGACIÓN Multiplicación de las plantas.

R

RACIMO Grupo de flores o frutos.

RAÍCES DESNUDAS, RAÍCES AL DESCUBIERTO Planta de vivero que se desarraiga y se vende con las raíces desprovistas de suelo.

RAÍCES AL DESCUBIERTO, RAÍCES DESNUDAS Planta de vivero que se desarraiga y se vende con las raíces desprovistas de suelo.

RAMA LATERAL Rama que emerge del tallo principal.

RAMA PRINCIPAL Vástago central dominante.

RASTRERO Tallo que crece sobre el suelo, enraizando de trecho en trecho.

RESISTENTE Planta que no necesita protección invernal.

REVERSIÓN Dos significados: o bien un mutante que recobra el color o el porte de sus antepasados o una variedad cultivada que se ve suplantada por los chupones emitidos por el portainjertos.

RUGOSO Áspero y arrugado.

S

SÁMARA Semilla provista de alas.

SEMIPERENNIFOLIA Planta que conserva sus hojas si el invierno es benigno, pero que las pierde todas o parte de ellas si es riguroso.

SENCILLA (simple) Flor provista de un solo verticilo de pétalos.

SÉPALO Cada una de las porciones del cáliz.

SÉSIL Sin pedúnculo.

SIMPLE Hoja que no es compuesta.

SINÓNIMO Nombre alternativo con que se designa una planta.

SISTÉMICO Pesticida que penetra en el interior de la planta y es transportado por la savia.

SPORT Planta con un carácter distinto al de sus progenitores que es hereditario; mutante.

SUELO ÁCIDO Es el suelo desprovisto de calcio libre y cuyo pH es menor de 6,5.

SUELO ALCALINO Es el suelo cuyo pH es mayor de 7,3. También se denomina suelo calcáreo.

T

TALLO LATERAL Lo mismo que rama lateral.

TOPIARIA Sistema de podar y guiar los árboles y arbustos para que tomen formas decorativas.

TRASPLANTAR Trasladar una planta de un sitio a otro.

V

VARIEDAD Estrictamente hablando, individuo de una especie que espontáneamente presenta una variación. (Véase cultivar.)

VARIEGADA Hoja que presenta salpicaduras, manchas o márgenes de color distinto al básico.

VELLUDO Cubierto de pelos suaves.

VERTICILO Hojas, ramas, pétalos o sépalos dispuestos radialmente alrededor del tallo.

Y

YEMA Es el embrión de un brote.

YEMA EN ECLOSIÓN Yema que ha empezado a abrirse.

Z

ZARZILLO Hoja o tallo modificado que puede enrollarse sobre un soporte.

CAPÍTULO 12

INDICE DE PLANTAS

27,95